雅拉米

吴贝
著

广西人民出版社

图书在版编目（CIP）数据

雅拉米 / 吴贝著 . -- 南宁：广西人民出版社，2024. 11.
ISBN 978-7-219-11782-8

Ⅰ . I247. 5

中国国家版本馆 CIP 数据核字第 2024XF4920 号

YA LA MI

雅拉米

吴 贝 著

责任编辑 庞 睿 林晓明
责任校对 梁小琪
封面设计 牛广华

出版发行 广西人民出版社
社　　址 广西南宁市桂春路 6 号
邮　　编 530021
印　　刷 广西民族印刷包装集团有限公司
开　　本 880mm × 1230mm　1 / 32
印　　张 10.75
字　　数 260 千字
版　　次 2024 年 11 月　第 1 版
印　　次 2024 年 11 月　第 1 次印刷
书　　号 ISBN 978-7-219-11782-8
定　　价 48. 00 元

目 录

CONTENTS

你听，篝火舞跳起来时，祖先神袍隆扣的传说就在黎歌里。汉族姑娘远道而来，与黎族小伙子的奇缘正悄然发生……

第一章 缘来是他

“唧——唧——”

“咕——咕——”

寂静无人的山坡上，阳光刚好翻过山尖。清脆的鹧鸪声响起，仿佛正在唤醒神秘的东方古国。

一个身穿黑色对襟无领上衣的男人从草屋后面探出头来，用鸟叫声打着暗语。很快，山石后出现了他的同伴，一个、两个、三个、四个……越来越多。

随后是嘹亮的鼻箫声响起，亭亭玉立、容貌靓丽的女孩们出现在坡道上，她们嬉笑着，手拉着手朝坡下走。女孩们连成彩带般的短筒裙就像山麓间绽放的彩虹，明媚跳脱，她们行走时首饰叮咚作响，头上的银簪在响，胸前的项圈环佩也在响。

不一会儿，整个山坡都站满了人。

晨光中，绿草萋萋，芽尖儿上露珠闪烁。一个帅小伙从篁竹后站出来，亮出高妙动人的歌喉：

袍隆扣啊　袍隆扣啊
从您撑天万丈　射去六日六月的那时起
肩托起太阳　脚推出泥土
您把青山绿水　做黎族儿女的家园

年轻的声音铿锵有力，歌声悠扬，在山谷间久久回荡。

这里是海南岛中东部的黎族苗族文化旅游区，舞台依山而建，船型屋遍布山坡，景区设计师力求让每一位到访的客人都能感受到黎苗文化的原始魅力。

海疏雨坐在观众席倒数第三排靠近过道的位置，一边用渔夫帽扇风，一边拿冰红茶贴脸降温。七月的海岛流金铄石，她即使坐着一动不动也会汗流浃背。

古时黎族没有文字，黎族先祖用歌谣、服饰、黎锦图案把他们的历史、信仰和族谱、生活叙事传承下来。袍隆扣是黎族人的先祖，黎族人爱他敬他，视他为神明。海疏雨合上节目单简介，把这张小小的折页当作扇子来扇风。

歌声停时，舞台背景音乐骤变，和睦的农耕慢节奏变成了热烈奔放的众生群舞。男人们举着火把，一边唱着节奏明快的曲调，一边踏着稳健的步伐，以火把为道具跳起祭祀的舞蹈。烟雾一层一层向上翻扬，他们的脸在火光下像涂了一层釉彩一样发亮，透着一股雄浑的英气。

“借过一下。”

海疏雨正看得兴起，一道甜美的女声忽从头顶传来。她忙拢腿靠向椅背，让这位娇俏的女郎过去。女郎身后紧跟着一个穿海岛印花衫的小伙子，他对海疏雨做了个“抱歉打扰”的手势，海疏雨并不介意。二人在她身侧落座。

女郎身上那股甜腻的香水味儿，还有那二人的对话，顺着风往海疏雨这边飘。

“陪我去游泳吧，你看今天天气这么好……”这是男人在说话。

“不去，太晒了。”女郎娇嗔。

“你怕晒就别来海南啊，”男人抱怨，“这有什么好看的？”

“原生态演出，你不懂就闭嘴。”

男人啧了一声：“商业演出，换个名字包装而已，就骗你们这种傻瓜……”

“你才傻瓜，你全家都是傻瓜。”

“咋还急眼了呢？”男人忽然甩了下头，海疏雨偏巧转过脸来，四目相对，尴尬极了。

女郎似乎也察觉到了，转脸过来，望着海疏雨。

海疏雨额角淌汗。她心想，一会儿是不是得被怼一句“你瞅啥？”，自己要不要接一句“瞅你咋地？”，她正思想斗争时，女郎倏地站起身，对男人“啪”地甩去一掌：“给你脸了？”

这一声粗犷浑厚、力气十足。

海疏雨蒙了。

男人瞬间炸毛：“你吼啥？”

女郎不甘示弱：“吼你咋地？”

海疏雨怕殃及池鱼，夹起包和帽子迅速离座。她缩着脖子走到第一排过道，将帆布袋往地上一扔，坐下继续看节目。刚坐下没多久，手机就在包里振动，她拿出来一看，是海羽书发来的微信：“姐，我今天走瓜亚基尔去圣克鲁斯岛那条线。转机的时候让支付二十美金的上岛费。心疼加肉疼！”后面跟着一个捶地的表情包。再后来是一张图：一片蔚蓝大海，海面上零星散落着几个不起眼的迷你小鼓包。

海疏雨问：“加拉帕戈斯群岛好玩吗？”

“在飞机上一窥全岛，看着不如杭州千岛湖。”

“自己选的坑，哭着也要走完。”

“这里是上帝和达尔文说再见的地方，有生之年能来亲眼看看是我的梦想，所有和兴趣有关的坚持都不算坑。”

“你开心就好。人活着就得自己成全自己。”

“这话说得好。”

“前半句我说的，后半句是《霸王别姬》里的。”

“唉……”

“叹什么气？你是新时代女性，谁也不能逼你做你不乐意做的事儿。”

话虽如此。可谁又能说，不逼就不是逼。毕竟海羽书没按父母的意愿生活，做了在有些人看来是青年最任性的选择，尤其大学毕业后几乎与父母决裂，背道而驰、渐行渐远。

海羽书说：“这儿的机场小得可怜，飞机在停车坪上，非让步行去出口，我连个摆渡车都没看见。”

海疏雨有些心疼：“圆圆，要是累了，就回家吧。”

“团团，抱抱。”

这对孪生姐妹一互唤乳名就像回到小时候，撒娇耍赖相互安慰。

海疏雨给她回了个抱抱的表情包。

不一会儿，手机里又进来一条消息。她低头去看，海羽书发来一条语音，声音里满是亢奋：“姐，姐！我看见蓝脚鲣鸟了!”

蓝脚鲣鸟?海疏雨记起来,那是一种大型热带海鸟,身形健硕,最显眼的特征就是蓝色大脚丫。海羽书从小酷爱动物,小时候当别的同龄女孩儿着迷花裙子、小发卡、公主装扮的时候,她只喜欢收集动物图片。海羽书奶声奶气地说:“姐姐你看,蓝脚鲣鸟好可爱。”那时的海疏雨最喜欢玩护士照顾病人的游戏,十分敷衍地说:“可爱,可爱,你赶紧躺下,你要装病人的……”图片上一只傻憨憨的大鸟正无辜地瞪着姐妹俩,海疏雨觉得,这正脸看着像只胖猫头鹰,哪里可爱?

海疏雨正发着愣,手机“叮咚”一声,又进来一条消息:“姐,你在干吗?”

“看演出。”

“什么演出?”

“我在海南岛的黎苗寨,你那边是荒芜之地,我这边很有穿越感……”舞台上浓烟滚滚,浓烈的烟雾下,穿着草裙奋力舞蹈的人们正唱着雄浑有力的打麦歌,赤脚击打地面,节奏整齐划一。

“海南?你去感受黎族的民俗风情吗?”

“……差不多吧。”

“姐,你拍视频给我看。”

“行,拍给你看。”海疏雨收起手机,掏出包里的运动相机,将摄像头对着舞台……

海羽书在船上摇晃,晃得都要吐了。她打开直播号,决定临时播一段。摇摇晃晃的船舱内景,女主播脸色苍白。“哈啰,大家好,我是‘大鹏金翅鸟’(网名),今天是欲哭无泪的一天,一直在赶路。你们看得到窗外的景观吗?”她将手机的摄像头对准窗外，余晖正涂抹着橙红的海面，不远处的礁石就像一颗褐色的泪痣。“我感觉像走到了地球的尽头，沿途真的超级荒芜，你们看那些小岛。能看到吗？就是那些小土坡一样的小包包，用寸草不生来形容都不为过。今天，我从巴尔特拉岛坐大巴抵达码头，又坐船到圣克鲁斯岛。船票倒划算，一美元一个人……”

海风把她的声音吹散开，坐在前排座位的捷克大男孩儿好奇地回头看了她一眼，海羽书眨眨眼睛，继续用中文说：“好在这里有人帮忙搬行李，否则我真是跳海的心都有，真后悔带了两个行李箱……”

船靠岸，“哒哒哒……”的马达声渐小。

海羽书准备结束直播：“亲爱的小伙伴们，我要下船啦，转小巴去阿约拉港，等我找好住宿的地方再跟大家直播。等我哦！”她冲镜头飞吻，飞快地收起手机，拉上背包拉链。走下甲板之前，海羽书还不忘掏出单反，按下快门。

撅着屁股帮忙扛行李的船员、岸上清一色皮肤黝黑的男人，正对着一个方向挥手微笑。

海羽书一个人坐着小巴车从北到南穿越整个圣克鲁斯岛，在一段山路上遇到了大雾，路边匍匐着两只憨态可掬的象龟，同她船票上印刷的象龟一模一样。它们趴着一动不动，不仔细看还以为是大石头。海羽书一手扶着玻璃车窗，一手举着仪器录像，神情雀跃中带着肃穆，格外认真。

小巴车在山路上颠簸一路，终于抵达终点。海羽书自食其力，推着两个硕大的行李箱找到一家旅馆，住宿七十美元一晚，房间干净宽敞，厨台还有免费的咖啡机。她在旅社前台和房间内从不同角度拍照，凑够九张图同步发微博和朋友圈，配文：

终于可以躺平睡一觉了。

夜晚被一个人的旅途时光拉长。海边湿咸的大风让卷鹅毛般的云无法停留，可以看到闪烁的星星。海羽书在旅馆拿了一张当地地图，看过几眼后便往海边走。

阿约拉港是加拉帕戈斯群岛上最主要的人口集中地和旅游核心区，街道整洁繁荣，鱼腥味儿扑面而来。肥硕的仙人掌长得比围墙还高，绿油油的凤凰木上开着大簇大簇的凤凰花，像一桶火红的颜料铺洒在餐厅屋檐上。长叶肾蕨和皂荚在马路两旁林立，高大的椰子树笔直地朝天生长。

海羽书不知不觉走进一家手工艺品小店，男主人正在聚精会神地雕刻一件木雕作品，虽然还没上色，但她看得出来，他雕的是一只军舰鸟。墙上挂着已经完成的工艺品，有木雕小人儿、具有当地民族特色的面具还有憨憨的大海龟，木雕大海龟圆圆的大肚皮上被店主用丙烯颜料彩绘了加拉帕戈斯群岛地图。

店员示意海羽书自己选择喜欢的物品。海羽书举棋不定，一会儿想给海疏雨带个具有当地民族特色的面具，一会儿又想送她个木雕大海龟。可她从古巴哈瓦那过来，纪念品已经塞满了一整个行李箱，经过哥伦比亚波哥大转机时，又忍不住买了一堆，实在对得起海疏雨给她起的“纪念品扫荡机”这个绰号。海羽书叹口气，放下左手拿着的木雕大海龟，问店员：“我喜欢这个，但是太大了，有迷你版的吗？我要送我姐姐，她喜欢可爱点儿的。”

此时，海疏雨打了个喷嚏，心有灵犀，大概是双胞胎妹妹正在念她。

舞台上演员已经表演完了“祭祀”“农耕”与“收获”的主题，接下来是“爱情”。

最靠近观众席的地方保留着一道沟渠，像条明晃晃的小河。黎寨的年轻女孩儿们从沟渠一端唱着甜美清亮的山歌出场，歌声飘过水面，小伙子们你推我搡，两边的队伍推出一对有情人。女孩儿羞涩，男孩儿投其所好，又是送腰带，又是送槟榔果。

海疏雨看得直乐，这是准备交换定情信物了？

忽然，舞台上画风一转，背景音乐突然变得躁动起来。

恋爱中的女孩儿揪着男孩儿的耳朵，似乎在教训，也可能在争夺主导权。男孩儿面红耳赤地转身要走，女孩儿一跺脚先一步跑开。

这下有好戏看啰。

观众席上一片哄笑声，每个人都翘首以盼。舞台上的那一对小情侣一前一后冲向观众席过道。海疏雨一惊，见那二人脚底带风从自己身边跑过，她赶紧拽着布包靠边挪了挪。

人们喧闹着。在起哄声中，黎寨小阿哥终于追上姑娘，一把抱起“心上人”，奔回舞台。

口哨声四起，观众就爱看这一套。

路线有点长，小阿哥并没有抱着阿妹跑回舞台便放下，而是抱着人跑向“山顶”的草屋。

这是要“进洞房”的意思。

观众席上又是一片叫好声。

上坡更耗体力，小伙子脚步迟缓下来，看似有些力不从心。

观众席上掌声更热烈，喝彩声铺天盖地。

海疏雨见那抱人的小阿哥步伐愈来愈艰难，心里有种不大好的预感。天上云卷云舒，厚厚的云层遮蔽了日头。突然，小阿哥在土坡上打了个趔趄，观众席上爆发出一片惊呼声，姑娘像个皮球从他双臂间滚了出去。

众人迟疑片刻，见那摔到土坡上的女孩儿一骨碌站了起来，还拍拍屁股上的土。

又有人鼓掌。

观众席上一片大笑声，都以为是安排好的戏剧效果。

但是紧接着，谁也没想到，小阿哥摇晃了几下，从实景舞台的土坡上翻倒跌落，就像一个软塌塌的米袋子直直栽下来，跌到了落差几米下的石头上。石块凹凸嶙峋，他面朝下趴着没站起来。

观众席和舞台上同时发出一片惊呼声，混乱四起。

海疏雨反应极快，如弹簧般跳起来奔向舞台。她的草编渔夫帽落在刚才座位旁的过道上，被惊慌离座的游客踩上了泥……

演出人员聚拢成一个小圈，围着中间伏地不起的男孩儿。他的墨色对襟上衣染上了尘土，玫红色的绣花边被鲜血浸染。

“让一下！让我看看！”

海疏雨拨开人群，挤进这方寸之间，马上蹲下来检查伤员。

演出人员面面相觑，有人小声问：“她是谁？”

“他有心脏病史吗？”海疏雨大声询问。

“没有。”人群里有人回应。

“口腔有出血点，不能仰卧，容易呛到。”海疏雨说着，将伤者的头轻轻扶起一点，侧靠在自己的一条手臂上，“你们有医药箱吗？”

“有！”一个小个子演员边飞奔离开边说，“我去拿过来。”

“我需要碘伏、生理盐水、夹板、绷带、剪刀……”海疏雨快速检查，“他腿部骨折，肋骨也疑似骨折……”

这时，一个高个子男人从人群后面走了出来。这些演员多是周边市县的农民，本地人大多个子不高，而这男人的身高无出其右。年轻的演员们对这高个子男人说："吉哥，小彬摔惨了。"

被称作吉哥的男人，他来到小彬面前，问："他还好吗？"

这话是对着正在检查伤员的海疏雨说的，这简短的四个字，却令海疏雨一颤。

这个声音？！

海疏雨抬头，看向这人。

男人的脸上还有舞台妆的油墨，海疏雨辨不清他的真容，但那双极其明亮的眼睛让人无法忽视。他对受伤的小彬很关切，蹲下身来从海疏雨手上接过小彬的上半身。小彬的手背满是擦伤。虎口往鱼际的方向裂开一道骇人的口子，是被石块割的。青紫瘀痕蔓延在他的小臂到手掌之间，唯一庆幸的是，脸没大伤。

海疏雨强按下心头的激动，对他说："伤员身上有多处骨折，救护车来之前不要移动他。"

吉墨云点头，对小彬说："已经打电话叫救护车了，你忍一忍。"

他的声音，温柔动听。不，不能用动听来形容。

海疏雨此刻半坐在地上，全然不顾白裙子沾着泥巴，她的身体没有动，内心却激动得有些无措。

他的声音！他的声音！

是他吗？那个陪伴她春夏秋冬无数个夜晚的声音，她幻想过无数次，如果在现实里遇见他，她会怎么样。可是眼前这场景，与她每一次幻想的都风马牛不相及。

"这么多人围着空气不流通，我在这里陪着小彬，你们先去后台换衣服。”吉墨云扫了眼台下，观众差不多走完了，“庆幸演出到了终场。”他似乎比在场的演员都要年长，年轻人很愿意听他的，陆陆续续散开。

医药箱被送来，小彬并没有昏过去，他张着嘴，疼得喘粗气，还不忘皮一下：“我要死了吗?”

“死不了，死不了。”海疏雨的声音传入吉墨云耳朵，“我需要你帮我一下，他的肋骨骨折，我要给他固定胸廓，要不然断骨移位，容易刺穿胸膜和肺部。”

“你告诉我怎么做。”吉墨云醇厚的声音响起。

“先帮我托住他的头，稍微抬起一点他上身。”

吉墨云照做，她马上麻利地帮伤员固定胸廓。

小彬有气无力地哼了一声。

固定好胸廓之后，吉墨云问：“您是医生?”

海疏雨冲他笑笑，腾出一只手从帆布袋里掏出一个半张名片大小的白色胸牌，上面写着姓名和职位信息：海疏雨，武汉××医院，外科急诊。

“我是吉墨云。”男人冲她自我介绍。

“海疏雨。”她低垂着头，小心翼翼地剪开伤员撕裂的裤腿，接着处理伤口。豆大的汗珠从她的眉梢滑落，眼看要滴进眼睛里。

吉墨云用空着的一只手从裤兜里掏出一包纸巾，用牙齿咬开包装，抽出一张纸轻擦去她额头上的汗。

海疏雨愣了一下：“谢谢。”她继续处理伤口。

吉墨云还穿着对襟开胸的演出服，只是他的肩膀很宽，这衣服于他而言不合身，像是临时凑合穿上的。他也不像同台演出的演员们那样黝黑，小麦色皮肤让他比旁人多了一些书生气。

海疏雨的目光落在他手上，他手很漂亮，骨节分明，手指细长。他的指甲很短，修剪得整齐，圆钝面也没有污垢，很干净。

北纬十八度的太阳很毒辣，她额角一直在冒汗，嗓子眼干疼。现在的她谈不上很好看，头发湿成一缕一缕贴在前额，有些狼狈。但她眉心凝着，心神专注，这样的她，落在吉墨云眼里，确是特别的动人。医者仁心，她浑身都在发着光。

外科医生的手十分灵巧，处理伤口的动作又轻又快。因为太过专注，连身后有人喊她都没有听见，直到肩膀被人轻轻碰触，她才回过神来。

来人是旅行社的，请海疏雨跟他们走。

“我们是一个团队，不能因为一个人耽搁一个团队的行程，大家都等着呢。”穿着热带海岛衫的游客们簇拥着肩扛小旗的导游，大家劝说海疏雨出发去下一个景点。

海疏雨望着这张二十岁上下的脸。他们的小导游今年才从旅游学校毕业，有着黝黑泛红的脸庞和无辜的大眼睛，后脖颈已经被晒成了酱萝卜色。

大家都不容易。

海疏雨明白，不能因为自己的缘故，让导游被投诉，也不能因为自己一个人的坚持，而道德绑架旅行团的所有人。

“你们先走吧，我是医生，我不放心。”

导游明显作难：“那样你得签个协议给我，写明是你自愿脱离团队的，下面的行程你将不再参与。”

海疏雨略微低头：“你写吧，就这样写，我同意，我签字。”

她的声音不大，很轻柔，让原本昏昏欲睡的小彬心头一震，他合着的眼皮没有睁开，只感觉到踏实。游客走了一拨又一拨，还从没遇见过这样的客人，为了不相干的陌生人，耽误自己的旅程。

小导游拿到签好字的协议书离开前，告诉海疏雨："你的行李箱我让司机师傅拿下车，放在景区大门口的游客中心里，你找工作人员去取，报电话号码就行。如果有什么事，也可以随时给我打电话。"说完，小导游感激地看她一眼，带队离开。

吉墨云对海疏雨说："不好意思，海医生，今早景区展览室那边有游客中暑，我们景区的值班医生去那边处理了，小彬这边幸亏有你，今天真是太感谢你了。"

"不用。"她说话间也不耽误处理伤口，手上动作依旧又快又稳。

等到伤处全部处理完毕，海疏雨长舒一口气。天气炎热，她脸色泛红，下意识用手扇风。

吉墨云想把小彬放于地面。

"别让他躺平，"海疏雨赶紧制止他，"他口腔有出血点。救护车来之前最好不要挪动，避免二次伤害。"

"好。"吉墨云点头，"你渴吗?"

"渴。"她下意识舔了舔唇。

"辛苦了，"吉墨云将小彬托付给她，站起身来，"我去拿水过来。"

海疏雨单臂撑着小彬的头，望着吉墨云的背影，脑海中仔细回味他的声音。

每当听到他的声音，就好像被羽毛轻轻地撩拨心脏，而那一刻她的心脏像是被流水冲刷的鹅卵石。他的声音是蛛丝般的轻度挑逗，青苔拂过的瘙痒感，阳光的温度，流水的抚摸……她无法准确地形容出他的声音对她的影响，但是她渴望听到。就如同吃饭睡觉一样，那声音成为她生活中不可缺少的一部分。

五年前，她还在读研，有焦虑性失眠。因课业压力大，她休息不好，常常彻夜难眠。室友推荐她下载一款音频APP。她从没想过一次误打误撞的选择会让自己不可抑制地陷入一个男人的声音无法自拔。每个焦躁不安的夜晚，室友早已入梦，她还在辗转反侧。没有失眠症的人无法体会那种痛苦，身体明明疲累，中枢神经却亢奋异常，怎么都无法进入睡眠。直到她戴上耳机，一个很舒服的男声传入耳朵：“欢迎来到美好FM，现在是风铃海的有声小说时间……”

她无法用语言形容出他的声音，风铃海的声线总带着两分慵懒，三分亲和，四分温柔，尾音还有一分撩人不自知的性感。如果非要形容，海疏雨只能说，他的声音非常——熨帖。

他录的书都不是热门和流行的，只是他个人喜欢的一些书，有的甚至冷门到几乎无人识。可这位男主播似乎一点儿都不在乎人气，全凭个人喜好。后来他在一次直播时说，他是兼职录书的。录音主播只出声不露脸，没人知道他长什么样子。他个人主页的头像是一只骨节分明的手，握着一杆狼毫，这个风格让人猜不出年龄。但那份疏离和清冷的气质，让听过他声音的人都慢慢沉浸其中，情绪舒缓，心思宁静。

海疏雨也是如此，她静静听着他的有声书：“今天给小耳朵们带来的这本书，如《尤利西斯》之于都柏林，如《达洛维夫人》之于伦敦，我想你们可能已经猜到了我要读什么……”

这润物细无声的滋养，悄无声息地驱走了海疏雨的失眠。而她，一直被这看不见、摸不着，却又离不开的，比地心引力还有吸引力的声音牢牢吸引着。

手臂上，青年的头又沉了几分，海疏雨低头看他，伤员似乎昏昏沉沉想睡去。她单手摸出布包里的手机，抑制不住内心激荡，只想和海羽书分享此刻的心情。

“羽书，我看到他了。风铃海，活的，现实里的，在阳光下的，能触摸到的。”

“姐，”十几个小时时差外的海羽书接听着电话，她的声音有一丝疲倦，“你知不知道，有很多录音主播，当他面对录音台的时候，可以游刃有余地说出一口毫无破绽的可爱的少女声音。而现实之中，却是个长满胡子，有大肚腩的中年大叔。你是不是搞错了？”海羽书在给海疏雨泼冷水让她冷静，世上哪有那么巧的事。

“不是的，”海疏雨坚持，“你知道我刚刚，就是他向我走过来……”她因为激动，而有些语无伦次：“你知道我听到他说第一句话的时候是什么样的感觉吗？我耳边就像炸开一道雷，眼前一片白茫茫的，那瞬间我没法正常思考。我确定，是他的声音。”

海羽书顿了一下，迟疑道：“他长得帅吗？”

“啊？”海疏雨没反应过来。

“帅吗？他。”海羽书问，“你的录音主播男神，脸长什么样？”

“我……”海疏雨语塞，“可……可能，帅的吧……”

“什么叫可能？”海羽书抓了抓脑门，“你不是说他走到你面前了吗？还没见着脸？”

“见着了……”

“那就是丑，不然你怎么回答得这么磕巴。”

“不是，”海疏雨急着辩解，“他不丑！就是……没看清。”

“姐，你那边现在是白天吧？”

“是。”海疏雨眨眨眼，“唉，不是你想的那样，是他脸上有油彩，还化着舞台妆，我看不真切……”

“舞台？”海羽书深吸一口气，“你不是说他是主播吗？他做录音主播工作，怎么还在舞台上……黎族歌舞？穿着草裙？举着火把跳舞？”

“不是……我也不知道怎么说，但他现在确实是黎寨这个舞台上的演员之一。”

海羽书扶额：“姐，你想知道他是不是风铃海，就去问他。”

海疏雨迟疑了：“我不敢……”

“那就先把联系方式要过来。”

吉墨云回来了，手上拿着一瓶矿泉水，他走过来递给她：“要我帮你拧开吗？”

“要。”海疏雨抬头，乌黑的瞳仁里倒映着他的影子，“手不方便。”

他脸上的油彩已经洗干净了，露出一张令人过目不忘的脸。

吉墨云长得好似一个演员，海疏雨在脑子里搜索了一圈，终于知道他长得像谁。他的上半张脸像极了二十世纪八十年代的尊龙，是那种让人面对面就想低头唤一声“先生”的脸。他的下半张脸却因为嘴唇的丰润而多了一份孩子气，不似尊龙那种孤高清冷的薄唇来得有距离感。这人鼻梁的弧度长得极好，衬得整张脸、整个五官都生动起来，是一种阳刚与内秀的杂糅。

海疏雨不觉有些看呆，傻傻地问了句：“你……是本地人吗？”

吉墨云点头：“是。”

“黎族？”

“父亲是，母亲不是。”

“原来是这样，你好高啊，本地人少见像你这么高的。”

“身高可能随娘舅家的人。”他说话时看着她的眼睛，说完便垂眸看着小彬。

海疏雨忽然想起有一次在风铃海的直播间，有个听众问他身高有没有一米八，他调侃：“我的灵魂一米八。”

那他真实的身高是一米八吗？海疏雨忍不住内心的好奇，再次打量他全身，即使蹲在自己面前，此人也有明显的身高优势，何况他刚才走过来时，那道颀长的身影，目测也有一米八五。大概察觉到她在看自己，吉墨云抬眸与她对上。海疏雨匆忙仰头喝了一大口水，掩饰自己的不淡定，手足无措间，水洒了一脖子。

他又递来纸巾，示意她擦脖子。

海疏雨大窘，脸热起来。

如果不曾经历束缚，就不会明白“围栏”外面世界的可贵，空气中都弥漫着自由的味道。

第二章／错　过

在一家火烈鸟主题餐厅用过晚餐后，海羽书回到旅馆，先去卫生间把自己稍微拾掇一下，花两分钟补了下妆。她打开手机前置摄像头，固定在床头，对准过道，把自己的行李箱拖了过来。

“嗨，大家好，我是‘大鹏金翅鸟’，很开心又跟大家见面了。”她一边跟直播间里的观众说话，一边收拾行李，一点儿也不耽误，“我现在在阿约拉港，今晚住的旅馆，老板是个西班牙人，非常热情……”说着，她把潜水面镜和呼吸管从行李箱最底层翻了出来，接着说：“我刚才出去转了一圈，已经把接下来一周的行程定下了，准确地说，我今晚就会登船。阿约拉港有很多旅行社，我觉得最经济的玩法就是报团游岛，一千七百美元八天七晚，可以砍价，也可以即刻出海。出海之后就不一定有信号了，我刚才开了移动流量，且播且珍惜，说不定明天之后我会暂时失联几天。”

来她直播间的网友大部分都是真心热爱旅行的人，有人会问一些旅行中可能会遇到的问题，吸取经验；也有人关心旅行地的安全。

“加拉帕戈斯群岛安全吗？对自由行友好吗？”

“主播又瘦了，旅行辛苦啊，要保重身体。”

但也不乏网络喷子。

“哎哟，这么有钱又有闲，我们都在上班呢，你到处玩儿，钱哪来的？”

“年纪轻轻就不用上班啊？命真好。”

“是家里有矿？”

海羽书一般只回复有礼貌的网友，对于网络喷子尽量视而不见。

“加拉帕戈斯群岛挺安全的，船员也很友好，今天要不是他们帮我扛行李箱，我可能早累趴下了。”“谢谢小可爱，我们都要保重身体。”“我今天报了团岛游，可以选择自己感兴趣的岛，这个按照自己想看的动物来选择，毕竟加拉帕戈斯群岛有七个大岛和一百多个小岛，想要在一周内玩遍是完全不可能的。如果想看达尔文研究中心、龟湾和双子天坑，就选择圣克鲁斯岛；想看火烈鸟、海龟和白鳍鲨，就选伊莎贝拉岛。那有人说了，我又想看信天翁，又想看赤道企鹅和鲨鱼怎么办，西班牙岛和巴特洛美岛只能选一个？这个看个人意愿了，毕竟我也想多看几个，但时间有限。我选了巴尔特拉岛、费尔南迪纳岛、弗雷里安纳岛和圣克里斯托巴尔岛，等我回来后会出一份游记给大家做旅行攻略，放心放心，一定毫无保留跟大家分享。”

直播间有人来有人走，只要还有一个观众在看，海羽书都会坚持下去。

“对了，跟大家说一下，因为加拉帕戈斯群岛大部分是船游，都会涉及潜水，所以最好自己准备潜水面镜和呼吸管，虽然船上可以租到，但质量参差不齐，像我上次去菲律宾看鲸鲨的时候，那个租用的潜水面镜烂到根本没法下潜，而且潜水面镜和呼吸管用自己的才安全卫生有保障。”她直播也不耽误叠衣物收拾东西，想了想，又把提前预备好的“神器”从行李箱中拖出来，在塞进背包之前还对着镜头晃了晃：“这个是可吹气式的救生马甲，比救生衣的体积小很多，方便携带。虽然上了船也可以租，但是浮潜的时候还是穿着救生马甲心里靠谱，毕竟我怕死，你们都懂的。”

只听见一阵窸窸窣窣，她又在行李箱里找出一套被塑料袋包好的东西：“这个水母衣一定要带！听我的，只要去海岛旅行一定要多备几套，反正很薄，又不占地方，避免被晒伤。那种比基尼就算了，来这里就是为了看野生动物，不是来拍写真大片的。上了船之后可以租厚的潜水服御寒，穿在水母衣外面，不仅潜水的时候可以穿，有时候需要湿登陆，就得跳到齐腰深的海水里蹚过去，再上岸。水母衣干湿两用，什么时候都能穿，算是最实用的岛游必备品。还有拖鞋，或者带涉水鞋，一定不要穿洞洞鞋出海，鞋子里进沙走路会磨脚。我是不是很贴心？快夸我，跟你们分享的都是干货……”她就这么边收拾行囊边直播，嘴巴一刻不停地说了半个钟头。按海疏雨的说法，就是除了拉撒睡，海羽书任何时候都能开直播，真是个兢兢业业的旅行博主。

“还有最重要的一点，大家要玩岛游，请一定要选择不含有对珊瑚礁和海洋生物有害成分的防晒乳液或者防晒霜，最好使用物理防晒法，反正我的法子就是戴帽子穿水母衣遮全身。含有有害成分的防晒霜会造成海洋污染，我们要尽可能地不伤害生态环境，从你我做起……”

海羽书在整理完随身带的防水背包后，结束了直播。

她长舒一口气，熟练地将单反和运动相机的内存卡抠出来，用笔记本电脑导出数据，在所有的素材全部拷出后，又检查了一遍水下相机，这才拿上睡衣进卫生间洗漱。从浴室出来后，她看了看厨台上锃亮的咖啡机，觉得麻烦，还是冲了杯速溶咖啡，然后打开电脑，修图、剪辑视频、写游记，完成一个称职旅行博主一天的工作内容。

医院里。

睁开眼的小彬努力转动眼球扫了一圈，没看到那个好心的姑娘。

吉墨云看出他所想：“她走了。”

“怎么能放她走呢？”

“你还想怎么样？人家跟你非亲非故，好心帮了你这么久，还想赖上人家？”

“吉哥，我是为你着急，我又没摔晕过去，你和她离得那么近，你看人家姑娘的眼神儿我都瞧见了，明明就是对人家有意思。你怎么不找她要微信呢？问个名字也好啊！多好的女孩子，

吉墨云看了看床边的输液药瓶：“也许人家有男朋友。”

“你没问怎么知道？”小彬明显是皇帝不急太监急，“吉哥你就是傻，如果人家不介意，先把联系方式要过来再说。如果介意，顶多被回一句‘不方便’。死要面子活受罪，被拒绝也好过错过啊……”

“我还没问你，你是怎么回事？”吉墨云搬个凳子在病床边

坐下，“以前演出，从来没出过这种状况，上山你也不至于腿软。今天是怎么了，喝高了？”

话题转得猝不及防，小彬低垂着头，视线躲闪：“昨晚……可能喝到假酒了，今早就觉得胸闷，还头晕恶心。”

“一个人喝的？”

“嗯。”

“一个人喝什么酒？你平时就不怎么喝……”

二人正说着话，楼道里传来高跟鞋敲击地面的声音，随后一个尖细的女声传进病房：“小彬！”

吉墨云朝门口望了一眼，再回头，发现小彬把脸转了过去，像是不愿意看到来人。

“吉哥。”小彬的女朋友田毓秀冲进病房，朝吉墨云打了声招呼就看向小彬，“小彬你怎么样？我担心得不行。”

小彬始终别着脸，不愿看她。

田毓秀低头哄道：“小彬，我一接到电话就赶过来了，我……”

吉墨云觉得自己还留在这儿不合适：“我先走了，小彬，改天再来看你。”

“吉哥别走！”小彬急忙转过脸来，几乎是恳求。他再看田毓秀，目光冷下来：“你走吧，我不想看见你。”

吉墨云看看小彬，又看看田毓秀，有些尴尬。

田毓秀被伤了面子：“行！我巴巴地来看你，你还给我甩脸子，我走，你别后悔！”说罢，田毓秀转身，高跟鞋在地面划出刺耳的摩擦声，门被用力甩开，再重重摔上。

吉墨云望着门的方向，大概猜到七八分，他看向小彬：“你为她喝的假酒？”

“我又不知道那是假酒……”小彬没正面回答，等于默认了一切都因田毓秀。

“女朋友是自己找的，”吉墨云看着面前刚刚二十出头的男孩子，田毓秀也不过才十九岁，“你们都还年轻，爱玩、没定性，有什么误会，最好当面解释清楚……”

“没误会，”小彬咬唇，娃娃脸上露出受伤的神情，他憋了一阵，没憋住，忽然哽咽了，“我昨晚去找她，她说她不在家，让我别去。我当时就在她家楼下，我知道她在屋里打牌。最近她室友跟我说过，有个男的总去找她打牌。我就在她楼下一直等着……我什么都看到了。”小彬捂着脸哭了：“哥，你不知道，我当时就感觉有人在打我的脸，我难受……我就像个笑话……”年轻男孩哭声凄厉，他伤口疼都没哭一声，这会儿却委屈得像个孩子，哭得让人心疼。

吉墨云怕他把伤口绷开：“小彬，别哭了，你身上还有伤……”

小彬咬着嘴唇，努力忍着，一张脸憋得通红，鼻尖也是红的。

吉墨云一直等到小彬家里来人才退出病房。他要折回演出后台拿自己的包。临走时，小彬喊他：“吉哥，谢谢你。”

吉墨云打个手势：“走了。”

小彬又喊住他：“吉哥，去找她吧！虽然我女朋友不像样，但我还是相信，世上有好的爱情。我把我的勇气借给你，你去找她，别错过了。”

吉墨云又看一眼小彬，摆摆手，走出了病房。

风吹树叶，沙沙作响。

吉墨云站在舞台背阴处，看着大棚下的观众席，没有演出的时候这一方天地就显得格外空旷、冷清。他又看看天边被大风卷过的残云，云漂移的速度真快，很像他此刻的心情。

快得什么也抓不住。

他在心里回忆了一下那姑娘的五官，鹅蛋脸，一笑有浅梨涡。明明是温婉的骨相，五官却有种男孩子的英气。她眉心有道褶痕，应该是经常处于紧张状态下皱眉所致，再想到她的职业，倒也正常。

想到两人不经意间的视线相交，她总盯着他的手看，是什么意思？吉墨云抬起自己的右手，没看出什么不同。因为常年拿粉笔，他食指处的指纹被磨得很淡。

“吉老师，要回去了吗？”身后有同乡打招呼，是卸了妆的演职人员。

吉墨云客气地说：“该回去了，今天就是帮阿阳顶班的。”

临出景区大门时，游客中心有人喊住他：“吉老师，那个帮小彬的姑娘还在吗？”

“她已经走了。”

“这样啊，”工作人员翻着手里的一顶草编渔夫帽，“那就没办法了。”

“怎么了？”

“那姑娘落下一顶帽子，我在监控里看到了，”那人将帽子展开给他看，显眼的脚印留在帽子上，“还被人踩脏了。”

只是一顶帽子。吉墨云说：“她可能不会回来了。”

“那我是扔了，还是……”

吉墨云想了想：“给我吧。”

是微风，是晚霞，是心跳，是无可替代。当你遇见那个改变人生轨迹的人，接下来发生的一切都将不可控。

第三章 一道轨

知了躲在树缝里，叫声震耳欲聋。

窄小的候车室里热浪如潮，空调坏了，两个摇头的落地扇并没起到什么作用，候车室犹如个大蒸笼。

吉墨云一踏入汽车站候车室就看见了她。

在一群皮肤黝黑的岛民中，那姑娘白得晃眼。海疏雨将一张折了几折的地图充当折扇，一只手扇风，另一只手托腮，正在逗弄隔壁座位的胖娃娃。

她换了身衣服，此时一身鹅黄短衫宽松亚麻裤，衬衫下摆在腰腹处打了个随意的结，泡泡袖的细褶落在手臂上，显得她皮肤像白瓷一样细腻光洁。她脚边还立着个浅藕荷色的行李箱，看起来正要开始一个人的旅行。

吉墨云觉得喉咙有些发干，他去候车厅一角买水。喉结滚动，耳朵里传来水下咽的声音，他那顺着扬起的胳膊，折起一个遮挡脸部的弧度。

她没看见他，他却能清楚地看到她。

海疏雨笑起来有点娇憨，她逗孩子逗得挺开心，肆无忌惮地笑着，露出两排整齐的贝齿，真应了李宗盛那句歌词“春风再美也比不上你的笑，没见过你的人不会明了”。

吉墨云看了一会儿，做好心理建设，拿着那顶渔夫帽朝她走过去。

“这是你的帽子。”

海疏雨被吓了一跳。

“是你？”她错愕片刻，脸上出现刹那的惊喜，很快又掩饰过去，“是我的，你捡到了？谢谢你。”

“游客中心有失物招领，别人捡到的。”

“那也谢谢你，”她把帽子接过去，“别人也没还回来啊……你坐啊。”海疏雨朝旁边让出一个座位。“你去哪儿？”

“琼中。”

“这么巧，”她声音里透着雀跃，“我也去琼中。”

吉墨云坐下，看了一眼她手里的车票：营根。他俩的车票是同一时间、同一趟。真该感谢小彬，借来的勇气是及时雨。

海疏雨问：“你去琼中干什么？”

“我家在琼中。”

“那你到这边来工作？”她抿一下唇，“上下班岂不是要花费很多时间在路上？为什么想做舞台剧演员？”

“我不是演职人员，今天是替人来的。”

海疏雨恍然大悟，难怪那身演出服不适合他。

“我有个堂弟叫阿阳，他是景区的演职人员。”吉墨云说，“他有个相处了两年的女朋友，今天要去老丈人家见礼，我来帮他替一天班。”

“原来是这样……”她声音很轻，像是说给自己听的，“这是什么奇妙的缘分……”

“你说什么？”他将耳朵侧过来，没听清她后面的话。

“没什么，”海疏雨把手中的地图展开面积大一些，尽量往他那边扇风，“你热吗？”

“我还好。”

“真的，你都没出什么汗。”她把地图扇得呼呼作响，“不公平，我一直在冒汗，难道这里的气温只欺负外地人？”

“我习惯了。”吉墨云又给她递纸巾，“这里湿度大，你还没有适应。”

“谢谢。”她伸手接过来。

“我看你在地图上画了个圈圈？”

“对，这画的就是琼中，”海疏雨说，“我的旅程被意外打乱了节奏，假期还有剩余，反正也不知道要去哪儿，就随意走走。”

“别人来海南都去海边，你却往山里走……”

“另辟蹊径。”海疏雨心想，万幸往山里走，不然就错过你了，“你会不会觉得我很怪？”

“不会。”他跟她开玩笑，“不走寻常路嘛。”

海疏雨眼睛亮了亮：“对了，既然是你的地盘，那你可以告诉我哪里有既好看又好玩的地方吗？”

“琼中四面环山，不临海，”吉墨云从她手上接过地图，展开来看，“除了五指山、黎母山、七仙岭，还有吊罗山可以去，那有个面积很大的水库，要绕山路走，但是能遇见小妹湖，那里很美。不过山上没有旅馆，如果带着帐篷，可以露营，也可以钓鱼。”

“钓鱼?”海疏雨摇头，“算了，我觉得我没有钓鱼的天赋。”

“你还可以去黎族的村寨看看。”

“能说具体点儿吗?”

“嗯……”吉墨云用手指在地图上画了几个圈，“吊罗山乡的几个村寨，红毛镇的什寒村，长征镇的……”

“等等，”海疏雨打断他，从包里摸出个小记事本，“我记下来。”

他看着她笑了，掏出手机来：“加个微信，我列个名单发给你。”

“那太好了。”

海疏雨忙不迭地打开手机，屏幕一亮，吉墨云看到一张照片：一个穿着破洞牛仔裤和朋克图案防晒服的年轻女孩儿，棒球帽盖着一头脏辫儿。熟悉的脸，陌生的笑容，又酷又痞。她与五个肤色各异的外国人搭着肩膀，背后是一片蔚蓝的海，粼粼波光下两只海豚正跃出水面，连带着甩出几道弧形般优美的白色水花。

两人离得很近，都在看这张照片。

“这是你?”吉墨云惊讶，“不大像。”

海疏雨咯咯笑：“难得有人火眼金睛，这是我妹妹。”

“长得一样。”

“孪生姐妹。”

二人添加好友后发现，原来对方的微信名使用的也是真名字。

“吉，墨，云。”海疏雨默念，“你的名字很好听。”

“我母亲取的，她喜欢苏东坡。”

“苏东坡……”海疏雨想了一下，“我知道了。墨云拖雨过西楼。水东流，晚烟收。柳外残阳，回照动帘钩。”

吉墨云眉眼弯起来：“对，《江城子·墨云拖雨过西楼》。”

“你母亲用诗词取名，很浪漫啊。”

“吉在黎语里的意思是‘陶罐的孩子’。而取名墨云，是因为我阿妈喜欢词里描绘的那种云收雾敛的景象。琼中的山区，每年一到雨季，雨水会连绵下到九月底。阿妈不喜欢雨天，但她喜欢雨后拨云见日的风光。她说过，墨云来势凶猛，但被金光拨开时很温柔，再美的阳光，没有墨云的前衬，也称不上壮美。墨云就像是曙光在即的感觉，她很喜欢。”

海疏雨坐着没动，怔了一会儿才说：“你妈妈好温柔，一定是个情感细腻的人。”

“嗯，”他轻轻别开脸，目光落在远处，“她是支教老师。”

“在这里支教？”海疏雨听闻琼中曾经是非常贫困的山区，“你妈妈很了不起啊！我听说山区支教条件很艰苦，她能留在这里这么多年，一定牺牲了很多……”

接下来的话，让海疏雨措手不及，因为吉墨云说：“如果没来这里支教，或许她还活着……”

海疏雨一时语塞：“对不起啊，我不知道……”

吉墨云偏头，嘴角扯出一个平平的弧度：“没事，已经过去很多年了。”他主动转移话题：“你吃过东坡肉吗？”

“红烧肉？当然吃过。”海疏雨挺好奇，“真是苏东坡发明的吗？”

“‘苏大胡子’是个美食家，”吉墨云脸上重新出现了笑意，“他发明了东坡肉，还有东坡肘子、东坡羹……你知道他和海南岛的渊源吗？”

“这个我知道，”海疏雨举手，后背离开座椅坐得笔直，像个小学生回答课堂问题，她之前跟团游的时候听小导游说过，现在拿来现卖，“苏东坡被皇帝贬官发配到海南岛，在你们的儋州成了‘网红’……”

“‘网红’？”吉墨云哭笑不得。

“怎么……我说得不对？”

“你们之前那个领队导游还说了什么？”

“也没什么，跟团游，一般都是走马观花，我左耳进右耳出，没记住多少。”海疏雨眼睛忽闪，紧盯着他，“但是你肯定能多说点儿。”

“你想听？”

“想啊！”她用十分期待的眼神看着他。

“北宋绍圣四年（1097年）的时候，”吉墨云侧身靠近了她一些，他充满磁性的声音便在她耳畔响起，“苏东坡被皇帝贬到海南岛的儋州，当时的人把放逐海南岛认为是比满门抄斩略轻一级的处罚，只有苏东坡把儋州当作他的第二故乡。他有句话‘我本儋耳人，寄生西蜀州’，就表明了他对海南岛的情谊。儋州有座东坡书院，前身名为‘载酒堂’，是北宋年间儋州的老百姓自发捐款为他盖的茅草屋。后来他就在茅草屋授学、聚会喝酒，顺便做了儋州人的中原文化启蒙老师。那时候皇帝一定以为，苏轼在海南过得很苦，但其实他快活得不得了，因为——吃。”最后一个字，被他咬得重，像是从她耳根处吹过一丝热风。

海疏雨抬手摸了摸耳朵，耳朵十分地享受，她脸颊却有些燥热。

“如果你去儋州的东坡书院，就会看见苏东坡为了吃蚝留下的一幅字，被后人刻在石碑上。‘海蛮献蚝，剖之，得数升，肉与浆入水与酒并煮，食之甚美，未始有也。’‘苏大胡子’为了吃酒煮生蚝，还写信告诫儿子千万别告诉外人，他怕有人来跟他抢食。”

海疏雨忍不住哈哈大笑起来。

“苏东坡是个顺天而生的逍遥派，他所有的幸福都是因为两个字——知足。乌台诗案后，皇帝把他贬到黄州，他就在东坡开垦荒地，乐得做个农民，自称东坡居士。后来被贬到广东惠州，他就写诗赞美惠州风物，吃遍岭南四季瓜果，还在水东白鹤峰买了耕地和房屋，想在惠州终老。不过他在惠州写了‘报道先生春睡美，道人轻打五更钟’，被当时的宰辅章惇看到很生气，觉得苏东坡在惠州过得太舒坦了。何况他还有‘日啖荔枝三百颗，不辞长作岭南人’这样的诗句传到皇帝的耳朵，皇帝也很生气，自己都还没吃到荔枝，就被‘苏大胡子’尝了鲜。于是继续将他贬官，把他发配到儋州。皇帝无论如何也没想到，苏轼到了海南岛，依然如鱼得水，谁都没法让他不乐观、不快活。直到苏东坡要离开海南岛的时候，还留了句‘九死南荒吾不恨，兹游奇绝冠平生’，你说气人不气人?”

海疏雨咯咯地笑起来，觉得自己曾经的语文课都白上了。如果她的语文老师能这么绘声绘色地把诗词典故讲给她听，她肯定不会觉得语文没意思。

“几点了?”

两人一起看表，吉墨云说：“差不多了。”

周围的脚步声嘈杂起来，身边人纷纷站起身，吉墨云也拉起海疏雨的行李箱拉杆：“走吧，进站了。”

海疏雨跟在他身后，两人随着人群像流沙一样移动。

找到那辆大巴车，吉墨云帮她安顿好行李箱，一起上车寻座位。海疏雨的座位靠前，他先送她过去，手掌张开撑在车顶的行李架下："你位置靠窗，先坐下。"

很快，车上又上来一位啤酒肚大叔在海疏雨身边落座。吉墨云将海疏雨的背包放到头顶行李架上，顺手把水拿下来递给她："我去后面了。"他说罢便要去寻自己的座位。

海疏雨急忙拉住他的衣角："我可以跟你坐一起吗？"

吉墨云看了眼啤酒肚大叔的发顶："我的座位在后面。"

"交给我。"海疏雨从他手中抽走车票，跟大叔说了几句话，大叔看看海疏雨，又看看站在过道上的吉墨云，拿起一个黑色背包去了后面的座位。

海疏雨扯扯吉墨云的衣袖："快坐下。"

吉墨云解下背包落座："你跟他说了什么？"

"秘密。"她笑得十分狡黠，像只小狐狸。

车子开动后，海疏雨从随身的帆布包里掏出一小盒巧克力递到吉墨云面前："吃吗？"吉墨云拣出一颗，剥开墨绿色包装纸放进嘴里："这么苦，还有些泛酸。"。

"黑巧。"

"你是挺特别，一般女孩子不都喜欢吃甜的？"

"我不挑，"海疏雨说，"这是海羽书从秘鲁带回来的，其实是她喜欢吃苦一点的。"

"海羽书？"

"哦，就是我妹妹。"海疏雨把口中融化的黑巧克力吞了，"我叫海疏雨，她叫海羽书，是不是拗口？"

"你是雨水的雨？"吉墨云微讶，"她是羽毛的羽？"

"你怎么知道？"海疏雨觉得他挺神的。

吉墨云的舌尖扫过黑巧克力苦涩后的醇香的口腔："你们姐妹俩的名字，均出自南宋吴潜的一首词。"

两人对视一眼，吉墨云用无可挑剔的声线诵出："海棠亭午沾疏雨，便一饷、胭脂尽吐。老去惜花心，相对花无语。羽书万里飞来处。报扫荡、狐嗥兔舞。濯锦古江头，飞景还如许。"

海疏雨紧抿着嘴唇，盯着他一张一合的唇瓣，内心仍是被无数小钩子勾扯着，被这好听的声音麻得浑身毛孔绽开。她问："这个有典故吗？"

吉墨云喝了口水："你看过金庸的《射雕英雄传》吗？"

"没。"海疏雨摇头，"我爸不让我和羽书看金庸和琼瑶的作品，尤其上学的时候，明令禁止，他说看了容易早恋。"

吉墨云又忍不住笑了："你爸爸的担心也有道理。"

"那你跟我讲讲，我们的名字跟《射雕英雄传》有什么关系。"

吉墨云此时真像个说书的："《射雕英雄传》里有一段就是可汗蒙哥的故事。历史上，蒙哥确实率领十万大军，从六盘山长驱直入，直扑川蜀。"

"那跟我和羽书的名字有什么关系？"

"那时候宋军连连挫败，但四川出了个名叫王坚的守将，拼死顽抗，蒙哥才有了退兵的念头。吴潜写这首诗的时候大概六十五岁了，他曾经官居台辅，几经宦海浮沉，到老年仍然忧国忧民。当他听说蒙哥退兵的消息，心中大喜，写下了这首诗。这首诗表面上写的是赏海棠，其实吴潜是在感慨，自己仍有一腔抱负，可惜岁月不饶人。"

"我爸给我们姐妹取名字的时候可能也想到了岁月不饶人。唉，我想起我爸常说的一句话了。"

"什么话？"

"他说，'等你和羽书大学毕业的时候，说不定我已经没头发可白了'。"

“为什么？”

“因为早秃了啊。”

吉墨云忍不住笑：“哪有这样调侃自己爸爸的。”

“实话实说。”海疏雨目光熠熠，“我父母都是医生，见惯了生死，也把自己的青春都奉献在手术台上。医生这个职业看起来风光，社会地位也算高的，但其实早衰和猝死率也很高。真的，我们估计都等不到华发早生，一定是秃头来得快。”

突然，汽车剧烈地颠簸起来，也许是压上了路面的杂物，也许是正在经过一段磕磕绊绊的土路。车厢里人声嘈杂，为了方便说话，二人的头挨得很近。因为这一下震荡，他的耳根摩擦到她细软的头发，她的口红蹭上他肩膀的白衬衫。

吉墨云反应很快，一只大手越过她的后背牢牢箍在窗框上，防止她撞上去。待车子平稳后，他才悄悄撤了手。

“抱歉。”她看到他衬衫上的口红印，像一只霞红飞染的雏燕。

“没事。”他侧过脸去。

窗外忽明忽暗的阳光映在他的身上，高高瘦瘦的青年，俊眼修眉，一脸平静。

海疏雨将车窗拉开一条细缝，带着潮湿雾水的空气涌进来，夏风吹上脸颊，消减了些许燥热，还能听见窗外的蝉鸣声。

空荡荡的路，像一块幕布上缀着有迹可循的轨道灯。远处隐隐过来一辆银灰色同款巴士，由远及近，带着尖锐的轮胎摩擦声交错而过。

海疏雨忽然开始理解海羽书曾对她说过的话：人的一生都在做选择题，各种各样的选择题。经过无数个岔路口，遇到无数个擦肩而过的人。当你遇见那个改变你人生轨迹的人，接下来发生的一切都将不可控。

奔格内！欢迎你来到我的世界。而我，想靠近的心从来都不由自主。

第四章 奔格内

夕阳的暗紫中，凉夜的青味儿正在渐渐加浓。营根镇的夜晚，有一种世外桃源的静谧感。一盏盏装饰了中国结的路灯安守在道路两边，没有酒吧的喧嚣，远山成为单薄的孤影，整个小城呈现出一种安逸的舒缓感。

海疏雨看到一种交通工具正从窗外缓缓掠过。

彩色铁皮材质，车头绘着一只可爱的卡通小鹿，窗是简易铁框没有玻璃，车尾上悬着“奔格内慢巴”几个字，字周围还有一圈小彩灯闪啊闪。

她觉着新奇，目光一直跟着它们，直到两车交错各行轨道，转弯不见。

“什么是奔格内？”她扭头问吉墨云。

“黎语，来这里的意思，也是欢迎你来到这里的意思。”吉墨云朝窗外看了看，另一辆闪着小灯的慢巴车慢悠悠地驶来。

海疏雨趴在窗上望着外面，风吹过她额角的碎发，带来淡淡的茉莉香。

这是一张柔和的侧脸，因脸颊圆润而更显孩子气。她看着一辆辆小彩车自顾自地笑起来，鼻尖微翘，睫毛一颤一颤的。这颤动令吉墨云心痒，他很想伸手触碰，却只是看了一会儿，手垂在身侧一动未动。

“你们县城挺复古的，”她歪着脑袋，任山风吹拂，“还有这么可爱的交通工具。”

“你不觉得有乡土气？”

“不会，这种车很像我小时候玩过的玩具。我邻居家有个在锻造厂上班的叔叔，他用工厂废弃的铁皮给家属院做健身器械。每年元宵节的时候，他和同事们就用废铁皮做好看的花灯。如果还有剩下的材料，他就做这种简易的铁皮小车，分给邻居家的小孩子玩。我也收到过他做的小车，还有铁丝做的蜻蜓。他手很巧，会做很多好东西。我小时候觉得，他就是个宝藏。小孩子嘛，对手艺人特别崇拜。可惜……那位叔叔还没来得及结婚就去世了，胃癌晚期……”

“你是因为这个，去学的医？”

“有一部分原因吧，”海疏雨想了想，“我小时候一直觉得，救死扶伤是件特别了不起的事。而且我爸妈都是医生，家庭影响也是一部分原因。”她回头看他：“你呢？你说你不是演员，那你的职业是什么？”

“语文老师。”

海疏雨望着他，似乎一点儿也不惊讶：“可惜了。如果高考前能遇见你，我的语文成绩一定能提上一个大阶。”

吉墨云笑起来，抬手指着迎面驶来的一辆小彩车：“三块钱坐到头，这个县城挺袖珍的。”

海疏雨转头去看，马路另一边又驶来一辆“奔格内慢巴”，这次是绿色的，车头还装饰着草绿色的塑料蔓藤。吉墨云说：“它们营业到晚上十点，你如果想尝试，最好坐到司机身后去，能跟他们聊聊本地见闻。不过下雨天就不要坐了，会淋一身雨。”

海疏雨点点头。

彩灯条镶嵌在低矮的建筑边缘，与路灯的黄色光晕交织在一起。街道两侧的房子连绵成蜿蜒的长龙，一口气飞至黑沉沉的巨大山影下。

这是个小县城的寻常模样。

二人下了车，他送她去酒店。在前台登记时，海疏雨不好意思地接过行李箱：“耽误你这么长时间，快回家吧！”

吉墨云点头：“好。”

“你家离酒店远吗？”其实她想问“我明天还能看见你吗？”。

“我家不在县城，在下面的村寨。”

“啊？”海疏雨担心，“那这么晚了，还有车去村寨吗？”

“我今晚住县城的同学家。”

“哦，这样啊……”

“嗯，再见。”吉墨云转身要走。

“哎，我明天……”海疏雨唤住他，目光带着期待，“我可以请你做向导吗？”

他回身站定。

“这里我两眼一抹黑，”她的拇指局促地搓手心，“你能带我转转吗？”

吉墨云望着她，幽深的眸子一动不动。

海疏雨见他不言语，又急道：“对不起，唐突了。如果你不方便就算了。”说完她又觉得，或许还可以争取一下：“但是如果你有空，我可以付酬劳，请你做向导。”

吉墨云依旧平静地看着她，眼睛里黑潭一般，看不出涟漪。

在她快要放弃时，海疏雨听到他说：“方便。”

“不耽误你上班吗？”

“现在是暑假。”

酒店客房的窗外是一个黎族文化广场。

有不少市民在广场上跳舞，地上、墙上都是大力神图案，一派花天锦地、笙歌鼎沸的人间烟火气。她忽然想起吉墨云曾经说过，这县城有个“三月三广场”，不知道是不是眼下这个。

“三月三”是黎族一年之中最盛大的节日。

海疏雨当时问：“为什么要选‘三月三’，不是‘一月一’，也不是‘二月二’？”

“你要知道，”吉墨云的声音不疾不徐，像是给学生上课的节奏，“以前交通不便，大家很难得见面。那个时候正好割了第一茬稻子，人们满怀丰收的喜悦，整个村子里的男男女女就结伴儿走出村子，到山上去唱山歌。别的村子出来的男女听到了，就会对着大山回应山歌。两边的人逐渐靠近，看到中意的，就会一对儿一对儿到河边、树林里去单独相处。再然后，男方就会去女方家下槟榔……”

“下槟榔？”当时车都快把人晃晕了，她仍听得津津有味。

“就是下聘礼的意思，以前，寨子里的老人们结婚时，下的聘礼就是槟榔，槟榔是个‘礼’。”

“那得下多少啊？要摘很多吗？”海疏雨想象不出，平常所见的聘礼可以用钱或是金首饰来算。

“每个地方的习俗不一样，有些地方是要摘好槟榔再去女方家，有些地方是去女方家再摘下来。”

“所以‘三月三’，就是黎族人的‘庆丰收’和‘找对象’的节日？”

“可以这么说。”

关上窗户，海疏雨打了个哈欠，挨不住舟车劳累，她给海羽书发了个两根手指“比耶”的表情包后就力邀周公下棋去了。

阿约拉港的朝阳正在冉冉升起，潮湿的海风卷起海面上细碎的波纹，推搡着船只。

海羽书站在舷窗边向外看，耀眼的暖光透过微微舒展的手指映在眉骨上，形成一个W形的光影。她眯着眼看海平面，嗅着风，享受海洋的气息。

对她而言，这是自由的味道。

海羽书凌晨就上了船，旅店的前台还给她退了半天的房费，这让她心情大好。

这艘游船并不大，上层甲板有两个双人间，因为带窗户，价格略贵，被一个法国家庭包了。他们一行四个人，除了一对中年夫妇，还有两个十几岁的男孩儿，是他们的儿子。下层船舱里有三间门对门的双人间，房间纵深两米，宽三米五，包括一个卫生间、上下铺的床位，床边还有一个宽五十厘米的柜子，没有窗户。因为没法放置大件行李，所以海羽书把行李箱推去了船舱的公共区域。此时她十分庆幸，在旅馆的时候就已经把行李都分拣过，随身用品全部拿出来放进了背包，现在方便不少。逼仄的空间里，满目棕红色，木质床和洗手间木门紧挨着。两人住一间，转个身都会碰到彼此。海羽书的上铺室友是个开朗的德国姑娘，二十五岁，名叫Susanne。

“屋里太闷了。”Susanne邀请海羽书，“咱们上甲板去吧，我刚才看到有一个自由区域，有软垫，可以看海，还能喝个下午茶什么的。”

海羽书欣然同意，两个女生就往甲板上去。

“哇，好地方。”海羽书伸了个懒腰，舒服地靠在软垫上。甲板装修得很是休闲，翠色人工草坪、墨绿色懒人沙发，视野开阔，头顶还有遮阳板，海风贯穿，十分凉爽。

“我需要开个直播，”海羽书把手机拿出来，一边登录直播网站，一边对Susanne说，“你介意吗？”

Susanne摆摆手：“公共区域。”她示意海羽书随意，自己去找东西喝。

“没有信号……”

海羽书摆弄了半天，网络不给力，她只好先拍视频：“嗨，小伙伴们，我已经登船了，船现在正在海上行驶，今天的第一站是捷诺维沙岛……”海浪一波一波击打在船身上，哗哗的声音，柔软而绵长，人声很快被吹散在风里。

“我刚发现，这个区域很棒啊，这些栏杆、扶手，太合我心意了。虽然船舱里根本没有晾衣服的地方，但是我已经想好了，每天潜水结束之后，我可以把换下来的湿衣裤夹在这些栏杆上。海风可以帮我把衣服自然风干，我是不是很聪明？啧，现在言归正传，加拉帕戈斯群岛是火山喷发的熔岩堆积形成的，历史很短。这里的物种是从其他大陆迁移过来的，直到一五三五年人类才发现了这个群岛，岛上很晚才有现代人类居住，所以呢，人类活动对它的惊扰很小，这里几乎是处于与世隔绝的状态。虽然现在，我们作为游客，可以上岛来跟野生动物近距离接触，但还是不要靠得太近，要跟动物们保持距离……”

拍了一会儿，海羽书收起设备。她回头，看到Susanne正抱着一颗硕大的菠萝冲她招手。

“你不是要直播吗?”Susanne指指海羽书的自拍支架。

“海上没有信号。”海羽书耸耸肩，“我只好先录视频，后期再剪辑。你上哪儿找来的?”她指指Susanne手里的菠萝。

“我刚才无意中发现了主厨存放水果的粮仓，这是他给我的封口费。”Susanne咧开嘴笑。

海羽书跟着大笑，两人去找船员借了把水果刀，一边削菠萝一边在甲板上吹风。

太阳高高升起，甲板上的温度逐渐升高，船员来喊她们下去吃早餐。海羽书和Susanne一起来到餐厅。早餐很丰盛，厨师准备了干奶酪、烤面包、干香蕉片、培根卷和西红柿。所有游客都被喊到餐厅，船长拉出一个小黑板，在上面写写画画，跟游客们交代清楚注意事项。

这艘船上一共有七名船员，除了船长，还有一名向导，一名客舱服务生，两名舵手，一名厨师，一名维修员。海羽书觉得挺惊奇，因为她没有发现船员们的房间，他们似乎就睡在餐厅。

吃过早餐后，向导黑皮让他们准备一下，游船即将登陆达尔文湾。等到了浅湾处，客人们从船上搭乘小艇前往登陆点。待到一定距离，穿着潜水服的客人们陆续从小艇下来，直接跳进海中。他们今天要湿登陆，海水齐腰深，人走动起来像企鹅一样笨重。海羽书背着防水背包，仍是有些担心相机设备。

海鸟在头顶低空飞掠，除了振翅声，这些巨大的鸟类鸣叫发出的分贝也非常高。除了登陆点的那一小片沙滩，目之所及的达尔文湾全是悬崖峭壁。

黑皮说："你们的运气很好，捷诺维沙岛经常被大雾笼罩，今天可是大晴天。"

Susanne回头，向海羽书伸出手，海羽书吐了吐舌头，拉住她。两只"大企鹅"摇摇晃晃向岸边跋涉。

一行人上岸后走了一段时间，就看到了加拉帕戈斯海狮。

海羽书激动得一边拍视频，一边自言自语："太可爱了，怎么能这么萌……"海狮的体格肥硕，一个个晃着圆滚滚的屁股在沙滩上左右摇摆。

黑皮提醒游客："大家可以拍照，但不能靠近，千万不要试图伸手去摸它们。"

"再可爱也不可以抚摸。"海羽书拿出手机想要直播，举着手机上下移动了一会儿，发现找不到信号，只能作罢。她将手机固定在胳膊上，一边录音，一边用单反拍视频。Susanne看到她举着手持云台，边走边说："看到了吗？加拉帕戈斯海狮是岛上最受欢迎的哺乳动物，完全不怕人。这两只胖坨坨就在我面前打滚，蠢萌蠢萌的。海狮肚子上的脂肪层很厚，看着就像皮球一样有弹性，但是不可以摸。在岛上，它们才是主人，我们只是客人。这里的动物一点儿防范心都没有，它们也没有见识过外面世界的残酷，大眼睛含情脉脉地盯着我看，非常可爱。"正说着，海羽书忽然感觉到一股力量在从下往上顶自己的镜头，她慌忙退开，"它们好奇心很重，哎呀……往我手上顶呢，可是我不能靠太近，要保持距离，为了它们的安全。虽然我很想亲近它们，但又怕真的亲近了，它们会很喜欢人类。万一以后遇到坏人，被欺负了怎么办……"

告别海滩后，一行人在岛上徒步，海羽书继续录音："跟在非洲的感觉完全不同，在非洲看狮子还不能离开越野车呢，不能这么近距离地观察……”

“这里真是很神奇，本来加拉帕戈斯群岛只是勉强冒出海面的低火山群，除了一点点软沙滩之外，悬崖峭壁似乎都不适合动物栖息，可这里却吸引了这么多野生动物。”

“快看，那边，在灌木丛里面……军舰鸟和蓝脚鲣鸟，小伙伴们，你们知道吗？军舰鸟就是个海盗，它们总是欺负弱小的海鸟。不过也迫不得已，因为军舰鸟虽然体形硕大，能在天上飞几个小时，看起来又彪又飒。可它们的羽毛不防水，一旦湿了就飞不起来，所以只能在海面上截夺别的海鸟捕的鱼，以‘打劫’为生。”

即使不是直播，她的声音也激情澎湃，声情并茂。

海洋气候让人浸润在潮湿中，紫外线强烈，要遮阳防晒，要徒步前进，海羽书还要手持近十斤重的单反和云台坚持拍摄。她脸上沾着汗湿的头发，说话也有些微喘。

Susanne都有些不忍心看了：“亲爱的，你这样，我看着都觉得辛苦。旅行是来放松的，你好像是在工作。”

“我就是在工作啊！”海羽书抹了一下滑落到眼角的汗，“我知道我在干什么，这是我喜欢的生活方式，也是我喜爱的工作。”

黑皮让徒步小队休息一下，大家就近寻找有树阴的地方，喝水纳凉。

“你在为电视台工作吗？”Susanne问。

“我为我自己拍摄。”海羽书咧嘴一笑，洁白的牙齿让笑容格外明媚。

“那……”Susanne指一指她固定在手臂上的手机，“岛上没有信号，你这样还可以直播？”

“哦，那个，”羽书看了一眼手机，在录音软件上点了暂停，“即使不直播，这样随时录音，也可以给后期文案多一点灵感和补充材料。毕竟正在发生时的感官冲击更强烈，也更有说服力和感召力。后期视频剪辑的时候我会屏蔽杂音和现场音，我要另外收音，后期再做混音。你知道吗？一部动漫电影的音频后期制作周期是三个月到半年，我没其他制作班底，前期拍照、录视频，素材整合，后期剪辑、混音，全都我一个人做。我也不知道最后能做出个什么样子，但我觉得这是个有意义的事情，我就想一心一意地完成它。”

“听起来很酷。”Susanne感叹，“但你一个人要做这么多工作，太辛苦了。”

“是很累。”羽书仰头喝水，喘口气，“但也很痛快。我忠于我热爱的事情，这么活着挺带劲。”

“圆圆，”Susanne由衷地说，“我觉得你很优秀。”

“谢谢！”海羽书笑了一下，“可惜我的家人从不认为我优秀，除了我姐姐。我父母总在劝我回家，去找个‘正经’职业……”

“你现在做的，”Susanne再次摇头表示不理解，“‘不正经’吗？”

“唉，我父母认为我现在干的事儿是‘不务正业’……你知道，在我的爸爸妈妈心目中，没出息是什么概念吗？”

Susanne摇头。

“我的父母和他们的朋友喜欢家长里短地聊天，他们最喜欢聊的话题就是孩子。当然聊着聊着互相难免起了攀比的心思，凡是能炫耀的话题，一般都不会放过。”

Susanne试着理解了一下：“这样，不是爱的一种表达方式吗？如果是我的父母，她们会很骄傲我是优秀的，或者我做了什么特别好的事，她们会很高兴，很自豪。”

“也许吧，”海羽书的水瓶空了，她感觉到嗓子的干渴，有一种撕磨的疼痛，“但我肯定没做什么让父母觉得骄傲的事。因为从小到大，在我们家所有亲戚朋友面前，受表扬的总是我姐姐，我通常是与她比较之后一无是处的那个。长大了也是如此，我姐姐遂了父母的心愿，像他们一样做了医生，工作稳定，膝前尽孝，让他们觉得安心。我呢，反叛，不听劝，没按他们期望的那样生活，总是往外跑，做着没有固定薪资的工作，而且一会儿去学跳伞，一会儿去学潜水，偶尔还蹦个极什么的，没做过一件让爸妈有安全感的事。”

“可是，”Susanne说，“我觉得，父母应该尊重子女选择的生活方式。你是不是没有跟他们沟通好？你们多久联系一次？有好好聊过吗？”

海羽书摇头：“也就隔几天发个信息报一下平安，可能我在直播间跟粉丝聊天说的话，都比跟父母说的话多。你说得对，我也有问题……毕竟我爸一给我打电话，我就很想挂断。不知道说什么，总是怕吵起来，我害怕听见他的声音。你知道那是什么感觉吗？就好比我在攀登一座雪峰，我鼓足所有勇气，想要攀到峰顶。我父亲却在山脚拼命地拦阻、劝说我放弃。每一次在我快要触碰到希望的时候，在我最兴奋，觉得我能够成功的时候，他都会一盆冷水浇下来，让我透心凉。这种撕扯感真让人难受。我甚至害怕回家，害怕见到他们。我需要家人的鼓励，需要精神支持，可我知道他们永远不会如我所愿。我父母总是巴不得我失败，这样才好让我安分点儿，他们就可以训斥我‘看，不听老人言有你后悔的’。我现在在做我喜欢的事情，用我全部的热情去投入，可我也怕自己动摇。毕竟，家庭是个安全港，谁不想待在舒适区？但我渴望新的征途，如果没有征服那些未知的挑战，我觉得自己好像白活了一遭。”

Susanne从背包里拿出一瓶水递给她。

“谢谢。”海羽书接过来，“对了，还有一次，我好像说了挺过分的话，我爸两个月都没理我，也没给我打过电话。”

“你说了什么？”

“我说，”她自嘲苦笑，“我宁愿死在路上，也不愿死在家里，被他念叨死。”海羽书低垂着头，看着脚下黑色的火山岩石。

在Susanne看来，海羽书总是很自信，总是高高仰着头，带着一种不肯屈服的执拗，好像不肯向这个世界低头。而此刻，海风包裹着她单薄的身影，墨黑的长发在脸上纠缠，怎样都挥不开，就像此刻出现在她身上的无力感。

我把拥有的全部展示给你看，这是故乡给予我的底气。

第五章 “多余”的家伙

海疏雨醒来时，已日上三竿。

她想起吉墨云说的，也不赶时间，觉得心里一松，边洗漱边看手机。发现一条微信新的朋友添加请求：江丞。

江丞？海疏雨看着镜中满嘴泡泡的自己，没印象，拒绝。

不一会儿，添加信息又来了：团团姐，我是江丞，圆圆姐让我加你的。

江丞？不是自己的亲朋不会知道她和海羽书的乳名。海疏雨在脑瓜子里搜索，猛然忆起，江丞是表叔的小孩，但并非亲生，是表叔第二任妻子带过来的儿子。

海疏雨点了通过，微信很快提示收到一条语音消息。

“团团姐，我是江丞，你是不是没印象了？”江丞的声音很阳光，是个年轻男孩的声音。

“有印象。”海疏雨忙吐掉漱口水，“我记得的，你爸是我爸的表弟，你是表叔的儿子。”

“对，我在三亚。圆圆姐出海了，海上没信号，她出海前给我发消息，不放心你一个人，让我来找你，你在哪儿？发个定位给我。”

“你在三亚？这么巧？”

“不巧，看来你平时是真不看亲属群的消息。去年我爸在三亚买房了，他想退休后跟我妈在海南做‘候鸟’一族。我在广东读大学，暑假不想回家，我妈就打发我来三亚看看房子。”

海疏雨一边拿毛巾擦脸，一边把定位发过去。

“团团姐，我开车过去，到你那儿也中午了，你先自己找地方溜达，别跑远啊，我们一起吃午饭。”

“好。”海疏雨拿橡皮筋胡乱扎起头发，马尾甩在脑后，她抽出房卡，穿着昨晚睡觉穿的T恤和短裤就下了楼。

酒店的自助早餐供应时间已经过了，外面白花花的大太阳，晃得海疏雨眯起眼睛朝后转身。三楼还有中餐厅，她想碰碰运气看还有没有吃的。这一转身，差点撞上人。“抱歉！”她抬头，撞上一双熟悉的眼睛。

吉墨云？

海疏雨脸上的表情从惊喜瞬间转为尴尬，伸手捂脸。怎么穿着睡衣碰见他了？头发也没好好梳，睡前喝多了水，眼皮还肿着。

“你没吃早饭？”吉墨云看她一直捂在脸上的手，“怎么？不舒服？”

海疏雨咬咬牙，破罐子破摔地放下手，垂着眼皮说：“起晚了，没有早餐供应了。”

吉墨云见她脸色不是生病的状态，放下心来：“外面有早餐店，可以去吃粉。”

“我不饿，我想回房间一下。”女为悦己者容，谁想让你看到这个鬼样子。

“你是不是不想看到我？”

“不是。我……”她好似语言功能失调，“你能来，我很高兴，就是……”她眼睛四处瞟，抬手指了指大堂靠窗的位置，“你能在那儿等我一下吗？我上去拿个东西，很快下来。”

吉墨云点头，还顺手帮她按了电梯。

海疏雨用此生最快的速度重新洗脸化妆，拉开衣柜门找衣服。平日工作的时候她从不化妆，因为没空，更因为万事有口罩，谁还在意口罩后的脸妆容是浓还是淡。此一时非彼一时，此刻她很在意自己以什么面貌出现在他面前。踌躇再三，她选了一件荷叶边米色长裙，看着镜中的自己，很淑女，很清婉。

可临出门时她又犹豫了：为什么这么紧张？这样的装扮看上去像是要相亲，是不是太刻意了？她又退回来。最后换了一身简约的藕粉色T恤、蓝色牛仔裤，穿上白球鞋，哒哒地下楼去。

酒店大堂里流淌着舒缓的钢琴曲，夹杂着周围细弱的交流声。海疏雨循着吉墨云的身影去寻找，发现那人正背靠在窗边，阳光从他身后洒进来，落在他蓬松的发顶、宽厚的肩膀上。他手里捧着一本书，棱角分明的五官在光影里更加深邃。海疏雨恍惚了片刻，她想起小时候看过岩井俊二的一部电影——《情书》，里面每一帧镜头都美得像画。此时的吉墨云，就像影片里立于窗边看书的少年藤井树，那样恬淡唯美的画面，令她停下脚步。

吉墨云似乎是察觉到什么，他合上书本抬起头。

“你在看什么?”海疏雨走过去笑脸相迎。

吉墨云晃晃手上的书，那是一本关于琼中地理的书，他把书本送还到咖啡屋书架上，转头问她：“附近有家好吃的汤粉店，要去吗?”

“好啊。”她跟着他走出酒店。

海南人的早餐几乎都是嗦粉，海南粉、抱罗粉、后安粉汤、陵水酸粉、炒粉、炒面、伊面汤，各种样式的粉，各有各的滋味。海南腌粉是细细的圆粉，吃起来口感柔软爽滑，嗦粉时要配一大碗海蚌汤，舌尖绽放的甜美妙不可言。

吉墨云给海疏雨推荐的是抱罗粉，相比于海南粉的细腻润滑，抱罗粉略粗，口感也更筋道些。这种粉要用大米细磨成浆，装进布袋里挤出水分，清水浸泡，再将粉团抖出来，加入食油、香油和清水调匀成糊浆，最后装进筒底有多孔漏眼的粉筒里用力把糊浆挤压出来。

海疏雨站在排队的人群里探头往前看，这家小小的店面挤满了人，店家熟练地捞起刚煮熟的粗粉，放到一边的大锅过凉水冷却，让粉在竹箩中再掂几下沥水。出锅后盛进一个大海碗，撒上炒花生米、芝麻碎、炒笋丝、炒酸菜、锦山的牛肉干、炒猪肉丝、蒜头油和香菜、葱花，最后再浇上一大勺勾芡的卤汁，一大碗红绿棕白相间的美味便成了。

“好香啊。”许是饿的，海疏雨馋得食指大动。她并不挑嘴，其实她习惯了狼吞虎咽，在医院值班的时候更是争分夺秒，因为一旦有紧急情况连扒一口饭都是奢侈。此时她“呼噜呼噜”吃得很粗野，像个男孩子。

吉墨云觉着好笑，海疏雨一抬头瞧见桌上有瓶辣椒酱，她好奇地问：“这辣椒酱怎么是黄的?”

“黄灯笼辣椒，海南本地特产。”

“你怎么不早说。”她忙把辣椒酱瓶拖过来，挖了一大勺，觉得不够，又挖去一大勺。

吉墨云忙提醒：“这个很辣。”

“我不怕辣。”她调皮地吐舌头。

粉有一点酸甜，馥郁的辣椒味儿更加刺激了味蕾。咀嚼时除了米粉的劲道和爽滑、芡汁的黏稠，还有豆芽的清脆、牛肉干的嚼劲、酸菜的酸爽，薄脆和花生的“嘎吱响”，黄灯笼辣椒酱的香更是点睛之笔。一碗粉，口感和味道都丰富得让人难忘。海疏雨吃得很满足，因为辣椒的后劲儿，她的樱桃小嘴变得红肿潮润，有些诱人。

吉墨云适时递去一张纸巾。

海疏雨接过来说：“谢谢。”她额上的汗珠还是“啪嗒”一声跌落在碗边，睫毛上也沾了汗，湿漉漉的，整张脸像被蒸汽熏过一样泛着潮红。

吉墨云看着，觉得她很真实。

“我脸上有字?”海疏雨一边辣得抽气，一边扭脸在窗玻璃的倒影上寻找答案，黑麻麻一团影子，啥也看不到。她不甘心，又掏出手机来照。得，像蒸了一趟桑拿，这下彻底没形象了。

“昨天你问我琼中有什么地方可以玩。我列了几个地方，刚才看的地理书里正好有路线图和实景照片，排队的时候我做了个简易攻略，你看看……”吉墨云拿出手机放在她面前，打开一个PDF文档。

海疏雨忙拿纸巾擦净手滑动屏幕：“吉老师，图文并茂，做得这么详细，你效率真高。”

当她看完攻略再抬头时，天光云影似蒙层灰雾，蜻蜓越飞越低，空气变得闷热。山区的雨说来就来，他们从早餐店出来时还只落下几滴雨，才走了一会儿后，大雨就劈头盖脸落了下来。

一辆宝蓝色牧马人越野车停在红灯面前，车内音乐声震天，车窗落下来。

江丞伸手扒了一下鼻梁上的墨镜，一双桃花眼从墨镜上沿看出去。街上的人为躲雨迅速跑开，有两个人以手挡雨，急匆匆奔过斑马线。江丞的手指划开手机屏幕调出照片，伸在窗前对照着看了看。他咧嘴一笑：“还真巧。”

雨中人浑然不觉，他们越过斑马线后，背影渐渐被树影遮挡不见。

红灯转成绿灯，江丞一脚油门，车子“嗖”一声疾驰而去。

酒店大堂的挑檐下形成细细的水帘，两个人都有些狼狈。

吉墨云帮她按电梯：“你快回房间换衣服，别感冒了。”

“那你呢？”

“我习惯了，一会儿就焐干了。”

“要不……你跟我上楼？”

“不合适。”

“你别误会，我只是想拿条干毛巾，让你把湿头发擦了。”

“我一会儿去找前台借个吹风机，你别操心了，快上去。”

海疏雨回到房间吹干头发，刚换上一身亚麻连衣裙，江丞的语音邀请就发了过来，让她到酒店中餐厅碰面。她匆匆下楼去找吉墨云，告诉他：“我一个亲戚家的小孩儿来了琼中，我去见见他。”

“你亲戚？来陪你旅行的？”

“也不完全是，”海疏雨说，“其实是海羽书的意思，我是个路痴，家里人不太放心。”

“应该的，人之常情。”

不多时，云销雨霁，天明如镜。树叶上的水珠抖落坠地，分裂飞溅，细碎晶莹。中餐厅的包间有一排硕大的木窗，窗外一片新绿，雀鸟在葱绿的草坪上啄食，一下一下，平静又快活。江丞一手抱着个青皮大椰子，“呼噜噜”吸着椰子水；一手翻看着手机里的聊天记录，想起海羽书来，他牙痒痒。

“江丞，我要你近距离观察我姐身边的男人。”

“什么情况？”

“我姐，可能红鸾星动了。”

“你姐今年二十七岁，不是十七岁，要谈恋爱也是‘黄昏恋’了吧？你操哪门子心。”

“就是不放心。她之前那二十七年心思都在学业、事业上，对异性的认知几乎为零。我怕她被人骗。”

“那我能做什么？”

“你保护她，另外帮我看看那男人到底怎么样，对我姐怎么样。”

“我在海边吹着海风，喝着椰子，看着沙滩比基尼美女，不香吗？我干吗要帮你监视？被发现了怪尴尬的。”

江丞起初很得意，反正海羽书不在跟前也拿他没招。但很快，海羽书发来几张照片。江丞一看傻了眼。这几张照片要多丑有多丑，全是他仰着头张着大嘴酣睡流口水的形象，还有视频。江丞炸毛：“你什么时候拍的？”

“你忘了？你高一那年跟你妈到海南环岛游，咱们亲戚一起租的七人商务车，我就坐你旁边。你在车上睡得跟猪一样，不，睡得特像公园里张着嘴的青蛙垃圾桶，我真是忍了好久才克制住没往你嘴里扔垃圾。”

“海羽书，你做个人吧！”

“你去不去？”

“我不去！小爷还怕你威胁？”

“行！你等着，等你谈恋爱的时候，这些照片和视频就是我送你女朋友的见面礼。”

江丞气得大骂粗口。

“你到底去不去？”

“我去！我去，我去还不成嘛！”

江丞咬牙切齿地看着手机，嘴里的吸管都被咬扁了。

这时包间门“嘎吱”一声被推开。

海疏雨看到窗下坐着一个染着浅金色头发，长着一双桃花眼的青年。他白得过分，逆光下，浅青色的皮肤血管隐约可见。海疏雨心想，这孩子长得挺好看的，就是这脖子，咋这么长？像羊驼……江丞站起来冲着海疏雨大咧咧地打招呼，眼睛不动声色地往她身后的男人身上瞟：“团团姐，久闻不如见面。”

海疏雨不好意思：“我跟圆圆长得很像，你跟她熟，倒是第一次见我。其实那次咱们一堆亲戚说好环岛游的，我因为急性肠炎没去成。不过我听圆圆说起过你，你们就是那个时候建立的革命友情吧？”

江丞咬牙笑：“对啊，我们革命友谊深着呢。”

吉墨云小声问：“团团？圆圆？”

海疏雨小声回：“我和海羽书的乳名。”

江丞痞笑着明知故问：“这位帅哥是谁？团团姐路上捡的？”

海疏雨就把路上发生的事简短地告诉了江丞，三人互相介绍后落座。吉墨云把菜单推向江丞：“我和你姐刚吃过东西，我们不太饿，看你想吃什么。”

江丞嬉皮笑脸：“随便，反正我就一蹭吃的。”

海疏雨说：“吉老师是琼中本地人，我请他做向导，想来一次不走寻常路的旅行。”

“那敢情好啊，”江丞喊服务生过来，“小妹，有酒吗？”

“现在？”海疏雨指指窗外，“大白天的，别喝了，我们下午还想出去玩，喝多了误事儿。”

“吉老师，”江丞挑眉，“你能喝吗？”

“可以，”吉墨云说，“不过喝酒确实耽误行程，要不咱们把这顿酒留着，晚上喝？”

“行。”江丞憋着坏笑。酒品见人品，我等着。

服务生推门上菜，海疏雨问江丞：“你开谁的车过来的？”

“噢，有个朋友在租车行打工，我找他开了后门，租车费比别家便宜。”江丞说，“姐，你会开车吧？我想着琼中是山区，没车一万个不方便，还是自己开合适，所以也没问你就租了。”

“租就租了，我一会儿转账给你。”海疏雨夹起一个蒜蓉扇贝，放到江丞碗里，“不能让你花钱，你还是学生。”

“你是我亲姐！”江丞笑得特别谄媚。

三人商量了一下，既然租了车，不妨去乡下走走。琼中的山路虽然弯弯绕绕，但车少人少，一路风光旖旎，不失为散心休闲的好去处。吉墨云帮海疏雨规划了一条路线，因为今天只剩下半天，像吊罗山这样偏远的山区不适合当天来回，于是选择了一条相对轻松的路线。从琼中出发，经长征镇，去上安乡作雅村，再到烟园村，最后返回琼中县城吃晚饭、休整，明天再进山区。海疏雨完全赞同，江丞没意见。

饭后他们去停车场取车，姐弟二人在前面有说有笑，吉墨云在后跟着。走到那台骚包的牧马人越野车面前，江丞回头喊：“吉老师，接着。”

明晃晃的车钥匙飞到吉墨云面前，他伸手接住：“我不会开车。”

江丞像看外星人一样看他：“不会吧，你是个男人，你不会开车？”

海疏雨忙去拿回车钥匙：“我会开，我喜欢开车。”

“姐，”江丞小声嗔怪，“你偏袒得太明显了。”

海疏雨拍他后脑勺：“我护短。”

车子离开县城，朝着长征镇的方向驶去。一路鸟叫虫鸣，山林葱翠，空气清新，阳光倾泻在树梢顶和路面上，沿途没遇到一辆车。坐在副驾驶的江丞心情大好，伸手去摸车载音响。

海疏雨制止他：“别开了，说说话挺好的。”

“也行。”江丞把两条长腿抬起，往座椅上一盘。海疏雨斜眼看了一下，觉得这儿要是有盘瓜子他就能直接嗑起来。

江丞瞥了一眼后座，沉默地看窗外的吉墨云，故意假咳几声。吉墨云转过头来。江丞故意问：“姐，想聊啥？”

海疏雨开着车，只好随便聊：“你今年读大几了？”

“大三。”江丞看看她，“你这么问，让我有种被七大姑八大姨介绍对象的感觉，咋？姐你要给我介绍啊？”

海疏雨扑哧一笑：“我们医院外科倒是有不少未婚女青年，只是医护工作特殊，加班倒班是常有的事，你要是想找个医护人员做对象，得有思想觉悟，估计会聚少离多。”

“姐，你是不是在暗示，将来姐夫大概率要独守空房？”

海疏雨抬手要拍他：“别瞎说，我没男朋友。”

江丞侧身去躲，趁机瞥了一眼吉墨云，发现后面那位眼睛里闪过一丝喜悦。江丞像只金毛犬一样双手往椅背上一趴，歪着头问：“吉老师，你平时有什么娱乐活动啊？琼中县城挺小的，又是山区，有没有什么好玩的夜生活？”

吉墨云说：“晚上我不出门。”

“那做什么？打游戏？”

“我不会。”

“游戏都不会，生活多无趣。那你干什么打发时间？”

“看书。”

看书？江丞挠头，心想，面前这二位还真是绝配，俩书呆子。他又问：“你话这么少，女朋友不觉得你闷吗？”

“我没有女朋友。”

江丞挑眉，心想，海羽书啊海羽书，你真得好好感谢我，上哪儿找我这么优秀的助攻选手，月老都没我会聊天。江丞套近乎：“吉老师，我喊你声吉哥，不介意吧？”

“不会。这里我熟悉，以后你们到这边来玩，有需要的地方都可以找我。”

对方一本正经，江丞厚脸皮：“行，都是自己人，你也可以叫我小丞丞。”

海疏雨觉着牙酸：“小丞丞？你多大了？”

“干吗啊？人家还是祖国的花朵。”江丞一副傲娇的小模样，故意掐了个兰花指。

海疏雨忍俊不禁，拍他一下：“我在开车，你坐好，这前撅后拱的，真当自己是磨盘啊？”

江丞趁势往后缩脖子：“姐，你不能这么暴力，当心嫁不出去。”

海疏雨莫名脸红，小声嘟囔：“你管我嫁不嫁得出去。”

江丞端了端坐姿：“姐，你想找个什么样的？”

“什么什么样的？”

“别装，都是自己人，说说，你对我未来姐夫有什么要求？”

海疏雨瞪他一眼，脸红得更厉害了。这叫她怎么说，说她喜欢的类型就是后面坐的那位？

江丞见她不说话，干脆问得更直接：“姐你谈过恋爱没有？”

“没有。”海疏雨脱口而出。

“一次也没有？”

“没有。”

“你完了。”

“什么鬼？”

“你在我心目中的女神形象碎成了渣渣。”江丞“手捧心脏”声情并茂，把捧哏演员的剧本演得活灵活现。

“什么跟什么？没谈过恋爱就形象崩塌？你的思维怎么这么奇怪？”

“你在我们这一大家族里的地位可是众星捧月啊！”他故意抬高声音说给后面那位听，“你看你，高才生！从小相貌好，脾气好，性格好，学习好，又没架子，现在工作也好，收入也不错，还会开车……你这么多优点，怎么能没男人追呢？”

海疏雨手搭在方向盘上，咬了下嘴唇：“可能……精力全在学习上吧，没太多心思管别的，工作以后也没什么空。你知道一个外科医生有多忙吗？我们同科室的男医生，一台手术十几个小时，站到小腿静脉性溃疡，才三十岁腰就不好了……”

“腰不好？”江丞瞥一眼后座，发现那位面上镇定，其实也在竖着耳朵听，“那是挺惨的，毕竟腰很重要。”

“什么乱七八糟的？”海疏雨抬手又想敲他。

江丞龇着牙坏笑：“哎哟，早知道坐这儿老是挨打，我就跟吉哥换座位了，是吧，吉哥？”

吉墨云眼睛里含着笑，声音却没波澜：“下回跟你换。”

江丞心想，吉哥您老这么淡定真的好吗？这样温水煮青蛙怎么追我姐？哪个谈恋爱的人不想要浓情蜜意？谁喜欢温吞吞的？不过作为助攻小能手，江丞还是把话题强行拽了回来，“姐，你别跟我说，从小到大你没被人追过。”

海疏雨仔细想了想：“好像真没有。”

“那你追过别人吗？”

“你干吗？”

“开车嘛，这么无聊的时刻，不骗点儿感情八卦出来怎么对得起自己。”

“我为什么要八卦我自己的隐私来娱乐你？”

“别这样，姐，”江丞一口一个“姐”地叫着，撒泼使出浑身解数，“这样，你说一个，我也说一个，咱公平。”

海疏雨看看他，眼神轻蔑：“我信你个鬼！”

江丞晃晃脑袋，瞟了一眼后座：“这样，咱们一人说一个，吉哥也要说。”

后座的吉墨云并没出声拒绝。

沉默了一会儿，车里有点沉闷，仿佛两人都在等着海疏雨开口。海疏雨有些无奈，又十分想听吉老师的八卦。她犹豫了一会儿，结结巴巴地开口：“其实……上高中的时候，我有……有喜欢过一个特别可爱的男同学。那个人很腼腆，有女生跟他说话的时候，他都会脸红。有一天，我就跑到那个男同学面前，跟他说，我喜欢他。这可能是我这辈子最胆大的一次告白……”

“然后呢？”江丞贼溜溜的眼睛里，八卦之火正烧得旺盛。

海疏雨挠挠耳朵：“其实那样挺不对的，因为临近高考了，大家压力都很大。我现在连那个男生的样子都不记得了。我觉得……我可能是，因为当时心理压力特别大，很想做点儿叛逆的事，不然我肯定不会主动跟人表白……”

“姐！”江丞把棒球帽摘下来给她扇风，“别急，放松放松，说说你是怎么被拒绝的。”

海疏雨一脸错愕：“你怎么知道……谁说我被拒绝了？”

“废话，没拒绝，你会当了二十七年母胎SOLO（网络流行词，又称母胎单身，指从出生开始一直保持单身，没谈过恋爱）吗？”江丞锲而不舍，“当时男同学说了什么？”

“他说……”海疏雨仔细回忆了一下，“‘表白这种事，应该由男人来做。’当时我以为，他会说，我也喜欢你，所以你做我女朋友之类的。谁知他说，‘你的表白不算数，我也不会对你表白，但是这件事我不会让任何人知道，我帮你保密。’说完之后，他的脸比我红得还厉害……”

江丞听完张大了嘴巴。

海疏雨闷闷地说：“是不是挺丢脸的？可那一年我才十几岁啊，谁还没个青春年少的时候……”

她说完有点儿郁闷，江丞忽然发现，坐在后座上的吉老师竟然偷偷在笑……

我准备好了一切，好的，坏的，唯独没人告诉我，这场跨越城乡偏见的异地恋要怎样打破……

第六章／敲开黎族的“门”

说话间三人已到达作雅村，这座小村庄掩映在一片绿油油的槟榔树林间，进村是一条小路，路两侧是豆绿色的池塘，水边凉亭里空无一人，整个村庄看起来像座空寨。海疏雨在村口最大的古榕树下停好车，下车时看到树下有个枣红色的木匣，她问吉墨云这是什么，他说这是祭祀树神的神龛，她忙双掌合十低头拜了拜。

江丞问：“姐，你还信这个啊？”

“入乡随俗。”疏雨探头打量，“这么安静，村子里有人吗？”

“有。”吉墨云说，“这里是黎族村寨，但是老人居多，大部分年轻人都外出打工去了。”

“啊？”江丞很失望，“我还以为能看见穿短筒裙的黎族姑娘呢。”

“小丞丞，”海疏雨抬手指着村口小道，那里正有个女子走过来，“喏，姑娘。”

来人穿着朴素，短袖衬衫麻布长裤，肩上挑着扁担，走近了他们才看清对方脸上的皱纹，原来是位五十岁上下的阿姨。村寨平时也没人来，阿姨困惑地望着他们：“你们找谁？”

海疏雨挺惊讶，没想到她能在这么偏僻的村寨里听到这样一口流利的普通话。

吉墨云朝阿姨走过去，他将大拇指竖起放在胸前说了声：“波隆。”这是黎族人打招呼的方式。海疏雨和江丞也学着他那样做。吉墨云用黎语说：“阿姨，我们路过这里，能借用一下洗手间吗？”

阿姨笑得很憨厚，招手示意他们跟过来。海疏雨与吉墨云并行，问他：“我以为寨子里的人不会说普通话呢，没想到说得这么好。”

吉墨云说：“为了适应旅游业发展，他们乐意把自己的文化展示给外面的世界看。”

“你要是想体验黎寨的原始生活状态，就要往吊罗山深处走，那里的黎族村寨还保留着大部分的黎族习俗，讲话用黎语，穿的服装也很有特色。”

“什么特色？跟我在景区看到的黎族服装不一样吗？”

“演员的演出服为了舞台效果或多或少都有些改良。”

“那现在还能见到原汁原味的黎族风情吗？”

“看缘分。”

“黎族为什么叫黎族啊？”

“其实黎是他称，过去在海南岛上的汉族为了区分本族与外族，才称呼外族为黎，黎族一般自称为‘赛’。”

“我在景区的时候曾听导游说过，黎族方言分为美孚方言、赛方言、润方言、杞方言、哈方言等，我记得没错吧？”

“没错。大体是根据语言、习俗和地域来分布的。”

海疏雨蹙眉问：“那你听得懂他们的方言吗？”

“听不懂。”他笑着摇头，“估计现在很少有人能听懂了。”

吉墨云感慨：“黎族在海南岛有三千多年的历史，古时有语言却没有本民族文字，能在汉字中看到一段记载，也不失为一种幸运，不然一些过往很容易湮灭在历史洪流中。”

“我觉得不会。”

“为什么？”

“因为有你这样的人啊。你热爱你的家乡，热爱你的民族，你对我说过的这些，是不是也会教给你的学生们？黎族还有黎锦，你们的先祖把叙事留在图案上，实在聪明。”海疏雨竖起大拇哥比了个赞。

“如果你有机会看到黎族的婚礼，就会看到婚服上是送亲和送礼拜场的图案设计，黎族的婚服图案都有百年好合、婚姻美满的寓意。”

不知为什么，海疏雨听到他说黎族的婚礼，脑子里忽然出现自己穿着黎族新娘的服饰举行婚礼的画面，她偷瞟他一眼，也想象着吉墨云穿黎族新郎服饰的样子。

他一定会是十里八乡最靓的仔吧！想到这里，她不由得抿嘴偷笑。

他看她一眼：“怎么了？我说这些你是不是烦了？”

“不会啊，我喜欢听你说，巴不得你多说一些。”

“好，那我慢慢说。”吉墨云也觉得很神奇，还从没见过一个汉族姑娘对黎族文化这么感兴趣的。

“喂！”江丞出现在小路尽头的岔口，“你们也太慢了，阿姨都把茶沏上了，你们还没跟来，害我又出来寻你们。”

海疏雨小跑几步跟上去，吉墨云看到她刚才脸红了，慢悠悠地跟在后面反思自己说了什么让她不好意思的话。

阿姨的家是蓝瓦黄墙的新式水泥房，门楣高悬深褐色的大力神与甘工鸟图案。门庭内是简洁的客厅，阿姨在茶几上放了几只椰壳做的杯子，沏好了热茶，喊她们进来喝。

海疏雨前后打量一番，觉得这里跟汉族家庭没有太大区别，就问：“阿姨，这是您家新盖的房子吗？”

“是啊，儿子帮忙盖的。”

“以前的旧房呢？”

“以前的瓦房都拆了，现在的水泥房多好啊，也不怕台风了。”

“我看村子里都是这样的新房子。”

“对，前几年村子里陆陆续续都换新房了。”

“您一直待在村寨里吗？”

“现在经常出去了，路修好之后交通就方便多了。每年‘三月三’，县里面有大活动的时候还会请我们这些村寨里的老人去唱黎歌哩。”

江丞也凑热闹问：“阿姨您为什么不穿黎族服饰？就是那种，走起路来叮叮咚咚响的那一身。”

阿姨指指院子：“衣服才洗过，晾在外面。现在都穿大众服饰，下地干活也方便，穿筒裙戴首饰不方便干农活。”

江丞有些失望：“那不是跟我们穿的没差异了？我还挺想看看你们穿自己本民族的服饰。”

“现在除了节日里很少穿戴了，”阿姨好心说，“我还有一套旧的，你要是想看，我拿给你看看。”

江丞嘴巴甜，哄着阿姨一定要换上，让他拍照留个纪念。阿姨也没拂他面子。

不一会儿，阿姨穿着一身漂亮的黎族服饰从里屋走出来时，麻利地在后脑绾了个发髻，然后把一个银色的发簪插在头上。江丞还好奇地去数：“这发簪为什么是七个齿？看着像扇面骨架。”阿姨说：“据说七个齿代表着七仙岭，五个齿表示五指山。”

阿姨身上穿的小坎外套是开衫，里面还有一件黑色的肚兜。外衫是敞开不系扣的，脖子上戴了一层层的银项圈。据说在物资极度贫匮的时期，黎族女子脖上的项圈坠子越多，越能彰显家底殷实。黑色外褂的对襟、开衩、后背和下摆上分别绣着各种花鸟兽和植物叶子，筒裙的裙尾绣的是大力神图案。上衣开襟处还有两排硕大的，像硬币一样的银圈做装饰。

“好看！”江丞连连竖起大拇指，“民族的就是世界的，这手工绣活太绝了。”

海疏雨问阿姨：“过去的黎族人是不是每个女子都要自己织锦，然后做成这样的衣服？”

阿姨说：“以前是这样的，家里还有一个踞腰织机。你想看我可以带你去看。”

海疏雨跟着阿姨去里屋看，见是三段木条，织锦被木条撑开，有个布垫套在人身上的后腰处，三段木条中有几个梭子。阿姨告诉她：“这个叫卷布轴，这个是撑经杆。”而后又细致地跟她讲，什么是治经，什么是提综，什么是引纬，什么是压维，什么又是送经，最后是卷布。

海疏雨摸摸这个，又摸摸那个，实在是好奇。这踞腰织机已经十分陈旧了，可它仿佛能穿越时空，让海疏雨看到阿姨的先辈们织锦的画面。她们正聊得热闹，阿姨的老伴儿回来了，是一位面相和善的大叔。

大叔很瘦，皮肤黝黑，精神矍铄，指间夹着一支烟，一口一口吸得很慢。再聊下去，海疏雨才知道原来这位大叔就是赫赫有名的歌王，阿姨是远近闻名的歌后，村寨间至今还流传着他们的传说。大叔和阿姨年轻的时候到一个朋友家去吃酒席，当时的大叔凭着一副金嗓子唱遍乡里无敌手，当年的阿姨也有股不服输的劲儿，两人就在朋友的婚宴上斗歌。两个嘹亮的好嗓子唱得棋逢对手，惺惺相惜。

“后来呢？”海疏雨忍不住问。

“后来，他的阿爸阿妈用藤箩装了两条猪肉、两串槟榔干、两把鲜蒌叶、一盒螺灰、一捆烟草、一件新衣当求婚聘礼，在一天中太阳升得最高的时候来到我的村寨，向我的阿爸阿妈提了亲。”阿姨抿着嘴笑，仿佛那一幕还历历在目。

“哇，这比电影还浪漫呢。”海疏雨很羡慕。

“有什么浪漫的，我们这儿的提亲习俗就是这样的，聘礼是个心意，富人家送牛，穷人家送猪肉和酒水，他阿爸阿妈向我家提亲后商量出一个良辰吉日……”

“什么样的日子算是吉日？”

“秋收到春节前都是好日子。”

海疏雨听得有些懵，不过故事很美好，歌后跟着歌王回了作雅村，他们在这一方净土结为连理，养育儿女，也把动人的黎歌一代一代传下去。

海疏雨发自肺腑地感慨：“真好。万金难买共白头。”她们正说着话，隔壁屋传出一阵婴孩的啼哭声，大叔说孩子醒了，阿姨忙起身去看。不一会儿，海疏雨听到那间屋里传来甜美的歌声，她站起身去门口看。

阿姨抱着她的小孙子，一边轻轻地摇，一边用歌声温柔地哄他入睡。海疏雨从没听过这样动人的歌谣。她不懂黎语，不明白歌词含义，但她听得出这歌声里的深厚情谊。婉转、空灵、忧伤，令人沉迷，似温驯的小羊、似潺潺流动的溪水、似如诗如画的月亮，似穿过莽莽山林的一阵风。村子里依然宁静，偶尔有鸡鸣声打远处传来，衬得这歌声更古朴悠扬。

大叔搬来一张七脚独木凳，示意海疏雨坐下听。她就坐在阿姨的屋门口，静静地听。听了一会儿，她忽然想起什么，从包里拿出运动相机默默地录像。大叔坐在门廊下悠闲地抽烟，他也在听。时光从他干涸的眸子里蹚过，此刻仿佛静止，他苍老的眼睛里透着温和明亮的光，像老树扎根泥土一样坚实祥和。

屋外的阳光从树叶缝隙中穿过，摇摇晃晃，斑斑点点，婆娑似梦。那歌声也似连绵的白色浪花一样温柔地荡漾在小院中。

不知什么时候，吉墨云背手站在海疏雨身后。他也在安安静静地聆听。

他们在这夏日碧绿的浓荫里不知不觉待到了夕阳垂暮，小小的村寨里有房屋升起了炊烟，海疏雨闻到木头烧灼的气味儿、树叶的气味儿、苔藓的气味儿。她有些恋恋不舍。吉墨云轻轻碰了碰她的手臂，提醒她要走了。海疏雨也担心阿姨和大叔会留他们吃晚饭，已经打搅得太久了，她跟阿姨告辞。走出庭院时她回头望，看到阿姨和大叔还站在家门口目送他们。海疏雨心头一暖：“这里真好。真想让时间停下来。”

“你喜欢这里?”

“当然喜欢。”

“你可是来自大城市，这里只是小村寨。”

海疏雨瞟他一眼："大城市有什么好的，成年人用大量的经验和理性来生存，只有孩子能暂时逃避压力。这里多好啊，孔子弟子曾皙的理想生活，也不过是春风沂水而已。"

他们原计划一个下午至少去两个村子，现在看来时间不够了。但有什么关系呢，海疏雨对这样没有目的性的旅程很满意，这一次没有赶路的匆忙，没有焦虑，没有急躁，有的是随心所欲。她觉得快乐，内心平静安宁。

眼看快要走到村口了，海疏雨才想起来少了个人："怎么没看到江丞？"

吉墨云指了指村口的黄葛树下。

墨绿色吊床在树下摇摇摆摆，那个一头金毛的年轻人正舒服地吹着山风，抓着手机打游戏。

海疏雨摇头，她想，对于江丞这样二十出头的年轻人来说，陪她走乡村可能是件挺无趣的事吧。她忽然仰头看吉墨云："我刚才让你等了那么久，你不觉得无聊吗？"

"不会。我刚好在手机上看完理查德·普雷斯顿的《血殇》。"

还好，没有浪费他的时间。海疏雨略宽心，又问他："好看吗？"

"嗯，埃博拉的过去、现在和未来。面对可怕传染病的公共卫生事件时，人们还要面对伦理和道德的抉择，其实人与人之间的距离，才是难题。"他好看的眉眼有一种肃穆的神情，"我很敬佩医务人员，危难时刻，是他们挡在我们和病毒之间，他们是战士。"

"是我们。"海疏雨纠正他，"我也是医务人员，如果发生疫情，我也是冲在病毒面前的人。"

"对。"吉墨云深深看她一眼，"你也是我敬佩的人。"

海疏雨弯着眼睛冲他笑：“走吧，我们去下一个村子。”

“时间有些晚了。”

“不要紧，我们反正是往回走，看一眼就回县城。”海疏雨大步朝江丞走去，走到吊床边轻踹他一脚，他没动。海疏雨伸手去撸他那根能媲美羊驼的长脖子，“走了，小丞丞。”

江丞最受不了被人摸后脖颈，忙跳下来：“终于能走了，哎，累死我了。”

海疏雨说：“你躺着打游戏，有什么可累的。”

“说话要讲良心。”江丞扒着袖子给她看，“你看看，看看，全是蚊子咬的大包小包，我容易吗？”

海疏雨“啧”一声，赶紧给他“顺毛”：“真不容易，晚上请你吃好吃的。”

“那等什么，快走快走。”江丞催促。

三人上了车，海疏雨发动车子，开出去不久她回头望这个岁月静好的小村庄。村口的琴叶榕像一位姿容优雅的老人也在回望他们，树下绿油油的鹅掌柴与白绿相间的金边黄杨矮身挤在一起，这小村寨馨香萦怀，绿发华滋。等到车子走远，她再回头远眺，层峦叠嶂，薄雾翻滚，似游龙翩飞，似凤尾袅袅。云雾撑开的瞬间，刚好窥见轮廓清晰的七仙岭。

一路晚风摇曳，树林簌簌作响，三药槟榔静悄悄地立在道路两边目送他们离开。江丞刚点燃一支烟，海疏雨就降下车窗：“哎，你别抽烟。”

“为什么？”江丞吐了个完整的烟圈儿，看着它飘飘荡荡在车顶散开。

“车厢是密闭空间，天气这么热，开着空调，二手烟呛死人。”

“你家里没人抽烟吗？”

“我爸偶尔抽，但他只在阳台抽，从来不在屋里抽。”

“嚯，你爸肯定是妻管严。”江丞不以为意，“这么矫情。”

“不是矫情，这是健康问题好吗？”

江丞扭头看后面那位：“吉哥，你抽烟吗？”

吉墨云摇头：“不抽。”

海疏雨闻言大喜，对比之下更觉得吉墨云特别。

江丞嗤之以鼻：“不抽烟也许会吃槟榔。”

吉墨云认真地说：“我也不吃槟榔。”

江丞不服：“你不吃槟榔吗？这里可是槟榔种植大省啊！”

吉墨云粲然一笑，整齐的牙齿像白瓷。

海疏雨忍不住说：“小丞，从医学角度来说，长期吃槟榔会增加患口腔癌的风险，而且吃槟榔和抽烟都对牙齿不好。你现在还年轻，如果成了老烟枪，你的牙也会又黑又黄，一张嘴先把自己臭晕。”

“姐。”江丞投来幽怨的眼神，“你这胳膊肘往外拐得也太刻意了。”

海疏雨笑道：“你别欺负吉老师。”

“怎么叫欺负呢，再说你们俩这是一唱一和，基本上二对一，我才是负隅顽抗的那个好吗？”

海疏雨干咳了一声：“你先把烟扔了。”

江丞无奈，只好掐了烟丢出窗外。

车子再往前行驶，经过一条仅容一辆车通过的窄道。土路的两边长满杂草，毛蕨和南蛇藤缠绕在杂草之间。尽管隔着车窗，他们也闻到了空气里弥漫的一股刺鼻的味道，像羊骚味儿，却又不是。三个背着宽大塑料盒子的农民正停在路边，他们自觉地向路沿的杂草上靠，等着汽车过去。

“他们背上背的是什么？”江丞没见过，有几分好奇，目光在窗外人脸上掠过。他们很黑，双颊都有晒红的印子。

“装农药的箱子。”吉墨云说。

“打农药？”江丞扭头又看了眼，“那玩意儿那么臭，种粮食都要用吗？”

“不杀虫的话，农作物长不好。”吉墨云看向窗外的田连仟伯，“不过他们种的应该不是粮食，琼中最多的经济作物是槟榔和橡胶，还有绿橙、益智、甘蔗，也有些药田。”

“长知识了吧？”海疏雨逗江丞，“还不谢谢吉老师。”

江丞“啧”一声：“知道这些也没用，我又不种地，不需要学这些。”

“谁给你这沾沾自喜的优越感？”海疏雨拍他一下。

“哎呀，我没有瞧不起谁的意思。我是说种地也并不难嘛，你看这里，到处都是木瓜树，我听说这里的木瓜根本不需要刻意去种。鸟吃了木瓜的种子，从天上飞过时，种子就跟着鸟的排泄物一起掉到土里，然后就是自然生长。海南这个地方，夸张点说，你就算往地里插根筷子都能长出花来。反正这里空气好，湿度高，日照时间长，植物都疯了长，种地有什么难的。”

海疏雨嗔他一眼：“抬杠。”

江丞不服气：“我说得不对吗？”

“首先，普及个常识。”吉墨云说，“槟榔并不像木瓜那样随意生长，还是需要人好好栽种的。而且槟榔也没那么容易出果，三年小果六年大果，侍弄得好，才有可能结果子，如果主人太懒，不打农药不锄草，也可能十年都不结果子。有些事，总需要有人去做的，职业没有贵贱之分。”

前半段，江丞就当科普听了，听到最后一句时，他重重哼了一声。

海疏雨担心这两人针尖对麦芒，她拿手背蹭蹭鼻子，转移了话题：“江丞，你上学的时候没少欺负小姑娘吧？”

“啊？”江丞心想，原来八卦之心人人皆有，“有啊，我长这么帅，好多小姑娘哭着喊着要嫁我呢。”

“我不问你大学里的风流史，我问你第一次对小姑娘心动。”

“第一次，我想想……”江丞说，“我上初三那会儿，课桌是拆开的单人座，每周调换一次，前一排往后挪，左边的往右挪。有一次，轮到一个特别文静的小姑娘做我同桌。我跟她说话的时候，她总低头看鞋、看手，就是不看我。然后有次上晚自习，我找她借水喝。我们教室外面有饮水机，但是上课期间不许去接水。她犹犹豫豫地把她放在桌子角的水杯拿起来，看了看我，磨磨蹭蹭地打开水杯盖子。我以为她要把水杯递给我，结果她一仰脖子把水全喝完了。后来我才知道，她不好意思把喝过的水给我。那堂课她憋尿憋了三十分钟，差点憋哭了……”

海疏雨握着方向盘的手一直抖，笑得停不下来。

“我当时真觉得这姑娘怎么这么可爱，哎哟，太纯情了。我记得那会儿我还跟我妈保证过，我会好好学习，以后跟她一起读高中，再考同一所大学……”

“后来呢？”

“后来，就没后来了。有的人，走着走着就散了，还是缘分不够吧……”

江丞的表情难得深情，好像在自己的少年时光里徜徉了一圈，他忽然回头问吉墨云：“你呢，吉哥？你有喜欢过别人吗？”

吉墨云与他目光对视，静默了片刻才说：“我没谈过恋爱，也没喜欢过别人。”

江丞不屑：“你骗鬼呢！”

车子行驶过一小片玉米地，风呼呼地刮着玉米穗，夕阳变成了天边一颗小小的鸭蛋黄，既不壮丽，又很遥远。海疏雨关了空调，降下四面车窗，风吹过她的脸颊，格外凉爽。

又是一阵静默，吉墨云说：“我没说谎，我确实没谈过。以前的我有些自闭，几乎不跟人说话。”

这个回答让海疏雨震惊，江丞也讶异地看着他：“那……因为什么？”

“性格缺陷吧。”

“现在都好了？”

“算是吧。”

“什么叫算是吧，”江丞着急起来，有缺陷的话影响下一代啊。

“我念的是师范，很清楚毕业后要做老师。毕业那年我以为自己做好了准备，但其实我高估了自己。当老师不仅仅是备课熟练就能上讲台，我忽视了最重要的一步——与人交流。那一年我几乎到处碰壁，没有学校肯接收一个站上讲台却说不出话来的老师……后来我为了克服自己心里的恐惧，用了一个办法，把这个问题矫正了。”

“自己就矫正了？”江丞不得不佩服，“你用了什么办法？”

“我在音频APP注册了一个账号，做一个有声书主播，每天念书给听众听。”

他说到这里，海疏雨不自觉弯起唇角，风铃海，果然是你。她那天的惊愕早已随着这些天的相处慢慢平复，如今却更加欣喜。这种感觉就像她一直在寻觅的宝山终于打开了全部的宝藏，比她预料的还要丰富多彩，喜不自胜让她的嘴角藏不住笑意。

“做主播就可以了吗？能改变自闭？”江丞迟疑。

“我不是真的自闭。”吉墨云说，“我小时候也曾性格外向，只是后来发生一些事情，对我的影响很大，自那以后我就很少说话。可我的职业要求我必须当着众人的面说话，所以我做了这种努力，有意识地矫正自己。”

“面对着人，说不出来，但是在音频APP可以？”江丞瞠目。

“就好比一个歌手，面对着人，他可能唱不出来，但是在直播间就可以，他可以唱给很多人听。因为他对面没有人，所以唱得出来。这是一种心理暗示。后来我用直播的方式锻炼勇气，直到我可以站上讲台，彻底摆脱隐藏在意识里的怯懦。”

“我好像明白了。”江丞看向海疏雨，“姐，你听懂了吗？”

“懂。”海疏雨简明扼要。

“这不公平。”江丞忽然觉得亏了，“我们都自爆八卦了，吉哥你太狡猾了。一把年纪了竟然连感情史都没有，等等，你不会还是个处男吧。”

“咳咳咳咳……”海疏雨忽然剧烈地咳嗽起来，“吉老师，要不你说点儿别的吧，随便什么都行。”

吉墨云低头思忖片刻：“我朗诵一首诗可以吗？”

“可以可以。”海疏雨十分捧场。

江丞一脸看笑话的表情，心想什么年纪了，还背诗。你背啊，鹅鹅鹅，曲项向天歌，我也会，哼……

车内安静片刻，Friedrich Gottlieb Klopstock 的《蔷薇花带》从吉墨云的唇间缓缓吟出，低沉磁性的声音在车厢狭窄的空间里有节奏地朗诵，情绪饱满，抑扬顿挫。

江丞很震惊，他无论如何也没想到，一个山区教师能有这么纯正的英语发音，与他的大学外语系教授相比并不差分毫。

吉墨云的声音仿佛有魔力，这段诗朗诵像是清唱，也像在神游，似酒酿，似晨间冷湖上缥缈的薄雾，似林间垂下长长翎羽的雀鸟，似拂上纱幔轻轻撩拨的手，似花圃里玫瑰花瓣上坠落的晶莹露水，似翩飞游走的细沙，似稍纵即逝的萤火流光……很美，很轻盈，带着说不出的朦胧醉意，仿佛有画面引人遐想。

诗文很短，他声音停下时，海疏雨和江丞还沉浸其中。

窗外是一片桑园，余晖并未散去，浓郁的橘色在后视镜上折射出金灿灿的光。海疏雨双手紧握方向盘，胸腔里似有热潮翻滚，她努力平心静气。

江丞侧过头，看到她发红的耳朵。江丞深吸一口气：这声音如此有魅力，难怪你会喜欢他。

往长征镇方向返回县城的途中，他们经过烟园村。

村口沉寂着大片的桑园，低矮的苍翠叶子团聚在一起，密密匝匝地延绵至山脚。他们开过村前的石桥时，村子里突然窜出一条大黄狗，静静地望着车窗里的人。

入村的房屋墙面上都有用丙烯颜料绘制的农耕图。图画浅显易懂，穿着黑色对襟刺绣上衣、筒裙长裤的男女老少们在砍甘蔗、收水稻、采槟榔，还有进行舂米、酿酒、祭祀神明等活动的长长画卷，由村头绘至村尾，整片廊墙连成一幅巨制。

海疏雨看到有个妇人迎面走来，她头顶戴着一个玫红色的刺绣头巾，怀中抱着个约半岁小童，那小童头顶戴着一个更小的方帕，如帽子一样罩在小小的脑袋上。光线越来越弱，他们的轮廓很快模糊在阴影里。

“这里也是黎族村寨吗？”海疏雨问。

“不是，烟园村是苗族村子。”吉墨云说。

车子徐徐开进村去，狭长的街道两侧有水泥筑的小洋楼，也有陈旧的瓦房。

江丞打个哈欠：“我们什么时候回县城啊？我都饿了。”

“再等会儿。”海疏雨拍拍江丞的头，像安抚一条金毛犬。

车子已经在村道上行驶了一圈，这个村寨不大，统共不过一百多户人家，却有个干净漂亮的小学。此时校园空荡荡的，一杆红旗飘扬在操场一端的上空。海疏雨说：“以前海羽书跟我说，她每到一个地方最喜欢去的就是菜市场、博物馆和学校。菜市场能让她了解当地最市井、最真实的一面，博物馆能让她了解这个地方的过去，而学校能让她看到当地的未来。”

“想进学校看看吗？”吉墨云问。

“放假了，校门紧闭。”海疏雨笑笑，“算了，天色也晚了。”

“下次，下次带你去看黎族的学校。”

“好。”海疏雨忽然很向往。

“烟园村在丘陵地带，这里有四百多亩桑田。如果你是二月来，就能去桑田里摘桑葚，这个时候的桑葚很甜，很好吃。”吉墨云说，“如果今天来得时间早，还可以去老乡家里讨要一杯桑葚酒，也许能吃到桑叶做的菜。这里离云湖很近，这个时候湖上的荷花都开了，很壮观。云湖边有栈道，一直通往什日宛驿站，有时间的话我们可以租辆自行车，一路骑过去。”

“你说的每一样我都很向往，”海疏雨不无遗憾，“可惜，时间总是我最缺的东西。”

“‘三月三’的时候，欢迎你再来琼中感受一下。这里的人很热情，会给你敬酒，会唱歌给你听，会拉着你一起跳舞。”吉墨云向她发出邀请。

海疏雨一偏头就看见他黑亮的眼睛，天色暗沉下来，农家灯火的光映照在他脸上，让他的瞳孔犹如一池深潭水，诱着她下坠。她忽然就很心动，轻声说：“好。”

江丞干咳一声：“宝宝很饿，饿得前胸贴后背，咱们回县城吧！”他心想：你们眉来眼去的时候能不能考虑一下我的感受，我一个上千瓦的大灯泡难道还不够亮吗？

灯塔的意义不仅仅是照亮和引路。再微小的光，也是光。

第七章 那些甘做“灯塔”的人

翌日清晨。

他们驾驶着越野车离开县城，一路欢脱地向什仍村驶去，驶离长征镇区后，就基本告别了柏油路，四周郁郁葱葱，脚下是最原始的土路。在经过一段相对平坦的丘陵道路之后，他们慢慢驶进深山。沿途有成片的槟榔林和橡胶林，绿意满坡，洋洋洒洒。山坡上绿草滋长，一圈圈的梯田，漫山遍野稻花香。

因为昨晚宿醉，江丞今天把副驾驶的位置让给吉墨云，他跑到后座躺倒就睡。车子时走时停，海疏雨看到心仪的风景就停下歇歇，眼前一会儿是“水满田畴稻叶齐，日光穿树晓烟低”，一会儿又变作“云白千层连海市，石红一片接村墟”。

当车子经过几座漫水桥剧烈颠簸时，吉墨云下意识伸手去挡身边的人。哪知这文文静静的姑娘开起越野车来像个糙汉，一脚油门踩到底，车子似离弦的箭呜的一下飞过去，水花溅起，窗玻璃上一片模糊。

吉墨云回头看了眼江丞，他仍在呼呼大睡。

“怎么样？”海疏雨指指吉墨云手上的运动相机，“拍到了吗？”

“还不错。”吉墨云说，“你是要做纪录片吗？路上也不停地拍？”

“挺有意义的。我昨天听到黎歌的时候突发奇想，这趟没有走常规的旅行路线，见到的也都是平时没见过的风土人情，说不定能拍到不少有意思的画面，我想做个小影片送给海羽书和我自己当生日礼物。”

“你生日快到了？”

“还没到。”

“哪一天？”

“十月九日。”说话间，海疏雨又猛踩油门，车子跑得飞快，“在城市里没法这样开车的，这么……酣畅淋漓，很过瘾。”

“你还真是……”

“真是什么？野蛮？”海疏雨的眼神里透着小得意，“吉老师，你是不是对城里姑娘有什么误解？你没见过我妹妹，我跟她一比，才是小巫见大巫。”

“你很崇拜你妹妹。”

“那当然，海羽书很厉害，她可是行走五大洲的女孩儿，在牙买加潜过水、在亚马孙雨林抓过食人鱼，还在马丘比丘上喂过羊驼……”她偏过头，发现吉墨云正将运动相机的摄像头对准她。海疏雨把脸往另一边别过去一点：“你对着我干吗，拍风景啊。”

“你也是风景。”

“我又不好看。”

“海医生，你好好开车。”

海疏雨很无奈，吉墨云还在拍她，还在看着她笑。海疏雨的脸发烫，不知是太阳照的，还是羞的：“别拍了。”

吉墨云却突然正色说：“海医生，我觉得你比你妹妹厉害。”

“我哪里厉害。”

“你是战士，在我眼里你最棒。”

闻言，海疏雨的不好意思里透出一种骄傲来，却很快叹气：“医生也是人，我很久没这么放松过了。平时工作很累，压力也大，每天有很多突发状况的病人。挂不上号的、安排不了病床的、白天没时间来就诊的、药房拿不上药的、车祸意外受伤的、甚至老人患有痴呆又有突发状况，还问不出病情却很危急的……很多时候一触即发、刻不容缓。医生的脑袋里总有一根绷得很紧的弦，就像是打仗，甚至不知什么时候还会遇上无理取闹的病人，脑子转慢一点不能及时应对的话，分分钟就能崩溃。”

她说得轻松，吉墨云却听得心疼：“学医很辛苦吧？”

“嗯。”她点头，“五年本科三年临床，我上学的时候跳了两级，十岁上初中，十六岁考大学。曾经自以为很聪明，上了大学之后才明白，比我聪明的人比比皆是，比我优秀的也大有人在。我还记得，刚开始实习的时候，每天都忐忑不安，要把书本上的东西转变成现实操作，压力很大，经常失眠……我爸爸常跟我说，你要敬畏每一条生命，医生的手是用来救死扶伤的，没有回头路走。每一个失误，都有可能造成无法挽回的悲剧。有时候，即使尽了全力，也可能无力对抗命运，因为死神会从医生指缝里抢人。我还亲眼看到过，我们院里一位兢兢业业的医生，下了手术台死于心肌梗死。她才四十三岁，救得了病人，却救不了自己。”

车厢里忽然陷入沉寂，吉墨云看着她，想说什么，嘴唇动了动，却没有发出声音。

“我有次跟我妈妈开玩笑，我说，您跟我爸都是苦海挣扎一辈子的人，为什么眼看着我要跳进来，也不拦着。我妈妈说，健康所系，生命托付。在我自愿选择遵循希波克拉底誓言的时候，就已经献身医学了。”她停顿一下，很快又自嘲道，“我上班的时候可是不怎么注重形象，黑眼圈天天来报到，有时候头发油了都来不及洗，还掉头发，我都怕我还没生孩子就先秃了……”

吉墨云跟着笑了，笑完又是心疼。

“所以这次旅行真的很开心，”她看他一眼，投去感激，“谢谢你，吉老师。”

“不客气。”吉墨云轻声说。

“你呢？”

“我？”

“你是老师啊，说说你的心路历程。”海疏雨调侃他，“我在开车啊，随便聊聊，不然容易瞌睡。”

吉墨云瞥了一眼窗外的土路，心想，在这种像搓衣板的路上颠簸还能瞌睡？他失笑。

其实她就是想套他的话：“你不会有什么不可告人的过去吧？”

吉墨云蹙眉看她。

“当老师之前你知道自己会成为一个好老师吗？”

“不会，”他自嘲地笑了，“我曾经是个不服管教的叛逆少年。”

“你？”海疏雨吃惊，满眼都写着“我不信”。

“是真的。”

“你说吧，我心理素质强大，挺得住。”

“我的叛逆期在阿妈去世之后，在学校打架，在校外打架，那时候好像总有一身力气无处发泄，打架的原因早就不记得了，却还记得那段时间的离经叛道……”

海疏雨拍拍胸口：“意料之外，惊吓有余。”

“我小时候，阿妈对我期望很高，她很尽心地教我，希望我做个文雅的人。十一岁那年，阿妈去世了，我就进入了叛逆期，跟阿爸闹别扭了很多年。他越是不让我干什么，我就越要去做。”他把衣袖拉起来，露出结实的大臂，上面有两道鼓起来的狰狞的凸痕。

海疏雨快速地扫了一眼，新肉和原本的肤色已经差不多一样：“这伤很多年了吧？不是普通的学生打架，这是动了刀子。”

“嗯。”吉墨云放下袖子，“那段时间没少犯浑，就好像伤了我自己，能让阿爸更疼。我还曾经得意过自己这点儿愚蠢的小心思，也说过很伤人的话，我跟阿爸说不要你管，就算我死在外面也不要你管。”

海疏雨察觉出他的情绪在翻滚，担心地看了一眼：“你还好吧？”

“我没事，”他平静下来，“已经是过去很久的事了。刀子捅过来的时候，原本是要往脖子动脉上扎的，万幸我躲过了。你也知道，小年轻打架嘛，血都往头顶涌，没轻没重。我那时发了狠把对手往死里揍，差点把对方打瞎。后来警察来了，教导主任也来了，阿爸也来了。那是我第一次看到他给别人下跪，他说没教好我，全是他的错。阿爸那一跪对我触动很大，那是我第一次体会到‘责任’这两个字的分量。阿爸说，以后你再控制不住情绪要动手的时候，想一想你阿妈，要是她看到你这个样子，她会把眼睛哭坏的。我答应他了。再后来我想明白了，我觉得人之所以逞强斗狠其实是为了掩盖自己的懦弱，真有本事的人会有更好的方式处理问题。高一时我们班来了一位新老师，快五十岁的外地女人。她说，这是她职业生涯里最后一次担任班主任，她得把我们教好，送我们毕业。这里的学生其实不好管，因为文化基础差，语言差异大，有人天天在课上睡觉，还有人逃课逃得理直气壮。班主任总是不厌其烦地家访，学生们都躲着她。后来我问她，你知道你不讨人喜欢吗？我们都不待见你。她说，我知道啊。我问她，那为什么还要家访？吃力不讨好，你回去管自己家不好吗？她说，我得管你们，我是老师，老师就得什么事都先为学生考虑。”

“你遇到了一个好老师。”

“是。我特别感激她。除了我阿妈，她是改变我一生的人。”

“你是因为她才考了师范？”

“那时候还没有那样想过，后来看到老师的儿子来学校给她送饭，听到他们的对话，才知道老师的眼睛生了很严重的病。可她从来没在我们面前表现出过病痛，每天笑着来上课，对所有学生一视同仁。有句话说，世上没有焐不化的冰，除非你不够热。那时候我觉得，她确实没有放弃过任何一个学生，哪怕成绩再烂。我记得有一次，有个成绩垫底的学生跟她说，求你了老师，你放弃我吧！就我这个成绩，自己都觉得烂透了，我不想再努力了。老师就跟他说，‘合抱之木，生于毫末；九层之台，起于累土’，任何时候，只要肯开始努力都不算晚。任何时候，都不要放弃自己。那学生就问，老师你为什么这么执着呢？损失一个差学生也不会被诟病，你还有其他的学生可以为你争脸。老师说，脸面并没有你余下的人生重要。我上学的时候，也曾有一个老师对我说，想再拉我一把，不想我以后抱怨，说曾经的老师没有看重我，如果上学的时候有个负责任的老师管管我该多好。”

海疏雨很感动，眼眶热热的，为他的故事感动。

“有的人就是一束光，一粒火种，她根本不在乎自己会不会熄灭，她只想照亮更多人的路。”吉墨云说，“我阿妈也是这样的人。”

“我理解，我们这行都是老带新，没有人天生就是好医生。有老师骂是幸福的，毕竟骂着骂着我们就成才了。平时多挨骂，实操的时候才能少出事故。医院每天门庭若市，比菜市场还热闹，学医的人都得有独当一面的自觉。”

“所以工作的时候勤勤恳恳，旅行的时候放飞自我。”

海疏雨弯起眉眼大笑：“对，人生不虚度，假期不浪费，我这次休假特别不容易，攒了好几次才排出来的假期。我要感谢领导给我批假，更要感谢老天给我遇见你的幸运。”

“我也很幸运。”茫茫人海，何其有缘。

“吉老师，如果你来武汉，我也带你玩。要是四月来，我就带你去武汉大学看樱花，如果冬天来，我带你去吃焖锅、鱼糕、粉蒸肉……哎对了，你吃过我们那边的莲藕吗？”

“是排骨莲藕汤的那个莲藕吗？”

“对，我们那边的莲藕煲排骨汤最是好喝，洪湖的藕吃起来是粉糯的，特别香，以后你来武汉，我请你吃。”

吉墨云别过脸看车窗外，心里淌过快乐的暖流：“好。”

故乡与你都不要着急，内在越丰盈，越像醇酒等待被了解。真的优秀，晚一点被发现也没有关系。

第八章 原始的魅力

再往前走就到了岔路口，路边竖着一个木头指示牌，上面写着什仍村、冲打林村。

“往哪边走？”

吉墨云指向一边：“什仍村。”

“什仍村？”

“我们管‘什’念作‘zhā’，什仍村。”

“温泉就在什仍村吗？”

“不在。”

“啊？你不是说带我们去泡野生温泉吗？”

“去上安乡的温泉会经过一个地方，是我心里的天空之城，我想让你看看。”

“是……宫崎骏的《天空之城》吗？”

“对，我心目中的古老帝国拉比达。”

海疏雨抿了抿唇，这一刻觉得身边这人无比浪漫，谁说成年人的世界里只有功名市侩，他们又有了一个共同话题，都喜欢动画片。宫崎骏的电影真实又缥缈，满含童心又阐释哲理。她忍不住说："我喜欢帕克和希达，那是我童年最好的回忆。还有《风之谷》，我小时候一听到《娜乌西卡安魂曲》，就会忍不住流泪，像被按了泪闸开关，根本控制不了。"说着，她靠边停车，在手机音频软件里找到久石让的音乐，在狭小的车厢里循环播放。空灵悠远的钢琴前奏响起时，恢宏的史诗感跃然眼前，车厢里涌动着一种难言的情愫，仿佛时空飞跃，让他们回到了少年时光。车继续往前行驶。

吉墨云说："《龙猫》出现的那个夏天，是我学生时代最快乐的一个暑假。不管十几岁还是二十几岁，每一次看都很治愈。我小时候家里没有电视机，当时看这个还是在学校医务室蹭看的。"

海疏雨扑哧一声笑了："听过蹭饭蹭车的，还是头一次听到蹭电视看的。"

他轻笑："没办法，那时我的家乡很穷。"

她忙解释："我没有瞧不起的意思。"

"我明白，那是我生活的地方，也是我的真实经历。正因为见识过它曾经的贫困，再看到现在的变化时才会感觉犹如新生。"

"吉老师，你在为家乡自豪。"

"我骄傲。"

两人相视一笑。

搓衣板似的山路不好走，又是一个弯道路口。吉墨云看着自己画的地图说："过了什仍村村委会，往前走就到罗柳村，好风景在路上。"

可是到了罗柳村，道路越来越窄，地面坑坑洼洼，连村道都算不上。

“你说的好风景呢？”海疏雨看了眼后视镜，树影浓密，已经望不见来路。

“过了这段就好了。”吉墨云指着窗外的橡胶林，“这里原本没有路，是在深山里种橡胶的工人采胶往外运的时候留下的路。”

“全是土路啊。”

“这样的路，以前没有山外的人来。因为一旦下雨，不仅是泥泞难走，还容易迷路。这两年倒是有不少山外的人过来。”

“山外人来干什么？”

“有人来徒步登山，也有人像你一样开车越野。”吉墨云的手轻叩在地图上，215县道在山野延伸。

当车子停在一条蜿蜒的溪流面前时，海疏雨问吉墨云：“路呢？”

他望着她笑。

“好吧。”她眉头一挑，“我就不信我过不去。”

轮胎摩擦河床下的石块，车子像头困兽发出嗡嗡的嘶鸣，底盘撵着水流横冲直撞，有几次车身剧烈颠簸到几乎要侧翻。直至有惊无险冲出这条溪流，她急速跳动的心脏才缓缓平静下来。

江丞躺在后座的状态基本上就像是“死”过去又活过来，再“死”过去再活过来。他终于忍无可忍拉开眼皮：“姐，能不能好好开车？真把我当麻袋了？”

海疏雨捏着方向盘十分亢奋：“小丞丞，你不觉得很刺激吗？在城市里天天堵车就没这么爽过。”

“是挺刺激，我心肝脾胃肺都快被颠出来了。”江丞捂着脑袋重新躺下，“哎哟，宝宝头晕。”

“你这是宿醉后遗症，怨不得我车开得不好。”海疏雨快速回头瞅他一眼，“就你这酒量，还非要跟人拼酒，你说你欠不欠？”

江丞眼皮翻了翻，一脸郁闷：我这是为了谁啊，还不是为了你，怕你被人骗。希望他酒后吐真言，我哪知道一个当老师的人这么能喝，白的黄的红的全没占着便宜。

海疏雨无暇再理他，继续以一路开疆拓土的气势往前冲。

午后，他们抵达东风村下车休息。四处静得只有风声、呼吸声、鸟叫声，这是真正的荒郊野外。江丞从后备厢里抱出一纸箱吃的东西，有各色肉干、干果、饮料、自热米饭、水果。几人就地坐下吃午饭，享受这清凉的山风和宁静的时光。

吃过饭后，吉墨云把垃圾收进一个袋子，三人上车继续赶路。再走下去，只见周围是白色树干的橡胶林，他们被四面环山包围着，日头偏西，将绿色的树叶染上金辉。

她看了一眼副驾驶位上的吉墨云：“吉老师，我们不会露宿吧？”

“本来想带你去看那个瀑布，在白石岭和铁钻岭之间，看来今天到不了了。”

海疏雨回头张望，四野僻静。她心里有遗憾，确实很想看瀑布：“我们不会真的要露宿吧？”

“你怕吗？”他眼底有一抹促狭。

“怕？”海疏雨吞咽口水，瞥了眼后座的江丞。

他收了笑：“山里有野猪。”

“野猪？长獠牙那种？”她一脸惊慌。

“也可能有狼。”

“啊?!”她几乎要尖叫了。

他忍俊不禁：“逗你的。我们不会露宿，这里有个东风村驿站。”

车子继续往前开，他们终于在山脚下看见了山野薄雾与农舍炊烟交织的景象。海疏雨的忐忑一扫而尽，有种柳暗花明的激动：“我看见了，是那里吗?”

“不用睡野外了，很开心?”

“当然开心。”她心情放松溢于言表，“我可不想睡在野外给蚊子当自助餐。”

宿醉后遗症的作用，江丞吃完午饭又接着酣睡，直到海疏雨停车熄火，他才醒过来走下车。江丞睡眼惺忪，头发乱七八糟翻翘着，像一只傻乎乎的金毛犬。

三人走过灌木丛，站在农舍外看了一会儿，没看到主人，倒是惊动了狗。这“忠仆”对着他们一通狂吠，海疏雨被吓得单脚跳着往吉墨云身后躲。

“你怕狗?”吉墨云问她。

“怕。”她拽着他袖笼的手直哆嗦，“我小时候被狗咬过。”说着把江丞也揪过来，形成半圆形包围圈。江丞一双桃花眼瞪得溜圆，也往吉墨云身后躲。

“你也被狗咬过?”吉墨云想笑。

“这荒郊野岭的，万一被咬了上哪儿打狂犬疫苗去? 我惜命。”狗越叫得厉害，江丞抖得越厉害。

吉墨云把脚一提，一根树枝就到了手中。他拿树枝横在手里，对那狗发出一个口令，狗竟然真的乖乖坐下了，嘴里哈着气。

江丞满脸震惊。

海疏雨也捏着吉墨云的袖子歪头看："它听得懂你说话？"

"也许吧。"

狗叫声把一个三十多岁的黝黑男人从农舍那边引了出来。"你们是去看瀑布的？"狗的主人说，"今天恐怕是看不到了，往返要四个多小时呢，等你们过去，天就黑了。不如在我这儿过一夜。"海疏雨马上明白了，这位就是那东风村驿站的主人。

驿站主人姓王，把狗牵走后热情张罗他们："叫我王哥就行，你们要两间房是吗？"

"三间！"江丞竖起三根手指，"一人一间。"他拿出金毛犬那种可怜巴巴的眼神望向海疏雨，"姐，我不习惯跟别人睡一间。"

海疏雨十分善解人意，对王哥说："开三间吧。"

"成。"王哥很干脆，"我这儿客房干净，饭菜也好吃，都是纯天然无公害的，驴友们都赞不绝口。我家还有好酒，自己酿的山兰酒，要不要尝尝？"

江丞扶着脑袋："我昨晚喝的酒，劲儿还没散呢，脑袋里像是有一群蜜蜂在飞，嗡嗡的。"

"那赶紧回房休息会儿，"王哥给他们分了客房钥匙，"一会儿饭好了我喊你们。"

晚饭都是山里的特色，王哥的媳妇儿给他们做了竹筒饭，竹子是王哥在后山砍的，糯米掺着红米，腊肉丁和栗子块儿混在米粒里，沁着竹子特有的清香，让人食指大动。

海疏雨吃得特别满足，连说："再没有什么比做一个吃货更幸福的事了。"

王哥的媳妇儿为了招待他们还特意给加了几道菜："这是我们自己养的走地鸡，你们在山外吃不到的，快尝尝。"

吃了一顿山珍野味，几个人都心满意足。海疏雨吃饱了也不急着回房间，跟着王哥的媳妇儿进了厨房："嫂子，我帮你洗碗。"

"哎呀，哪里用得着你，你们是客人。"敦厚的女人忙把海疏雨请出去。海疏雨又回到餐桌前坐下，托着腮跟王哥聊天："王哥有福气，嫂子真贤惠。"

"我当然有福气。"王哥一脸嘚瑟，他点了一支艾草蚊香放在桌子下，"我小时候成天在这山里跑，捉鸡、逗狗、摸田螺、抓蛐蛐、爬树、下河……比城里的日子滋润多了。"

"您一直在山里吗？"海疏雨问，"没出去过？"

"出去过，以前山里没有电，路也不通，邻居就陆陆续续都搬走了，山成了荒山，我家也曾搬走。"

江丞问："后来咋又回来了呢？"

饭桌顶上悬着一盏昏暗的小灯，让人的面目模糊在光影里，竟生出一种旧时光的缅怀感。山里寂静极了，王哥拿了个装着瓜子的塑料盘子过来，几个人各抓一把瓜子随意地聊着天。

王哥的媳妇儿洗完碗出来，手在围裙上蹭蹭，也搬来个凳子坐下，边剥毛豆边听他们说话。桌下的蚊香白烟萦萦绕绕，空气里除了山雾的清冽，还有这股暗香轻袅，让人心也跟着静下来。

王哥点上烟，眯着眼抽起来："我们家后来去了县城，我卖过鱼虾、水果，都没干成事儿。再后来入伍当了兵，退伍之后卖了县城的房子再搬回村子，回到村里还是觉得这里得劲儿。你们看这屋前屋后的，我在荒地上种旱稻、种槟榔，后面的橡胶林也是我种的。"

"这里依山傍水的，这么安静，"海疏雨说，"王哥的生活这么惬意，城里人该羡慕您了。”

“惬意？”王哥笑起来，脸上堆起褶纹，“那是你们山外人看到的，再说，也是你现在看到的。以前这里没有电，只能用煤油灯照明。煤油灯你懂吧？味道不好闻，烧起来冒黑烟。房子是用我在山上砍的竹子一点点搭起来的，茅草做个顶，拉个帆布挡风遮雨。雨大的时候就不顶用了，能浇个顶儿透，我媳妇儿跟着我在山上吃了几年苦才熬过来。山上通了公路后，人家把电线拉过来，再后来我种的槟榔和橡胶也有了收益，日子才一天天好过起来。”

海疏雨眨眨眼睛：“可你刚才还说，从县城回来还是觉得山里的日子得劲儿。”

“是得劲儿，自由啊。”

“那山里生活不寂寞吗？山里清静，吃的也养生，但没有城市便利，没有快递，没有外卖，像是生活在古代。”

江丞也说：“你们不难受吗？我要是在山里生活，我觉得我得浑身难受。”

王哥咧嘴一笑：“嘿嘿，什么滋味儿，你在这里住几日就知道了。我的感受只是我的，那不算是你的。”

嘿！这山里人，说话竟有种世外高人的智慧。

海疏雨托起桌上的茶杯，跟王哥和王哥的媳妇儿碰碰杯子：“王哥、嫂子，我挺佩服你们的。不是每个人都能耐得住这份寂寞。”

海南人习惯饮茶，最受大众喜爱的不是旅游区热销的兰贵人，而是寻常百姓家这餐前餐后的鹧鸪茶。茶味儿清香恬淡，既消暑热又解毒。一根草绳拴着一个乒乓球大小的圆形茶坨子，十几块钱能买一大兜。海疏雨起初只觉得这茶清淡，口有余香，便多喝了几杯。王哥的媳妇儿看她喜欢，非要装一袋子送她。

“这里的人真好。”她小声对吉墨云说，“特淳朴。”

吉墨云点头。

晚饭后，夜愈静。夜色渗透了山野，头顶的云像巨大的伞在移动，风在耳畔呼呼地刮，几颗星星稀疏地眨眼睛，虽稀少，却又大又亮。周围模模糊糊，直叫人心里联想到一些怪影憧憧，偶尔从草丛里传来的窸窸窣窣声都能叫人吓一跳。

海疏雨站在驿站的木头廊下探头张望四野，除了自己置身的这处光亮，其余都是黑漆漆的。她伸手张开五指，在空中抓了几把，喃喃道：“果然深山老林和伸手不见五指很配。”

“你在这儿干吗？”吉墨云来寻她。

“我也不知道，就是觉得，我的世界忽然一下子静下来了，这样的体验在城市里可找不着。”她努力仰头眨着眼睛看星星，“这里给我的感觉很奇妙，好像什么都慢下来了。”

“我以为你进山前已有这种思想准备。”

“嗯，跟我想象的还不一样。”

“你想象的是哪样？”

“也许有篝火吧，好多人围着篝火又唱又跳，就像丛林里的山精树怪。”她咯咯地笑，“但是这儿不一样，有种逍遥世外的自在。跟我以前去过的旅游区都不一样，这里原始一些，也更质朴，我挺喜欢的。”

山里的夜晚，举头是泼墨的天，没有娱乐项目，作息非常健康。就是信号不太行，时好时坏，江丞只能跟游戏暂时告别。许是大家都喝多了茶水，晚上起夜的时候在过道里撞上了。过道的灯光昏暗，海疏雨看见江丞时还被吓一跳，两人正要说话，却听到过道上随风飘来一些声响，那是女子微弱的喘息声。

木头房子隔音不好，海疏雨蒙了片刻，忽然意识到什么，脸色大窘。

江丞竖着耳朵感慨：“王哥身强力壮啊……”

他压着声音说得含混不清，海疏雨还是听到了，边推着他走边小声说：“关你屁事，你回去睡觉。”

“你推我干吗？我都多少年没九点前睡过觉了，今天还在车上睡多了，现在干瞪眼睡不着。”两人说话都用气音，小到只有彼此能听到。

“睡不着你数羊。”

“姐，你耳根红了。”

“闭嘴……”

早晨，山里的雾变得浓稠，由灰白至浅蓝，低得好像要落在地上。湿气渐渐凝成雨露，不消一会儿，竟真的下起雨来。海疏雨洗漱后走出房间，站在长廊屋檐下看了会儿雨。黛青色的远山被缭绕的云雾包裹着，有种朦朦胧胧的不真实感。

她不知吉墨云是何时出现在檐下的，两人一前一后站着，安安静静地听雨声。

恍惚之间，远山的云雾似乎来到他们身边，似游龙嬉戏。仿佛他们背后靠着的不是墙壁，而是可以腾云驾雾的云端。眼前是一串串目不暇接的雨帘，在檐下聚成小股小股的水流，蜿蜒至脚下，再叮叮咚咚地流走。

吉墨云的视线不自觉从雨帘移到她脑后，忽而觉得这后脑勺也可爱得紧。渐渐地，她的耳朵竟红了，像只熟透了的躬身虾米。

两人都没有说话，直到江丞穿着拖鞋从他们身后经过，打着哈欠说：“早啊。”

海疏雨转身朝屋里走："早，不知道这雨什么时候会停。"

吉墨云说："山里天气多变，也许吃完早饭就停了。"

三人在木桌边坐下，江丞忽然凑过来："吉哥，你昨晚起夜没有？"

海疏雨拿纸巾擦桌子的手一顿，在桌下踹江丞一脚。

江丞啧一声："姐，你踢我干吗？你不是也听见了？"

海疏雨红着脸瞪他一眼，朝厨房喊话："嫂子，早饭好了吗？"

王哥的媳妇儿正在厨房忙活，她麻利地盛出两碗汤粉，滚烫的白瓷大碗里有翠绿的生菜、白皙的宽粉，她又把切成薄片的猪肝和金黄色的荷包蛋放进碗里，这才回复："好了，好了，早饭好了。"

吉墨云起身去帮忙端碗。

雨还在淅沥沥地下，屋前屋后的泥地上积起小小的水窝，檐下的水滴带起涟漪，空气里满是湿润的青草气息，清冽好闻。王哥的媳妇儿挎着个竹篮子出门："你们慢慢吃，我上后面摘菜去，吃完了把碗筷放着就行，我回来再收拾。"

几人说"好"，目送她离去。

吉墨云递汤勺给海疏雨，叮嘱她："小心烫。"

白瓷碗沿有拇指般厚实，捧在手里并不觉得很烫，海疏雨拿汤勺舀一口汤汁，轻轻碰在唇边才发觉真是烫得骇人。

山里的雨水带着潮气，温度稍降，却不凉。海疏雨喝汤，很快又额角淌汗。吉墨云拿纸巾递给她后转身，去把落地电风扇给抱了过来，风向对着她。

"凉快。"海疏雨就像沙漠里快渴死的人终于见了水，对吉墨云投去感激的眼神。

江丞像个垂涎的二哈，抱着碗挪位置，紧挨过来。

海疏雨推他，一脸嫌弃："你别离这么近，我怕热。"

"我也怕热。"江丞没脸没皮，"风都往你那儿吹了，吉哥偏心，心长得太歪了。"

吉墨云看着她姐弟俩闹，笑笑没说话。

江丞说话间就把筷子伸到海疏雨碗里夹走一只最大的海白螺。

"你碗里不是有吗？"

"别人碗里的香。"

"幼稚。"

雨越下越大，一时半会儿没有要停的意思。

吃完饭后海疏雨收拾空碗送回厨房，看见灶台上有个锃亮的铁皮大锅，形状像北京黄铜火锅的上半截，不同的是铜脖子那一节非常粗大，像个水塔形的大酒桶。锅檐还有两个铁环耳朵，大锅和灶台外的一个大缸之间连着两根细细长长的管子。炉火烧得很旺，锅里正在咕嘟嘟冒大泡，热浪扑面而来。

吉墨云掀门帘儿进来的时候，透亮的液体正顺着长管子流进水缸，她问他："这是什么东西？"

"家庭作坊酿酒。"他闻见了酒香。

厨房狭窄，两人间没有转身的空隙。

"这里人喜欢自酿米酒和山兰酒，"他说，"这套工具大概是王哥自己做的。"

她探头去看那口锅："我可以尝尝吗？"

吉墨云回身在墙壁上寻来一个大汤勺，拔掉其中一根正在滴酒液的管子，接了半勺酒递给她。

米酒滚烫，海疏雨就着大勺吹了吹，"咕咚"品了一口。

米酒香、醇、微甜，一股细弱的刺痛感从舌尖蹿上来，紧接着胃里升起热辣，麻爽爽的冲劲儿从后颈直冲天灵盖。她啧了一声，挤着眼睛甩头："哎呀，好刺激。"

"辣吗?"

"好辣!"她把大勺递给他，"我估摸着这酒有四五十度。"

吉墨云就着那只大勺，把剩下的半口酒"咕咚"倒进自己口中。

海疏雨愣住了，他喝的是她刚刚嘴唇碰过的地方。

"差不多有六十度了。"吉墨云的舌头在口腔里卷了一下，细细研品。

海疏雨的脸又红成了番茄色。

"放个碗要这么久?"江丞跑到厨房来，端详两人的神色，见他们一个一脸淡定，一个羞涩得快要绷不住了，他故意揣着明白装糊涂，"哎哟哟，偷吃什么好东西了，也不带我?"

"没吃的，"海疏雨指指酒缸，结结巴巴地说，"他们在酿酒……米酒，吉老师说……这……这是王哥自创的酿酒工具。"

江丞也是第一次看见家庭酿酒，觉得新奇，有点兴致冒头。刚凑近，就被冲鼻的酒劲儿顶了回来："这能喝吗? 这么辣?"

海疏雨笑他："没见过世面的样子。"

"这确实辣嘛，光闻着就觉得很厉害。"江丞哼哼两下，放弃了想要尝试的念头。

江丞盯着海疏雨的脸看："姐，你不是说只喝了一小口吗?怎么脸红得跟猴屁股似的。"

这破孩子，真想打死他。海疏雨躲着他的视线往外走："厨房太热了，我去院子里透透气。"

她一走，吉墨云也跟着出去。

江丞“啧”一声，也赶紧出去。

雨停后，三人整装出发。由海疏雨和吉墨云都喝了酒，这一程换江丞来开车。

一路上风光旖旎，当车子驶入铁钴岭，眼前的景象告诉海疏雨，他们已经来到了热带雨林腹地。无路可走的时候，三人弃车步行。越往深处走，越可见到苍天古树拔地而起，厚重的蕨类植物攀附着古树，巨毯一样的苔藓和石韦包裹着向上攀升的枝干。这种与北方景物完全不同的视觉盛宴扑面而来，周围长满嫩绿的新枝，弥漫着腐叶的气息。

“真的像《天空之城》。”海疏雨仰头望着巨大的树冠。

吉墨云走在前面，将手递给她：“海医生，欢迎来到我的拉比达。”

海疏雨愣了一下，正犹豫要不要把手递过去，江丞已经先她一步捉住了吉墨云的手：“这里青苔这么多，滑不溜秋的，吉哥，你可得拉紧我，宝宝怕摔。”说着他回头冲海疏雨伸手，“姐，你拽着我，我保证，只要我不摔，你就不会摔。”

海疏雨哭笑不得。

三人像一根绳上的蚂蚱，小心翼翼地前行，速度很慢。

走着走着，眼前的雨林盛景愈加让人震撼，无数的藤蔓从巨石上支撑起一棵棵巨大的榕树，藤蔓与藤蔓相连，枝杈与细根交缠，就像一座植物搭建起的庞大城堡，蘑菇云似的树冠还在向着天空无限延伸。连江丞都感叹：“哇，真的像《天空之城》。”

“神还原拉比达，”海疏雨说，“我们现在就好像行走在一个外太空星球，太神奇了。”

吉墨云走在最前面，一手拖着江丞，一手举着海疏雨的运动相机，帮她拍摄风景，时不时也回头去拍她。

继续走，他们身侧逐渐出现越来越多合抱不过来的参天大树，海疏雨还看见一些灰白色的粗大树干，它们被掏空了，树洞巨大，能容得下一头熊站在其中。她好奇，说停下休息一会儿，说完就钻进树洞，把脑袋从树干上的小洞口伸出，装一装树人，还把手机递出去，让江丞帮她拍照。“这树还活着？树冠这么高，树心却空了。”再仔细看，她忽然惊叫起来，“哎呀，原来这是两棵树，这空心的树被另一棵树包了一半，这完全是两个树种。”那空心的树，根极粗大，还在地面上蜿蜒盘踞，如巨型的蛇，牢牢箍着大地。

“雨林里有很多寄生植物，”吉墨云说，“它们起初很弱小，看起来一点儿也不起眼，长大后却能把供养它的寄主树杀死，或者把寄主树活活勒死，这就是热带雨林里最奇特的一种生态现象——绞杀现象。”

江丞哼笑：“这不就是‘白眼狼’嘛！”

“适者生存，雨林是这个词诠释得最淋漓尽致的地方。”吉墨云接着说，“你看这些古榕树，它的气生根好像无所不能及，只要有垂蔓扎根泥土，就能再生出树身。它的根系太发达了，世代无声无息地吸收着阳光、雨露、空气中的养分，经年累月后，一棵树就能长成一片林。”

江丞扫一眼周围密不透风的藤蔓，玩世不恭地说：“看着像妖精的盘丝洞。”

吉墨云问：“这里是不是与北方的森林完全不同？”

江丞说：“太不同了，我们那儿的树都是直愣愣地朝天长，树枝也不会长得这么……‘你中有我’，‘我中有你’。我们那边的树基本上各长各的，互不干扰。”

“一方水土养一方树，北方的森林树种比较单一，大多是针叶林，阳光和水分没有这里这么丰沛，植物之间自然也不会那么亲密……”

“是，我们那儿的树绝不会这么‘勾肩搭背’的，也不会有这种绞杀现象。”

“这里是海南岛，树都长得恣意痛快，胳膊腿儿爱往哪儿伸就往哪儿伸。”

“是啊，被绞杀也痛快。”江丞不屑地说。

三人喝水休息，一棵高大的乔木身后忽然传来海疏雨的声音：“呀，小恐龙！”

江丞激动地跑过去：“哪儿，哪儿呢？”

乔木下隐藏着葳蕤的灌木，一片阴暗处，苔藓、木鳖子、南蛇藤交缠在一起，隐隐可见一个小动物好奇地与海疏雨对望。

“这是什么？”江丞凑近了看，对方一身疙疙瘩瘩的铁灰色皮肤，两只眼睛鼓鼓的，见有别的生物闯进自己的地盘，警惕得一动不动。

“小蜥蜴。”吉墨云站在一段距离外看它，不再靠前，“对它们来说，我们是外来者，最好不要打搅它们。”

“这么小……”只有半个手掌大，江丞饶有兴趣，“肤色看着跟树皮差不多，我还真怕没注意踩到它。”

海疏雨兴奋地拿手机拍照：“我要拍给海羽书看，她最喜欢野生动物了。”同时，吉墨云也用运动相机将她拍小蜥蜴的过程拍下来。

他们继续前行，在路过一棵白皮松后，江丞看到一棵长得像拐杖一样的树，黑褐色树皮像蛇身，这“拐杖”高八九米，靠近树冠的地方像绳子一样灵活地打着结，粗粗的藤蔓垂直扎向地面，藤蔓边长出一片湿润的野蘑菇。

“造型真奇怪。”江丞也忍不住拿手机去拍。

“这是喙果崖豆藤。”吉墨云伸手摸了摸藤身，虽然看上去有很多疙瘩，但触感却光滑，“这种藤本植物最适合生长在繁杂的山地丛林，如果你们十月以后来，可能会看到它结果子。”

江丞瞪大眼睛：“吉哥，你这记性也太好了！你脑子是百科全书吗？”

吉老师不以为意：“可能我记性比较好，备课练出来的。”

海疏雨却想起了直播时的风铃海也是这样，他能自信地侃侃而谈，是因为他的知识储备达到一定的积累量，才能泰然处之。除了那个沉稳的声线，这也正是风铃海吸引她的地方。

他们就像行走在另一个星球上，若不是珍珠鸟和杜鹃时不时在头顶唱歌，时间仿佛静止了一般。阳光无法穿越层层树冠，雨林抵挡了暴晒，却因为闷热潮湿而让人汗如泉涌。

持续机械地行走很累，海疏雨提议：“我们唱歌好不好？以前军训的时候，一有人跑不动了，教导员就让我们唱歌，唱着唱着气势就回来了，掉队的人也能坚持完成目标。”

江丞是个常年打网络游戏不运动的人，此时累得想死，他粗声粗气地说：“吉哥，我看你还有的是力气，你先唱，我争取不掉队。”

吉墨云也没推辞，他问海疏雨：“你想听什么？”

“还可以点歌？”海疏雨感到莫名兴奋。

“只要我会唱。”

“那我可以点黎歌吗？”

“黎歌没有固定的歌词，都是即兴发挥，想到哪里唱到哪里。”

“那太好了，我就点黎歌。”

吉墨云清了下嗓子，继续向前走，清亮悦耳的歌声即刻出现在幽深的雨林中：

夜凉心不凉　妹在我心热
村村有雀叫　处处有炊烟
女人比鸟儿　先飞远处去
男人比小豹　按捺到咆哮

他唱着黎歌，江丞听不懂意思，只觉得歌曲的旋律竟是说不出的美妙，再回头去看海疏雨的表情，发现他这姐姐又是一脸痴痴地笑。唉，爱情真是没道理的东西，没有征兆，没有缘由，更不会有深浅，男女间一旦有了情意这个东西，就像吸铁石，早晚撞到一起去。

等到吉墨云一曲唱完，江丞朝天吹了个口哨，哨音悠扬，跟在黎歌的最后一个音符后婉转跳跃。江丞说：“吉哥，我发现了，你是个被教师职业耽误的歌手。虽然我听不懂歌词，但我知道你嗓子好。你看，你长得也挺帅，还有这么好的嗓音条件，去参加个选秀节目，没准会出名。现在是自媒体时代，就算直播唱歌也能赚个盆满钵满，做什么都比在琼中这种小地方当个人民教师强吧？”

海疏雨在江丞胸前拐了一肘，疼得江丞龇牙咧嘴：“你干什么啊，姐，我说错了吗？”

她替吉墨云说：“每个人追求不同。”

“有什么不同的，殊途同归。”

“吉老师不一样。”

“哪儿不一样？是，我知道他高风亮节，是跟许多人不一样。可是……”江丞心想，姐啊，你有没有想过，你爸妈会同意你嫁给一个山区老师吗？你是名校毕业的高才生，学历好，长相好，工作好，出生、读书、就业都在大城市。你生来就享受着最好的教育资源，你父母在你身上投注了那么多心血，把你培养成一位出色的医生，你的背景和生活环境跟这里太不搭了，你跟前面那个男人也完全不是一个世界的人。你如果只恋爱，那你开心就好，我无话可说。可如果想要考虑结婚成家，我觉得前景堪忧。要么说在现实面前，快乐都像气泡，一戳就破。

“你想什么呢？”海疏雨戳江丞后腰眼，“叫你半天没反应。”

江丞回过神来：“啊？叫我了吗？”

海疏雨说话也有些喘：“可是什么？话说一半又不说，还有，该你唱歌了。”

江丞耍赖：“哎哟，我体力不支，姐你先唱，我殿后。”

海疏雨也不扭捏，清清嗓子唱了一首温暖的歌：

此时已莺飞草长爱的人正在路上
我知他风雨兼程途经日暮不赏
穿越人海只为与你相拥

经过一大簇的天南星和野芭蕉后，他们停在溪水边休整。成片的龟背竹倒映在水中徐徐摇曳，吉墨云倚着一棵高大的望天树将水和干粮拿出来分给他们：“看瀑布可能是不行了，以我们的速度，今天恐怕到不了瀑布垂降点。”他抬头抹汗，望着头顶数丈高的绿色屏障，大板根和附生兰在高处影影绰绰，斑驳的光影投射在三人身上，像一张无限延伸的网。

“那接下来，去温泉？”海疏雨觉得疲乏，汗水淌得太多，整个人像从水里捞出来的一样。

江丞附和：“对对，赶紧去泡温泉吧，我腿都要废了。”

于是他们原路折回取车，继续前往上安乡。

这座琼中县南部的小乡镇坐落在五指山山脚。丘陵和盆地交错布局，层林叠翠，葱茏茂盛，在海拔一千五百米的山顶，更是遍布矮树林和绿茸茸的苔藓。

江丞继续开车，海疏雨在副驾驶休息。接下来的路况好了很多，但弯道多，江丞觉得挺刺激。置于深山怀抱中，绿植的密度越来越高。海疏雨关掉空调打开车窗，连做几个深呼吸：“城市里可没有这么好的空气，我都闻到山的味道了。”

“山是什么味道？”江丞问。

“就是植物的味道，云雾的味道，还有……”她侧头瞄一眼后座的吉墨云，心里说，还有他的味道。他身上是淡淡的皂角香，混着荷尔蒙的气味，从文质彬彬里透出点儿野，很吸引她。

江丞眼睛瞟过她，啧一声，他用只有她听得到的声音说：“姐，咱能矜持点儿吗？”

海疏雨推他一把：“好好开车。”

车子驶过长征镇的罗反下村之后渐渐靠近上安乡墟，路边可见剑齿状的木薯，还有一种长着指甲盖大小的青绿色小果，叶子笨拙粗大的植物。吉墨云让江丞停一下车，他下去摘了一些，拿细枝条捆成一团。

海疏雨问：“吉老师，你摘这个做什么？”

吉墨云说：“这是布渣叶，可以清热解毒，长时间开车容易上火，而且雨林湿度大，你们不适应，容易肝肾虚热。晚上找个客栈或是饭馆，我用这个做茶饮给你们祛祛火。”

江丞一脸蒙：“吉哥，你还懂这个？你是百草大王吗？”

“这没什么，古时候这里的人大多过的是游猎生活，猎人知道怎么在山林里存活。热带多瘴气，过去在山里走，猎人是不让人摘路边野果吃的，说是被毒蛇哈过气，怕有毒瘴。”

“毒蛇？”江丞紧张起来，“山里有毒蛇？”

“有啊，专门咬好吃懒做的人。”吉墨云看着他笑，“逗你的。”

江丞撇嘴：“有你这样的老师吗？还吓唬人。人家不都说，那什么是不打诳语的吗？”

“不打诳语的是出家人。”海疏雨瞥他一眼，“吉老师又不是和尚。”

江丞朝天翻个大白眼。

吉墨云说：“我们几代以前也有很多猎人，很多山里人都会识别草药。你们不用担心，王老吉凉茶里的原材料也有布渣叶，这个东西对人无害的。”

“吉哥，小生佩服得五体投地。”说着，江丞用手掌托着两根手指给他“跪”了。

海疏雨拍江丞的头给他“顺毛”：“你跟吉老师学着点儿。”

行至路窄得实在无法继续前行时，他们把车子停在一株巨型参天古榕树下，脚下是细长叶子茸茸茂盛的地毯草，头顶垂下些凤尾蕨，紫檀和安息香交缠生长。细茎朝天，托举着紫色小花，像鞭子一样伸出触手来的玉龙鞭，密密匝匝地延伸到一条土路脚下。

三人一齐下车。

“走吧。”吉墨云指向路的一边，“这里有条步道，连着上安乡墟和摩崖石刻，温泉泉眼就在这条路的中间段。”

步道狭窄许多，却不难行。走到南流村，他们看见了泉眼。

桑树围绕在周边，嫩绿的细芽悄无声息地绽放，琴叶榕的枝干和形似小提琴般的大叶子伸展到眼前，他们偶尔会在地上踩到一节粗大的芋头。此处的槟榔树干长得倒像白皮松，山谷、岭脚、坡麓、沟谷，到处都能见到它们的身影。

走了一会儿，海疏雨伸手摸摸槟榔树皮，见那一节一节的树干，像碗一样一层层垒起来。她说：“这里好多槟榔树，好像我在琼中见到最多的树就是槟榔。”

吉墨云说：“琼中最重要的经济作物就是槟榔，再过五年，也许会超过万宁，成为海南最大的槟榔产地。”

三人穿过槟榔林，寻着潺潺溪水声顺着溪谷的方向走，再沿着灌木丛中一条不起眼的小路向下，一直走到谷底。

“小心。”

海疏雨踩到一块被河水冲得圆滑的石块，脚下一个趔趄。

吉墨云眼疾手快扶住她。

海疏雨上半身倚在他身上，红着脸说：“谢谢。”

江丞在后面看得直摇头，矜持，矜持！团团姐，我说让你矜持你怎么还投怀送抱了呢？

“如果遇到枯水期，这些石块路就是去泉眼最近的路。”吉墨云稳着海疏雨的胳膊，护在她身边走。

终于穿过河床，江丞咋舌：“这就是传说中的上安乡温泉？”

没有任何标识牌，几乎是一片空旷的野地，矮树包裹着他们，遍地碎石与砂砾显得有些荒凉。

“这也太原生态了吧？”江丞摸摸后脑勺，“我以为好歹有个农家乐什么的，就这，荒郊野外啊？”

唯一的现代文明痕迹是一个罩在温泉泉眼上的水泥台，泉水正冒着白烟从台子下面“噗噗噗”地涌出来，空气里有股淡淡的硫磺味。

“这里没被开发过，完全野生野长。”吉墨云说，“如果有农家乐，就会有大量的人拥进来，就没有这份静谧了。”

海疏雨说：“挺好的，我喜欢安静。”

“大哥，这也太接地气了。”江丞挠头，“这儿连个换衣服的地方都没有吧？”

吉墨云指指前方十几米处的一棵宽大的古榕树：“可以去树后换。”

那树身直径估计得有五六个人才能合抱，海疏雨二话不说背着背包走过去。

江丞把胳膊搭在吉墨云肩上：“吉哥，这趟要是我没跟来，这种野外，孤男寡女大好机会，你不会把我姐怎么样吧？”

吉墨云黑沉的眸子定如老钟：“你知道什么是克己复礼吗？”

“什么玩意儿？”江丞一副老油皮的油腔滑调。

“孔子说，非礼勿视，非礼勿听，非礼勿言，非礼勿动。”

“我又不是你学生，你是不是看谁都想上一课？”江丞笑他，“无利不起早，无事献殷勤，孩子都懂的道理。我看得出来你对我姐有意思，可是吉老师，你真就打算一辈子待在大山里，没想过去大城市发展吗？”

最后这句话，像在平静的湖面投入石块，在他的心底泛起了涟漪。

吉墨云以前从未想过这个问题，现在……不得不想……

海疏雨已经换好泳衣从古榕树后走出来：“我换好了，你们去换吧。”她穿一件深蓝底色珊瑚红条纹的两件式泳衣，款式很保守，下面还带个木耳边围裙，正好遮到大腿根。

“走吧。”江丞拍拍吉墨云，“我们也去换。”

他们往古榕树后去的时候海疏雨来到水边，潭水不宽也不深，水质清澈见底。她用脚尖伸下去试了试，水温不一样，越靠近泉眼的地方温度越是高一些。

等江丞和吉墨云换好泳裤从榕树后走出来时，海疏雨已经整个人泡进了水里，撒欢得直蹬腿儿。她冲二人招呼：“快来，我刚才试过了，那边的温度不止六十度，感觉可以煮鸡蛋。这边水温还可以，不会被烫熟了。”

吉墨云和江丞下水，坐在海疏雨对面背靠坑壁。周围十分安静，只有树叶簌簌作响。她舒服地深呼吸，仰头去看瓦蓝的天，大风在用力地揉捏那些云彩，让它们不停变换轮廓。海疏雨心想，自己有多久没举头看过天空了？城里人总是低头忙碌，在车子、房子、工作关系中锱铢必较。她不由得感叹：“还是海南人民会享受，这才是生活啊！”

“你也可以经常这样……”吉墨云试探着问，“有没有想过，来海南发展？”

海疏雨愣了愣，定睛看向他。

吉墨云躲避她直视的目光：“这边收入比不上大城市，但是生活节奏会慢下来，压力也没有那么大，你可以……”

江丞啧一声：“疯了吧！放弃武汉，来这鸟不拉屎的小县城？”

吉墨云被堵得无言以对。

海疏雨忙干咳一声：“江丞，你看，那朵云像不像孙悟空？”

“哪儿？”江丞抬头去寻。

“哎，变了，变得太快了，成猪八戒了。”

“哪儿有猪八戒?”

“就那儿!”

“风大。”

“对啊，风太大了……”

他们回到镇上时，天刚擦黑。

车子停在一家小饭馆对面，馆子门口停满了红红绿绿的摩托车。

小饭馆是本地人开的，门面很小，饭厅里几乎没客人。海疏雨来到后院才发现里面别有洞天，原来食客们都在后面聚着。海南的百姓最喜欢在树下纳凉、吃饭、打牌喝茶。院子里敞亮又凉快，晚风一吹，烦恼都能抛诸脑后。

他们找了一张空桌落座。不一会儿，老板娘端着个托盘出来，黑黢黢的圆筒子小炉架在托盘上，炭火从炉子下面的槽孔迸出几颗火星子。一个铜盆架在炉火上，老板娘站在吉墨云身边，手里拿着个小本子，边记边问:“牛肉来点儿吗?鹅肠要吗?牛舌有，都是新鲜的，排骨还要吗?”不一会儿，吉墨云全张罗好了。

海疏雨伸脑袋看看，本地火锅是清汤锅，西红柿汤打底，看着有些没滋没味儿。店员端上来个托盘，盛着六个瓶罐，分别是切成小指甲盖大小的米椒辣、什锦酱、葱花、蒜末、酱油和小青橘。一人面前放一个白瓷碟，吉墨云说:“自给自足，先拌酱料。”江丞弄了满满一碟子，熟门熟路地捏起一颗小青橘，手指用力一夹，空气里都是青橘酸甜清冽的气味儿。这是海南冷菜的点睛之笔，它替代了醋的直白，给朴实无华的酱料平添一种复合香。

又过了一会儿，店员将装着鹅肠、排骨、牛舌、牛肉的碟子放在桌上，最后把两个长方形洗菜筐“啪”地往桌上一放，海疏雨看得愣愣的。店员动作麻溜地往清汤锅里下食材，手指勾起圆珠笔在白单上划拉，笑盈盈地说：“您的菜上齐了。”说完转身就走，没半点儿拖泥带水。

第一波食材熟了，汤锅最上面翻起一层白沫子，吉墨云站起身拿汤勺舀浮沫。江丞说：“姐，看见没？原汁原味的海岛生活就是这样，大树底下打边炉。青菜都是洗菜筐子直接上桌，老板实诚，不整虚头巴脑。”

海疏雨抿着嘴笑，四下看看，确实周围坐的都是本地人。说着她听不懂的海南话，每个人都是一脸放松，仿佛生活原本的样子就该这么恣意。

这时有个挑着扁担的阿婆从她身后经过，吉墨云招招手，阿婆马上过来放下扁担，她老树皮一样干皱的手抄起一只青花瓷海碗，往簸箕里一挖，再往桌上一扣。盐水花生像找着了家似的在桌上蹦蹦跳跳一通乱滚。吉墨云给阿婆递去五块钱，阿婆收好钱，行云流水地走去下一桌。

海疏雨睁大眼睛看着，她想，真喜欢这里的烟火气啊！

离岸很近了。

海羽书在船上就能望见数米高的仙人掌，鲜红的地毯草像血一样密密实实覆在海岸礁石上。她在橡皮艇上眺望，眼前这个小岛也是由火山喷发形成，比圣地亚哥岛年轻许多，像两个对望的草帽。

加拉帕戈斯群岛风和日丽，海鸟一边像箭矢一样飞快地向天空滑翔，一边发出巨大的声响。船员向游客们喊话：“准备好了吗？”

海羽书把手机放回防水袋，挂在脖子上，比了个OK的手势。今天她要和同船的几个德国人一起湿登陆草帽岛。

上岸后，视野可及之处全是火红的地毯草，它们如野火般铺满整个岛屿，让她有种在熔岩间行走的错觉。白浪翻滚在海滩黄沙上，挤出无边无际的褶皱，几只海鸥正在岸边抢食一只死去的达尔文雀，它们灰白的身体被朝阳投射出颀长的影子，一同浸泡在湿咸的海风里。

海羽书不舒服，她昨天夜里开始腹泻，早上几乎脱水。Susanne非常担心，海羽书安抚她说自己没事。但好不凑巧，湿登陆之前她发现自己的经期提前到来了。

“你还好吗？”Susanne仍然担心，她发现海羽书的脸色像纸一样惨白，一丝血色也没有。

“我没事。”海羽书咬咬牙，“这不算什么。”她告诉Susanne，过去她一个人在复活节岛潜水时水温只有十摄氏度，而她同样忍着寒冷和痛经完成了水下拍摄。她是个对自己有要求的旅行博主，咬咬牙就挺过去了。

漆黑的火山岩遍布海滩，远处鸥鸟叠声，海平线处的蔚蓝与低空的流云短兵相接。

船员给了他们足够的自由活动时间，海羽书起初跟着德国人一起在岛上徒步，后来她渐渐离开小群体的路线，一个人来到海边。

海边嶙峋的黑石也是火山岩，海羽书找了一块大面积平坦的礁石坐下来，静静地感受这一切。巨浪击打过来，四散飞溅的腥咸海水拍击着脚下，浅褐色的鹈鹕收起橘黄色的喉囊和短小的尾巴，展开滑翔翼一样的翅膀飞离浅水区。它在海羽书的视线里渐行渐远，慢慢变成一个深灰色的点，直至消失不见。

海羽书双手插在防晒服口袋里，风把头发吹得不停狂舞，像水下狂乱的海藻，直往嘴巴里扑，孤独感将她包围。

海羽书对着大海出了会儿神，从防水袋中拿出手机，打开前置摄像头，调整呼吸，戳了戳唇角梨涡，强令自己笑起来："哈喽，小伙伴们，你们的'大鹏金翅鸟'回来了，今天我们登陆了草帽岛，草帽岛的外形就像两个脸对脸的草帽，说得丑一点儿，也挺像鳄鱼头的……"

她照常录像，就像一场个人演唱会，对面坐着大批的观众，大家都在期盼她的直播。这片海域仍然没有信号，但她还在坚持做这些，即使没有观众，她也要录下来，她坚信做这一切都是有意义的。录像结束后她有些脱力，腹部的疼痛没有丝毫减退，现在脑子也像被小针戳着一样一抽一抽地疼。人在肉体的疼痛面前，精神相对也比平时脆弱，她双手捂着小腹，将头深深埋进双膝之间。上一次与家里联系时，父亲训斥的声音仿佛又在耳畔响起：

"旁门左道不能当正式职业，就算以后要相亲找对象，对方也得问问你是做什么工作的。你知道婚姻最重要的是什么？是稳定！你都快三十岁了，怎么还在满世界乱跑。亲戚们再问我，闺女做什么的，我总不能说你是做直播的吧？"

"你姐姐一点儿都不用我和你妈操心，你们明明是双胞胎，为什么反差会这么大？从小你就没让我省心过……"

"我年纪大了，这几年心脏越来越不好……"

"圆圆，回来吧，早点回家，让我和你妈妈安心……"

海羽书感到深深的疲惫，她垂下的头好似有千斤重，竟久久抬不起来。终于，她呜呜地哭出了声。海鸥飞过头顶，盘旋，久久没有离去，它们也在奇怪，这个渺小的人类为什么离开人群独自哭泣。她哭得那么伤心，从小兽一样的呜咽到涕泪横流地号啕大哭，那不顾一切的哭声像是跟海浪叫板一样。它们又哪里知道，她在宣泄。

人在脆弱时总会想起那个遥远的家，想念亲人。海羽书想，如果海疏雨在身边，一定会抱抱她，给她重新出发的勇气。

阳光明媚刺眼，她感觉到暴露在防晒服外的后脖颈一片灼烧的刺痛。她紧盯着沙滩上一处小小的水窝发呆，想起上一次离家前自己曾经对海疏雨抱怨："双胞胎一点儿也不好。"

海疏雨问她："怎么不好？别人从小就缺个伴儿，我们多好，现成的。"

"不好。有了参照物做对比，爸更不喜欢我了。无论我怎么努力，我前面始终都有个你。你才是让他骄傲的小孩，我好像是多余的。"

"净胡说。"海疏雨干净澄澈的眼睛好像在海对面望着她。

海羽书愁眉苦笑，原来在她心底，是有些嫉妒姐姐的。

长征镇招待所里，三个吃得肚皮溜圆的人来投宿。

海疏雨手扶着脖子一直在轻晃。

"脖子疼？"吉墨云把房间钥匙递给她。

"嗯，"她说，"老毛病，颈椎不好。"

"颈椎可是大问题，不能马虎。"

"没办法，职业病。上了手术台就什么都顾不得了。"

"没治过吗？"

"我平时定期去中医那里推拿针灸，可这个东西没法根治。"

"一会儿上我房间来，我给你推推。"

"你还会推拿？"江丞把脑袋凑过来，"吉哥，有你不会的东西吗？”

“有。”

“什么啊？”

“生孩子。”

江丞扑哧一声乐了：“哎，我脖子也不舒服，一会儿找你。”

“一块儿来吧，我煮茶等你们。”

“还有茶？”

“山上王哥媳妇儿给的鹧鸪茶，还有路上摘的布渣叶，刚才吃饭的时候我找店家借了点儿红枣、枸杞，一会儿我弄个凉茶出来。”

江丞给他竖大拇指，三人在各自房间门口分开。

海疏雨完全没想到，吉墨云真的会推拿，她洗完澡拿着水杯来敲门，吉墨云房门大开着，江丞正脸朝下趴着被他“修理”。江丞觉得自己像砧板上的肉，被抡了捏，又被敲扁了捶……手打丸子差不多就这样吧。

海疏雨走近了，江丞龇牙咧嘴地打招呼：“姐你来了，坐，哎哟，痛……爽……”到底是痛还是爽他也没说明白，反正脸上表情扭曲到认不出。

海疏雨忍俊不禁。推拿师傅可是一丝不苟，按、摩、推、拿、揉、捏、振、拍，八种手法配合进行，看起来相当专业。

江丞被捶得嘴巴里只能发出一串颤音：“怎么样？”

海疏雨给他单手比了个赞：“这手艺一看就贵。”

“贵？”江丞抖着小颤音，“师傅，我很想豪气万丈说一声，老子有钱，奈何没票子，你看那儿，我姐有，你要是收费可找她去啊。”

海疏雨朝他脑袋拍了一下：“还贫嘴。”

吉墨云继续推拿，眼睛瞟了一下海疏雨，只见她刚洗过澡，头发半干着搭在胸前，眼睛亮亮的，脸蛋白净得像剥了壳的鸡蛋，身上散发出好闻的沐浴乳香气，一双白皙的手握着水杯，脸上还有含羞带怯的笑。他不敢再看，低着头用力拍打，掩饰地说着江丞：“手法按错了你会更痛，不能乱按。你这是睡觉落枕了，你自己没察觉吗？”

“怎么没察觉，”江丞嗷嗷叫，“痛痛痛，哎，师傅轻点儿。”

“我教你，以后回学校再落枕了可以让同学帮你救急，用小鱼际在肩颈部从上往下再从下往上快速击打。然后是左右两边的风池穴、肩井穴，用拇指和食指拿捏两分钟就差不多了。手背第二和第三的掌骨间有落枕穴，用拇指点按，按到有酸胀感就会缓解脖子的痛……”

海疏雨忍不住好奇：“吉老师，你真去学过推拿吗？”

“自己摸索的。”

“自己怎么摸索？”

“我阿爸摔伤过腰和腿，我经常给他按，熟能生巧。”吉墨云给江丞按完了，让他起来，换海疏雨坐过来。

海疏雨有些不自然，走过去像个门板一样坐得笔直。

“你放松些，”吉墨云的声音很轻，去浴室里拿了块没用过的白毛巾搭在她后脖颈上，“我现在按你的颈百劳，这是经外穴，你的脖子发僵，应该是平时劳损得厉害。”他的手轻抚过她的穴位时，海疏雨感觉到皮肤像被火星子燎着一样烧起来，虽然隔着厚厚的毛巾，可她却觉得自己敏感极了。吉墨云的拇指稍一用力，海疏雨不耐受地叫起来：“酸！”

“酸就对了。现在发胀吗？”

她蒙蒙地点头。

吉墨云卸了一半的力道慢慢揉开："你这个地方很硬，任脉、督脉、手三阳经、足三阳经的大循环都要经过颈椎，这里重要的穴位不少，天柱穴和大椎穴更是不能大意，平时一定要好好养护，觉得累了一定要休息，不要逞强。"

海疏雨不知是不是自己的错觉，他好像在叹气。

山野万里，你是我藏在微风中的欢喜。

第九章／留　痕

第二天早饭过后，三人前往仕阶村。

江丞问：“这路好熟悉，吉哥，这不是昨天来过的路吗？”

吉墨云说：“昨天的野外温泉就是在南流村，离仕阶村很近，本想带你们过去看看，可是昨天你们都累了，就换今天去。”

海疏雨问：“这个村子有什么特别吗？”

“它是万泉河源头的一个黎族村寨，也是古时候人们去五指山的必经之路。村子里有一片保存完好的清代摩崖石刻群，那是这里人最早接受汉文化的历史见证。”

江丞乐了：“吉哥，我们那儿，这种景区里刻字的石头特别多。”

“你们的风景区开发完善，确实比海南岛先进很多，但还是有不同吧！”吉墨云说，“比如我们穿越雨林，你能看到绞杀奇观，还有一木成林，奇花异草。古道延伸的地方是更古老的原始森林，这些跟你家乡的景致应该都不相似。”

这一路他们没见着一辆别的车，窗两侧风景如画，让人心旷神怡，海疏雨感慨：“我在国内很多公路自驾过，琼中的公路是我见过最漂亮的。”

“关键是人少，车少！”江丞连头带手伸出窗外，对着巍巍群山高喊，“喂——此山是我开，此路是我家！爽——”

年轻人嘹亮的尾音飘在山谷中，久久才飘散。

海疏雨嫌弃地笑他：“你抽风啊。”

回应她的是江丞更嘹亮的呐喊：“我来了——”

到达仕阶村后，三人把车停在村口，步行前往仕阶溪水畔，那些遗留在郁郁山水间的黎族人文景观就藏在其间。

海疏雨抹着额上的汗，跟着吉墨云涉水而过，绕过几堆大石，终于看到不远处刻着醒目红字的巨石：“就是这里吗？”

“对，”吉墨云指给她看，同时给她讲了一段一百多年前的故事，“光绪十三年（1887年），朝廷大员们在仕阶溪水附近的古道和两岸的石块上刻字，就是为了纪念这段历史。”

海疏雨探头望去，果然，前方溪水上的巨石出现硕大的字，字体雄浑豪放，气势惊人。

吉墨云问她：“你看到这些，会觉得无趣吗？”

海疏雨摇头：“不会，历史本身就值得后人敬畏。打个比方，我喜欢看书，看一本书就像开启了时间长河，我在这个时空里漫游。一本书的故事可能是别人的一生，那么漫长的过程，我可以几个小时就阅读完了。读书能让人突破时间性的约束，而我们身处现实，正在经历线性的时间，差不多就是自己生活的全部，会疲惫不堪，会匆匆忙忙。但是突破了时间性的约束就好像用不同的方式去经历了人生，这种感觉很妙。历史也是如此，我们现在看到的，可能只是一串数字，一个故事，一块刻字的石头，但在那个时空维度里发生过的事情，是能让我敬畏让我思考的，这也很妙，就像找到一种穿越时空与古人交流的方式。”

江丞听得如坠云里雾里，问吉墨云：“吉哥，她说的什么意思？我没明白。”

“我明白就行了。”吉墨云拍拍他，上前一步跨过一个踏脚石追上前面的海疏雨。

江丞气恼：“搞什么呀？你们又想孤立我，宝宝不是自己人吗？喂！”

吉墨云低头浅笑，海疏雨还扭头冲他做了个鬼脸。

江丞不服气地追上来，故意从他们中间撞开：“吉哥，绣面文身女是怎么回事儿？我在景区里也看到过，都是老婆婆。现在没有女孩子绣面文身了吧？多疼啊。”

“古时候黎族女出嫁前用兽骨做的针在脸上刺字涂墨，这个原因已经没人说得清了。现在的绣面文身阿婆们可都是黎文化的活化石，年长者九十多岁，年轻的也有七十多岁了。”

“那苗族呢？也是海南岛世居民族吗？”

“这里的苗族是海南岛世居民族之一，自称‘金门’。明代嘉靖至万历年间从广西那些地方作为兵士被朝廷征调来的，之后就落居海南。也有一部分苗族是因为谋生才移居海南岛的，差不多有五百年历史了……”他声音好听，在山谷间流转，他们也不知不觉听得入神。山涧虫鸟齐鸣，五指山雄伟屹立，青山肃穆，四周静谧。他向她伸出手，她攥着他的手跳过青苔石头，从湿滑的土壤走向平地。

“南海青天海瑞在《治黎策》中为五指山建议的‘十’字路，张之洞为了开通‘十’字路，用雷厉风行的手段付诸实施，冯子材更是凿通了整个海南岛的‘十’字大道。现在，‘十’字路直通海榆中线，还有‘田’字形高速公路，这是四百多年前的黎族人想都不敢想的。有了便利的交通，就能摆脱贫困，快速发展。”他言语中都是自豪。

海疏雨没有见识过海南曾经的贫困，毕竟她现在站在如今的琼中土地上。

江丞更是不理解，只煞风景地啧了一声：“通路而已嘛，我妈家那边连大兴安岭都实现现代化建设了，别说城市里的路，就是林场的路都修得很漂亮，现在也不用人工巡山了，直升机空中定位准得很。谁家还没个鸟枪换炮的时候。”

吉墨云是老实人，想怼回去给这年轻人以颜色，但还是忍住了。

海疏雨知道他深爱自己的家乡，那份自豪被轻视半分都觉着不忍。江丞年轻气盛，总是争口舌风头。她存心袒护道：“小丞子，你妈为什么要在三亚买房啊？”

“我们那儿冬天多冷啊，车都能被雪埋了，谁不喜欢暖和的地方……”

“哦……”海疏雨的尾音故意拉长，似笑非笑看着他。

那意思再明白不过。

江丞边看着她边摇头：“您可真心疼吉老师，半句话都舍不得他吃亏。行了，我也看明白了，女大不中留啊……”

“你一小孩儿，装什么大人腔调……”海疏雨羞窘，狠狠揉搓江丞的后脑勺。

江丞急得双脚跳开："别动！头可断，发型不可乱！哎，吉哥，我们下一站去哪儿？"江丞梗着脖子往吉墨云身后躲。

"五指山。我们去漂流。"

"哇！"江丞最是兴奋，嗷一声甩开他们就往车的方向跑，"快点儿快点儿！漂流去——"

离开摩崖石刻群大约十公里后，他们抵达南万村村委会的什错村口。

万泉河水从山涧奔流直下，穿过蜿蜒曲折的古老河道，沿着村庄向远方叮叮咚咚涌去。

他们停好车去漂流站，换好衣服出来后面面相觑，每个人都穿着救生衣，往那儿一站跟红绿灯一样。橡皮艇被工作人员推离始发地，激起的水花呼啦一下全拍在身上，凉凉的，所有人都扯着嗓子亢奋尖叫。

泉水淙淙而下，不停冲刷着河道，橡皮艇剧烈颠簸着向下游滑去。海疏雨仰躺在圆滚滚的橡皮艇上，任细碎的阳光洒在脸上。江丞跟海疏雨面对面坐一个橡皮艇，急得拿桨戳她脚底板："姐，快起来！漂了漂了——"他声音高亢得像只打鸣的公鸡。海疏雨还没坐起，一个浪打过来，被结结实实拍了一脸。她刚把脸上的水抹掉，江丞扯着嗓子鬼叫："来了来了，又来了！"

两人一起尖叫，更激烈的浪迎面打来。

第一个激流点算是平缓的，但他们已经叫成这样了。等到第二个激流点时，水流变得湍急，无数的小旋在水面旋成了蚊香状，橡皮艇不受控地打转。海疏雨和江丞早成了落汤鸡，两人握着桨手忙脚乱地一阵乱划。随后又是一个高低落差，橡皮艇就像鲸鱼一样，一头翘起"嗖"一下跃出水面，重重落下，小艇里蓄了半船水。海疏雨看到自己的衣服下摆轻飘飘地荡在水上，还没缓过劲儿来，又一波浪朝他们急扑而来。

“呸——”江丞咳了半天，嘴里全是水。

海疏雨没法力挽狂澜，橡皮艇被打旋的水流猛甩进下一阶河道，巨大的冲力和眩晕感让他们大叫，活像一只只被捕兽夹夹住尾巴的黄鼠狼，模样狼狈。周围的人比他们好不到哪儿去，个个浑身湿透。

吉墨云从后面赶上来，一边用力保持平衡，一边用桨把他们推出旋涡。

前方河道里传来教练无情的嘲笑：“下一段还有更刺激的，你们现在就叫成这样，等会儿还活不活啦？”

河谷里有三十几人同时漂流，叫喊声此起彼伏。漂到河谷狭窄处，几十只橡皮艇免不了相互碰撞，众人就这么像狗拉雪橇一样你追我赶，嗷嗷叫着一路冲到了河流下游。

三人上岸的时候，各自揪着衣服下摆拧，水哗啦啦地浇湿一片地。

海疏雨从盥洗室出来，隔着很远就看到江丞和吉墨云一人抱着一个青皮椰子在榕树下等她。

江丞冲她招手，递给她一颗大椰子。吉墨云问她怎么不把头发吹干。

“排队的人多。”她歪着脑袋把头发一拧，一条小水柱瞬间落地上，再一甩手，湿头发像条油亮的黑缎子搭在肩膀上。江丞递了吸管过来，她抱着椰子咕嘟咕嘟地喝得酣畅。新鲜的椰子水清甜无比，风吹过来，头顶的枝蔓摇来晃去，凉爽宜人。海疏雨手捧椰子，眯着眼去感受风：“这种好日子，神仙都不换。”

“再来个吊床，树底下打个盹儿。”江丞逗她。

“哎哟，那得美死。”海疏雨砸吧嘴。

“那别走了。”吉墨云半开玩笑，半挽留她。

海疏雨别过脸去，看着远处水塘里浮着的一群小白鹅，它们在太阳底下转着圈“嘎嘎嘎”地叫着，雪白的屁股摇摇晃晃连成一串，像一排撅着腚的小孩儿尿不湿。

江丞的头也凑过去：“姐，看什么呢？”

“看鹅。”

“哪儿呢？”

“那儿，好大一片。”她指给他看。

“这么多，鹅肉烤着吃，鹅肠打边炉。”

“你怎么就光想到吃，这么美的田园风光，意境都被你破坏了。”海疏雨拍江丞的大脑袋。

“民以食为天，这是天性。”

手机铃声骤然响起，海疏雨走到一边去接听电话。江丞含着吸管调侃对面人：“吉哥，你想让我姐留在这儿？别白费心思了，不可能的。”

吉墨云抬眼看他。

江丞松开吸管：“这么跟你说吧，我姐的生活圈子不在这里。你知道，他们家培养她这样一个女孩儿耗费多少心血吗？她家庭条件摆在那里，我大伯自然是把所有能用上的资源都紧着她用。我姐从小就是所有亲戚口中说的别人家小孩儿，长得漂亮，人又聪明，重点大学本博连读，在他们医院科室也是主力干将，能独当一面的。她父母对她像看护眼珠子一样。你觉得，他们会把掌上明珠嫁到这里来吗？我不是说山里不好，也不是说你不好。我知道吉哥你是个好人，学识谈吐都胜过许多人，长得也比一般人帅，可除了这些，还有许多现实的东西横在你俩中间，你有想过吗？”

吉墨云沉默。

“吉哥，我知道你喜欢我姐，这几天你对她怎么样我看得出来。但让她放弃城市里已经获得的一切，到山里来从头开始，你觉得，这可能吗？”

吉墨云眉头蹙起。

江丞揉揉鼻子：“我真不是泼冷水，你也别恨我。有些话早说晚说都得面对，我只是把一些看得到的矛盾摆到明面上来罢了。你可能会觉得我这人讨厌，干吗非得在你们感觉最好的时候来这么一下，多扫兴……但我看你们不像是来虚的，我姐这一路上对你的维护之意，只要不瞎都看得出来她的心思。如果不是动真格的，只是一路搭伴儿，玩个新鲜，那我也就什么都不说了。可你们不是那样的人，我看得出来，你俩认真了，老实说，我有点儿害怕……”

江丞说着抬头看天，似感慨：“感情上的事儿，一旦陷进去，可是不好出来的……”

吉墨云有些讶异，原以为江丞嬉笑人间对什么都不在意，却没想到他会说出这样一番话来。

“江丞，谢谢你。”他认真道，拍了拍江丞的肩。

“别！”江丞一秒恢复吊儿郎当样儿，“我可担不起你的谢，也帮不上什么忙，就这么顺嘴一说，哎哟，人哪，不认真多好！干吗要认真？一认真就犯愁。”

“所以你就这么，玩世不恭地过活？”吉墨云打趣他。

江丞掏出一支烟来放在鼻下嗅了嗅：“难得糊涂，能糊涂过完一辈子的都是幸运儿。”

吉墨云摇头。

江丞凑近窃笑：“吉哥，如果你真喜欢我姐，我还有个招，能让你好、她好、大家好。”

吉墨云抬眼看他。

“入赘啊!”江丞大力拍在吉墨云肩上，“你去海家做上门女婿！这个阻力最小。你要是想在武汉做老师继续教书，我大伯那边的人脉关系也能用上，别的我不敢保证，但薪资方面肯定比你现在强……”

吉墨云神色黯然了一下：“我不能离开这里，我有我的责任、我的学生，还有……”

话没说完，海疏雨已经挂了电话往这边走来，神情有些凝重。

“怎么了?”吉墨云问。

“我们院接收了一个特殊病人，要做脊柱骨矫正手术，院里通知我回去开会讨论初步治疗方案。”

“脊柱骨矫正？你不是外科大夫吗?”

“这个病例非常特殊，手术风险很高，难度也很大，何况这位病人的脊柱畸形程度世界罕见，手术会分几个阶段，需要不同科室协作配合来完成。”

虽然江丞和吉墨云听不懂医学上的专业术语，但是都明白一个紧迫的事实，海疏雨要走了。

江丞问：“姐，你假期提前结束了?”

“对。”海疏雨语气肯定，“我现在就查机票。”

吉墨云有些茫然地看着她的脸，看她蹙起的眉，看她眼睛里的不容置疑，一涉及她的专业领域，她就像变了个人，变成了战士。对，战士。他忽然想起他第一次看见这个女子时，她也是这个模样，眉心有道微微竖起的褶，神色凝重而专注，对病人充满同情，带着勇往直前的一丝不苟。

即使站在无边暗夜里，我生来也是高山而非溪流，是人杰而非草芥。我们挣扎，却也坚信，人生中的每个至暗时刻总会过去。

第十章 挣　脱

武汉与海南的炎热大不相同，后者有流动的海风，前者却只能让人像站在笼屉上感受热蒸汽。即使到夜晚，武汉也没有丝毫的凉爽，地表被烤得滚烫，若是放块生肉在下水道铁皮盖上，没准儿过不久就能听见“滋滋”的烧灼声。

海疏雨和几个科室的一把手、二把手同在会议室内，她拿着病人的资料细看。李主任站在大屏幕前说话：“病人名叫李巍，今年四十六岁。十八岁出现病变特征，二十九岁以后再也抬不起头了……”

会议室内鸦雀无声。大屏幕上出现病人的照片，只见他整个下巴抵住锁骨，面颊被压迫在膝盖上不能抬头，上半身如蜗牛般蜷缩折叠。

李主任说：“病人的身体弯曲成九十度，面部被挤压到离大腿不足两厘米的距离，脊背弯曲成C形，眼不能看前方，也不能正常走路……”

简而言之，他没有作为人直立行走的权利，也没拥有作为人的尊严而活着。

海疏雨心里发紧，她还从没见过这么严重的脊柱变形病例，实在是可怜。

李主任说："病人患病二十八年，只能像张折叠椅一样生活。这二十八年里病人和家属跑了无数的医院，治疗结果都不尽如人意。最近有人推荐他来我们院，我也联系了我在深圳大学总医院脊柱骨病科做矫正手术最多的同学，他看到这个病例的资料也十分震撼，我们可能一辈子都很难碰到一个这样特殊的病患，脊柱重度畸形，这个程度世界罕见。"

大屏幕上出现病人的CT扫描片，他的整个尾骨已经变成了O形，放射科主任说："如果再拖下去，病人脊柱会从尾椎处被折断成两半。"

李主任点头："病人的胸骨受压迫，呼吸越来越艰难，时间拖得越久越危险，肺部功能恐怕会全面崩溃。"

这之后的几天，相关科室的医生们各抒己见，每一次方案初步见雏形，都被更激烈的争论推翻。

海疏雨揉揉发疼的太阳穴，她从海南回来后一直忙着院里的事，除了正常的排班、问诊、值班、查房，还要参加这个特殊病例的手术方案研讨。她和吉墨云的联系也仅能微信问一声"还好吗"，很多时候，她下了夜班刚回复一句"今天还好"，就在出租车上睡着了。

远在加拉帕戈斯群岛的海羽书在哭。

她的床铺凌乱，枕头上的笔记本电脑还停留在文字页面，文案也只写了开头：这里被称为"达尔文与上帝分手的地方"，是达尔文写《物种起源》的灵感之地，是从一八三五年达尔文登陆距今已经过去了将近两百年的地方。因为远离人类活动，这一火山群岛的物种珍稀又特别……

Susanne从卫生间里出来，看见海羽书在哭，焦急地问："你还好吗?"

这个房间实在逼仄，没有桌子，两个人在地板上走动，转身就会撞到。海羽书的相机扣在床头，移动硬盘被她抓在手上，她接过Susanne递来的纸巾擦掉鼻涕，双眼通红："我没事，谢谢你，Susanne。"

Susanne很担心，扶了扶她的肩膀："你是遇到什么困难了吗?"

海羽书摇头，脸上愁云惨淡。

善解人意的Susanne转身去倒水，又回来将杯子递给她："我觉得你似乎压力很大，亲爱的，如果你愿意，可以说出来。"

海羽书接过杯子，眼睛从乱蓬蓬的头发后面露出来。Susanne发现，因为一连串的咬唇动作，她的唇渗出血来。Susanne惊慌道："你在做什么？你的嘴流血了，你自己不知道?"

海羽书下意识地抬手抹了抹，沮丧地说："我的移动硬盘，四个T的硬盘，这一路拍摄的视频素材，全都没有了……"这种沉重的无力感让她难以接受，"我要做的环保主题的片子，还没有开始剪辑，就废了……"

Susanne拍拍她的肩："旅行就是会有很多意外发生，你继续往下走，还会有很多视频、很多照片的，不要难过……"

海羽书双手覆在脸上："Susanne，你不懂，我从来都不是为了玩，我把这些当作事业来完成。我走过的路，我看过的风景，我剪辑的片子，我坚持不懈做直播，我把时间用在这些我觉得有意义的事情上，我靠它们来证明我活着，我存在过。我的父母，一直不看好我做的事情。我父亲总说我在混日子，消磨青春，等到年纪大了就会悔不当初。我想用实际行动反驳他，我不是抬杠，我就是想表达我自己。每个人生活的方式不同，为什么我选择的路，会被他认为离经叛道。我没有做坏事，可我被他厌弃。”

Susanne不解：“你是他亲生的孩子吗？”

“是，但不是他唯一的孩子。”海羽书说，“一旦有了参照物，父母会不自觉地做比较。我不是受家里人喜欢的孩子。你也许无法理解，我希望我的生活不要被不理解看轻，但我依然是亲戚朋友眼中不着四六的代言人。我的姑姑姨妈们，总拿我当反面教材，劝告她们的孩子，千万别像我一样，这么大了，还游手好闲，没有固定职业，没有安定居所……”

Susanne轻轻搂住海羽书的肩膀：“亲爱的，你给自己施加的压力太大了，你应该放松放松。就像弓弦，绷得太紧会断的。”

海羽书捂住脸声音变调：“我为了做这个专题，准备了很长时间。我一路辗转来到这里，除了我姐姐，家里其他人都不支持我。她用工资支持我的路费，帮我抵挡来自父母指责的心理压力，我不想辜负她的期望……我做了很多努力。现在，白费了……”

海羽书喋喋不休地说了很多，Susanne静静听着，并不打断她，直到海羽书说累了，Susanne才推了一下她手里已经凉掉的水：“喝点水。这些话，你跟家里人说过吗？”

海羽书捧着水杯，手指蜷缩，指尖用力抠着杯沿。她摇头，看向Susanne，目光有些涣散，像是无法集中精神。

Susanne拢了一下海羽书垂于额前的头发："为什么不能跟家里人说呢?"

海羽书沮丧地摇头："他们不会听的。"

"圆圆，你去做个焦虑测试吧!"Susanne说，"我们常说，世上除了父母给予的，没有任何一种爱是不求回报的。可有的时候，父母的爱也会成为枷锁，就好像把雏鸟拴在父母看得见的地方，能避免被天敌伤害。但父母会老去，还有很长很长的路，都得我们自己去走。"

"Susanne，你可能不大了解，我的家庭非常传统，"海羽书耸耸肩，很是无奈，"不孝顺是大逆不道的事情。"

"孝?"Susanne确实不能理解，"是要听爸爸妈妈的话吗?"

"也可以这么理解。"

"你看起来非常不开心，是因为你不想听爸爸妈妈的话吗?"

"因为我个人的意愿总是被要求放在父母的意愿之后。"

"比如呢?"

"比如结婚，就是特别现实的问题。"

"你……结婚要听父母的安排吗?你在为这个苦恼?"

海羽书失笑："不完全是。这只是个例子。在我父母的观念中，结婚不是两个人的事，而是两个家庭的融合，爸爸妈妈要考虑的因素很多。比如文化背景、经济实力，甚至以后生的小孩会不会遗传不良基因。他们总是顾虑得很多，要'面面俱到'，要'人无远虑必有近忧'。"

"天哪，"Susanne扶额，"他们想得太多了，真复杂。"

"他们就是想得很复杂，"海羽书苦笑，"谁知道明天和意外哪一个先来……"

琼中这天又是一阵倾盆大雨，下过雨后，山窝间架起一座彩虹桥，雷击让空气中的二氧化碳转换成臭氧，大气净化，青山绿水间的色彩更通透了。

吉墨云骑着摩托车来到番道村，他想利用开学前的时间再家访几个学生。

番道村村口有棵参天的酸枣树，冠如华盖，遮天蔽日。走过一条木栈道来到村里朝山的一侧，他眼前豁然开朗，葱茏的水稻田一直延伸到对面的山下。木栅栏边一排黄葛茂盛，树下的羊蹄甲宽如手掌，大簇的江南星蕨和扎在地上的榕树根须混在一起，像一道道凝固的雨帘。矮胖的走地鸡散在树下吃榕树籽，它们听见脚步声纷纷抬头，乌溜溜的豆眼乱转，颈后翎羽倒竖，前爪缩抬，随时准备奔逃。崖姜和石韦缠着古榕巨大的根植，几棵高大的旅人蕉气势泼天掺杂其中。

几个闲暇的村民正躺在树下吊床上玩手机，看见他来都笑着招呼："哟，吉老师，又来给阿清家访啊？"

吉墨云刚走到两排瓦房前，一个黑黑瘦瘦的少年正从瓦房过道里跑出来，跟他撞了个满怀。

"阿清？"

"吉老师？"阿清也是一愣。

随后，过道里又出现一个拄着拐杖的阿婆，步伐不稳地嚷着："白养你这么大，给你吃给你喝，有什么用！"

阿清愤然回头："老子不要你管！"

阿婆一边拿拐杖用力戳地，一边哭骂："你没有良心！"

"你再说一遍试试！"阿清梗着脖子，眼睛瞪得像牛铃，仿佛这样就能在气势上压过这个站都站不稳的老太婆。

"别说了！"吉墨云伸手按住阿清的肩膀，用了些力气。

阿清像个炸毛的刺猬，鼻尖几乎要冲到老人脸上去，带着杀气腾腾的怒意，更加目眦欲裂。

“你看看他像什么样子！”阿婆红着眼圈向吉墨云求助，“吉老师，你看看他，我才说他几句，他这表情恨不得要吃人。”老人摇摇晃晃快要支撑不住。

“阿窭[①]，您别跟他置气，我先送您回屋去，走。”吉墨云搀着阿清的奶奶往回走，同时给阿清丢下一句，“你到篮球场等我。”

阿清家里穷，他的父母虽然只生了阿清一个，却没比多生孩子的人家宽裕到哪儿去。家里有两间旧房，没有一件新家具。吉墨云听说阿清的父母早年种橡胶，觉得累又没挣到钱，看到别人卖槟榔抬了价眼红，就把自家种了十年的橡胶树砍了换种槟榔，等了五六年后槟榔果大丰收，价钱又跌了。他们一气之下去了广东打工，除了过年，平时很少回来。阿清整日跟奶奶做伴，几乎是相依为命。

吉墨云问阿窭：“阿清放暑假都待在家里吗？你们为什么吵？”

阿窭边哭边说：“暑假里他天天往外跑，每天一大早就跑出去，也不知道上哪儿去玩一天才回来，身上衣服都是臭的，脏得洗不净。我问他去哪里了，见了什么人，他根本不睬我。今天我管着他，不让他出门去，他就在家里找不痛快。吃饭摔碗，进屋摔门。我老太婆今年六十七岁了，我的心脏不好啊，他东一下西一下弄出那么大动静是想做什么。我知道，他嫌我是个累赘，要是没有我拖累，他早就上广东找他阿爸去了……”

---

① 阿窭，海南话，阿婆。

阿窦说到伤心处呜呜地哭起来。

番道村村委会设在村口，村委会是一间红瓦平房，正对着一片空地，那里有两个锈迹斑斑的篮球架。吉墨云安抚完老人后去找阿清，阿清正在篮球场上踢石子，地上有几处雨后的积水摊，他用鞋底搓起石子恶狠狠地踢向水面。水花“噗”一下溅起一片，污脏的落叶被搓成了灰泥。

“地上的东西不会说话，你拿它们撒什么气。”吉墨云走过去碰了碰阿清的胳膊，“打球吗？”他从阿清家出来的时候看见门后面有个篮球，还没瘪，看来阿清经常打球。

阿清来了兴致，把双手从裤袋里解放出来：“来。”

篮球砸在水泥地上传出“咚咚咚”的声音，两个人你来我往各进了几个球，都出了一身汗。吉墨云边运球边问他：“阿清，能不能帮老师个忙。”

“啥忙？”

阿清低位拦截，吉墨云假动作破防。

“别再跟阿窦吵架了。”

“又不是我先骂人的！明明是她烦人，整天啰里啰嗦地没完没了，我去厨房盛碗饭她也要骂，我干什么了？”

“阿窦年纪大了，心脏不好，你在她面前大声说话、用力关门都会吓到她，你要注意她的身体。”

“哐当”一声，篮球入筐。

“心脏不好去医院看，冲我发什么火，只许她骂我不许我骂她，我就得忍着，我凭什么忍啊？”阿清依然梗着脖子，像头拴不住的牛，使了浑身的劲儿没处撒野。

“亲人吵架的时候才会把心往刀尖上撞。阿清，等你以后到了我这个年龄，你再回头来看今天，看你和阿窦的相处，你会后悔的。”

“吉老师，你还打不打?”阿清听得不耐烦了。

“打。”吉墨云左右换手运球，那球就像长了眼睛，在他身后转来转去避开拦截。阿清的身高只到吉墨云肩膀，他的注意力全集中在对方下盘，正盘算着怎么断球，吉墨云忽然在三分线外起跳投篮，一条漂亮的抛物线，篮球正中球框空心，稳稳坠地。

阿清抹一把头上的汗，不服气：“再来!”

吉墨云抱着球站立，认真地看着他：“阿清，你有没有想过，你是早晨初升的太阳，阿宴是快要落下山的夕阳，她也许没有等你长大的时间了。”

阿清愣愣地张了张嘴巴，蹙着眉。想了一会儿，阿清的眉毛蹙得更深：“可是她真的好烦啊，我已经忍了再忍，她还是絮叨个没完，你知道那种感觉吗？就像一堆蚊子在你耳朵边叫，你无论怎么赶都没用。”阿清没了打球的兴致，悻悻地去树下找地方坐，“吉老师，我真想离开这里。”

“离开这里，去哪里呢?”吉墨云抱着球走过来。

“我想去广东，去找我阿爸。”阿清昂着脸，没长开的五官稚气未脱，眼睛像黑葡萄一样亮得出奇。

“阿清，你才十七岁。”

“十七岁不小了……”

吉墨云盯着他的眼睛，目光较量下，阿清低下头去：“我就是想出去看看，总待在山里，闷都闷死了。”

“你在山里看山外，觉得外头的一切都是新鲜有趣的，我当然不会拦你，我鼓励你走出去看看新世界。可是阿清，我更希望你能凭本事考出去，而不是做个逃兵。”

“我哪里是逃兵了?”阿清一下站起身，觉得受了侮辱。

“你现在去找你阿爸，他可能无暇顾及你，工厂里排班很紧凑，如果他没时间陪你，他在厂里做工，那你干什么呢?你要占着一张嘴，还帮不上他的忙。你要这么荒废下去吗?每天不是打游戏就是无所事事，眼睁睁错过高考?这就是你回报父母辛苦养育你的方式?”

阿清被噎得说不出话来。

“人不能为了别人活，但也不能把所有的牵绊都扔下不管。你现在好好念书，不留下遗憾，凭本事考上大学，有的是去山外的机会。”吉墨云看着阿清，青春期的孩子，总是渴望被全世界理解，又怕被全世界看透，“阿清，你是不是觉得自己挺与众不同的?”

阿清一愣：“反正跟班上那些傻瓜不同。”他管那些死读书的孩子叫傻瓜，觉得自己怎么样都不会成为那一拨人。

“就觉得自己挺牛的，是不是?”吉墨云一眼看透，他这个年纪的通病，自命不凡，敏感脆弱，又暴躁易怒，“但我告诉你，一直这样下去，就会在最好的年纪失去最佳的机会。你信吗?”

阿清目瞪口呆：“吉老师，你怎么……?”

“不是我的说话风格，但我知道你们心里想什么，你们讨厌说教，讨厌毒鸡汤，那我就换个方式说。”

“可是念书真的很痛苦嘛。”阿清垂着头，“我觉得我根本不是读书这块料。”

“世上好走的路往往都是下坡路，读书肯定没有玩来得舒服。你这个年纪不念书想干吗?你现在吃点苦，总好过以后苦一辈子。”

吉墨云在山村给学生家访的时候，海疏雨正在会议室里向同事们陈述李巍的最终方案：“病人要做四次手术，分四个阶段完成。第一次手术，把髋关节截断，让病人的脸和腿之间的距离稍微打开，病人才可以趴在手术台上。第二次手术，要截断胸腰椎。第三次手术，为病人换上人工髋关节，手术成功后病人可以摆脱轮椅。第四次手术，要截断病人的第七节颈椎骨……”

陈述完毕，海疏雨坐下。

李主任抱着搪瓷茶杯喝了一口茶，沉声说：“第三次手术至关重要，一旦髋关节接不上，病人将终身不能站立。”

负责第三次手术的主刀医生说：“李主任，第一次和第四次手术都是你主刀，第四次最凶险……”

李主任明白他话里的意思，无论是谁，手术台上一旦有病人死去，对主刀医生的职业前景都是严峻打击，“正因为责任重大，对各方面考量后，院里决定由我来担任第四次手术的主刀。”

在场的医生全部面色凝重，谁都明白，第四次手术必须精细到毫厘，稍有不慎，病人就会瘫痪甚至死在手术台上。

会议争论持续几个小时，最后所有人通过这个方案提议。这四次手术的强度和难度都几乎达到现代医疗水平的极限，会议室里的医生们全在屏气凝神，有人双手交握，指节发白；有人以拳抵头，深深吁气。虽然还没有真正开始手术，但每个人都感受得到一种临危受命的使命感和责任感。这四次手术必须环环相扣，不能有丝毫偏差。

会议结束后，海疏雨去病房区看李巍，穿着病号服的男人像一张棉被一样折叠在轮椅上。李巍在看报纸，对普通人来说极其自然简单的一个动作，他却无法完成。李巍年迈的母亲正帮他拖着报纸贴在他的膝盖一侧，李巍艰难地歪着鼻子眼睛，像是从门缝里看东西一样斜着看报纸上的字。

海疏雨站在门外看了一会儿，觉得很心酸。

李巍的母亲看到她，忙打招呼：“海医生，吃过饭没有？”

海疏雨踱步过去，笑着说：“食堂过了饭点，我一会儿点外卖，你们呢？”

“刚吃完饭。”

“他喜欢看报纸？”

“是啊，他不想跟世界脱轨。”李巍的母亲满头银丝，她搬来一个凳子请海疏雨坐。

“还是您坐吧。”

两人谦让，李巍的母亲郑重地对海疏雨鞠了个躬：“海医生，您听我说。我今年七十岁了，最怕的事儿就是万一我先走了，我的儿子怎么办……”老人声音平静地说完自己的担忧，她把这次的求医当作最后一丝希望，那种殷切求助的眼神更让海疏雨觉得肩上责任重大。

“我理解，阿姨，您自己也要保重身体，李巍的病我们治疗小组会努力治疗的，我们会做好我们的工作。”

回到家时，时钟刚好走过十二点，海疏雨周身疲惫。她瘫坐在沙发上，累得不想动。手机铃声在寂静的夜里响起，她滑开接听，却不出声。

“很累吗？”电话另一头的吉墨云听出了她的情绪。

“累。”海疏雨连打两个哈欠，“今天有一个工人的手指被机器切掉了，万幸的是送医及时，断离六小时内有最佳的再造机会，我做完这场手术就被喊进会议室，讨论‘折叠人’手术方案。这个手术难度很高，而且不是一次手术就能成，团队商量的结果是要进行四次手术，每次手术都要毫厘不差，差一丁点都会前功尽弃，最可怕的结果是病人无法下手术台。”她深呼吸，又叹气，“人们总说病人把命交到医生手里，医生心里何尝不是承载着巨大的负荷，一边是对病人的责任，一边是对自己专业的度量。如果手术失败了，失去的不仅仅是病人求生的希望，医生也会对自我产生怀疑。我就见过有一位手术失败的医生，他再也没能拿起手术刀，他把自己的人生给否定了。你不知道，病人把全部生机都压在医生身上时的那种眼神，让人看了既心酸又害怕。医生是人，不是神，没有人能保证手术会百分之百成功。但生命只有一次，没有重来的机会，太难了。”

吉墨云很心疼，他想了想，说：“你等我一下。”

电话被挂断，海疏雨疑惑地看看屏幕，脱力地抱臂歪在扶手上。

吉墨云去书房把许久没用的鼻箫拿了出来，用软布擦擦。

电话再次响起，这次是视频请求。

海疏雨点开接收。

吉墨云在视频另一头说：“我吹曲子给你听，你随便听听，放松一下。”

海疏雨很惊讶，她看到吉墨云把一根竹管放在鼻子下端，很快，箫声从竹管中传了出来。这声音婉转，有点像嘹亮的笛声，却有更饱满的情绪，带着欲说还休的情意，更悠远，更缠绵，比月夜的风清凉，比泼墨的海深沉，比磐石坚毅，比流水温柔，曲调回转后，似乎把人的心也带到了遥远的山巅，能看得更广阔，心境也舒展开来。

“真好听。”曲歇时，海疏雨托着腮望着视频里的男人出神，“这是什么乐器？我还是第一次见识用鼻子也可以吹出这么好听的曲子。”

吉墨云把鼻箫凑近了给视频另一端的她看：“这是鼻箫，黎族的竹木乐器。”他后面话没说出来的是，这东西还是黎族青年男女谈情说爱的重要媒介。据《黎岐纪闻》记载：“男女未婚者，每于春夏之交齐集于旷野间，男弹嘴琴，女弄鼻箫，交唱黎歌。”

“这是竹子吗？”海疏雨伸手摸了摸屏幕上的鼻箫，只能摸到电子屏幕光滑的触感。

“对，山竹。不是吃的那个水果，是山里的粗皮竹。”吉墨云把鼻箫横着竖着给她展示，这段山竹两端保留原始竹节，开四孔，两孔开在鼻箫两端的竹节上，另两孔开在鼻箫首尾两个方向的管身上。

“真有意思。要是在你身边就好了，你能教教我。”

“下次你来海南，我教你。”

“好啊，先欠着。”

“我们这儿还有个俚语，你知不知道？”

“什么俚语？”

“抛个石头试水深，吹曲鼻箫试侬心。”

海疏雨又不傻，她双手捂着发热的脸颊，故意转移话题掩饰心底慌乱：“那个，你在哪儿吹的鼻箫？这么晚了，不怕吵到别人吗？”

吉墨云笑着站起身，推开背后的一扇门。

海疏雨看到镜头里的吉墨云在向她展示一个衣柜一样的东西：“这什么啊？”

“这是一间柜式录音间。”

海疏雨看到录音间内全贴着隔音海绵，里面的空间只够摆放一张小桌子和一个凳子，桌上放着笔记本电脑和一盏台灯，黑色支架夹在桌面，耳机挂在收音设备上。

吉墨云关好柜门坐下来：“你走得太匆忙了，其实我原本计划你的旅程最后一天带你来我家看看，我还有个副业，就是在这里完成工作的。”

海疏雨捂住了嘴巴，难抑内心的激动，她当然知道这是什么。她之前听到的那些治愈她失眠的音频作品都是在这一间小小的房间里录出来的。

吉墨云却不知她在兴奋，只当她是惊讶，他继续解释：“我没跟你说过，我除了当老师，还有个副业是音频主播，我在这里录制有声小说，有时候也做音频直播，给粉丝朗诵诗词，读一小段配音作品，或是唱首歌。”

海疏雨托着腮一脸幸福地看着他：“吉老师，我想听你唱歌。”

“我在雨林里唱过了。”

“那不一样，你没在录音间里唱给我听过。”海疏雨内心想说的是，你在录音间里唱给所有粉丝听，但我想听你单独唱给我一个人听。

吉墨云摸了摸鼻尖：“你想听什么？”

“听我没听过的。”

“那唱黎歌，可以吗？”

“洗耳恭听。”海疏雨坐得端正，像小学生一样点头。

吉墨云耳根悄悄地红了一块，他清清嗓子，即兴唱起来：

暮归的老牛　轻轻的感伤
山上的油茶　满坡的飘香

心上的姑娘　淡淡的忧伤
微醺的酒香　深深的思念
遥远的故乡　朦胧的月亮

今晚的月亮又大又亮，照得整个合老村都清晰可辨。

风是和煦的，吹着山兰稻簌簌作响。

蛙鼓声歇了，大风卷流云。

雨后的空气带着湿泥巴的气味儿，甲虫的气味儿，烂熟了的油茶果味儿。

这一寸乡土间忽然就有了“慢品人间烟火色，闲观万事岁月长”的韵味。

静谧的柜式录音间里，吉墨云就像在她的耳畔浅吟低唱。海疏雨从他低沉磁性的嗓音里听出了山海相隔的思念，听到了浓郁的乡愁，记忆里，他们一起追着暮光回城的画面，一帧帧一幅幅，都美好得令人心动。

黎族非遗跨越千年延续至今，这份诚心以待的礼物，能打动心爱的姑娘吗？

第十一章 幸福那么近

新学期开学前夕，吉墨云一边备课，一边录制新书。

海疏雨已经习惯了每天和他视频聊天相伴，有时她正巧走到李巍的病房前，吉墨云发语音请求过来，她会直接转到视频，正在坚持锻炼呼吸功能和肌体力量的李巍也会扬起笑容跟吉老师打招呼。海疏雨把音频软件推荐给李巍，让他用听书、听新闻来了解世界。李巍不但解放了眼睛，还成了吉墨云的粉丝。

“他在做什么？”吉墨云问，他看到李巍正在歪着脖子侧着脸用全力地吹气球。

“提升肺活量。”海疏雨告诉他，“这个手术第一阶段的麻醉是个不小的挑战，因为他的身体弯折，麻醉管子很难通过变形的气道抵达肺部。”

李巍累得满头大汗，海疏雨请吉墨云唱首黎歌鼓励他。

原生态的歌曲充满古朴的力量和希望，李巍虽然听不懂，但似乎也感受到了歌曲中的鼓舞，一整天的心情都很好。

吉墨云也会把每天发生的事告诉她，他们在不知不觉间渗透彼此的生活，习惯了互相倾诉，分享烦恼与快乐。

除了上课和录书，吉墨云的其余时间被排得满满当当，可他还是挤出时间来，跑到什寒村，向一位擅长纺纱织锦的黎族阿婆学做手织品。什寒村在山上，是海南岛海拔最高的村庄之一，也是黎族和苗族聚居的村庄。什寒村与合老村相距不远，同属什运乡，吉墨云班上的学习委员穆勒就住在什寒村，她听说吉老师想学做手织品，十分热心地向他推荐了同村阿姐诺丽的奶奶。

穆勒说："诺丽姐的奶奶可不是什么人都教的，不过吉老师是我的老师，那就是自己人啊，她一定会教你的。"

阿婆会用手捻纺纱和脚踏纺纱这两种原始而古朴的方式来纺织。现代工业盛行后，传统工艺的生产方式开始没落，匠人越来越稀有。就连诺丽家那台老旧的单锭脚踏纺纱车也几乎在黎村里绝迹了，以后的人们大概只能在博物馆里看到此物。吉墨云来拜访阿婆的时候，老人家正在分拣麻纤维。饶是吉老师这种虚心求教的人也吓了一跳，阿婆的竹篓里放着不同的麻纤维，棕红色的楹子藤纤维、浅米色的火索麻纤维，甚至羊蹄藤、构树皮、箭毒树皮，各类像杂草一样一捆一捆的麻状物，她正在有条不紊地分拣。吉墨云感受到了一种严苛的工匠精神，看向阿婆的眼神都带着崇拜和敬仰。

阿婆单薄瘦削，后背深深地佝偻着，脸上文面，她眯着眼睛问吉墨云："现在真没见着哪个年轻人想学这门手艺的了，你为什么想做手织品啊？”

吉墨云揉揉鼻子：“《汉书·地理志》里面说，男子耕农，种禾稻苎麻，女子桑蚕织绩。我一直想看看这种古老的纺织机是怎么织出东西来的……”

阿婆细长的眼睛眯得更厉害了，带着探究的眼神望他：“别唬我，直说你想干什么？”

吉墨云一时不好意思起来，他深吸口气，坦白交代：“我喜欢上一个姑娘，想亲手做个有意义的东西送她。”

阿婆一听，高兴起来：“姑娘漂亮吗？”

吉墨云点头。

阿婆像个小孩儿一样手舞足蹈，拍着巴掌去拉他的手：“早这么说不就好了吗？来，我先教你怎么用这个机子。”

“不是先学制麻吗？”吉墨云诧异。

阿婆一个劲儿地笑：“嘿哟，那可费工夫了。那要砍麻、浸泡、捶打、搓麻、煮麻、晒干，等麻纤维成了麻线，才符合纺线的要求。你真的要从头开始学吗？”

“我愿意。”吉墨云觉得，既然要做手工的物件，就是展示一片诚意，他不怕麻烦。

“小伙子真不错。”阿婆颇有兴味地端详他，“要是我的孙女诺丽也能找到像你这样有诚意的年轻人就好了。”

又过几日，等麻纤维晒干后成为麻丝，阿婆开始教吉墨云纺纱。手捻纺纱是人类最古老的纺纱工艺，阿婆手法娴熟，一边往捻杆和挂纱钩拉扯丝线，一边“嗒嗒嗒”地踩着转轮。吉墨云也是第一次见手捻纺轮，认真的态度像个初学识字的小学生。阿婆让吉墨云试试，他照着阿婆的样子做，脚踏的动力带动着纺车，手上的动作牵制着传动轮和皮带、锭子，直到手脚的动作完全契合，慢慢熟练后，他的效率也快了许多。

阿婆不禁赞赏起这个年轻人的聪慧来，更为他要做手织品给姑娘的坚持所感动。阿婆越看越喜欢，就总会想起自己家的孙女来，诺丽怎么就没有这样的好福气呢？有一天，阿婆实在忍不住，问他："我们黎寨里有那么多好姑娘，你为什么不喜欢，非要去取悦一个汉族姑娘呢？"

吉墨云说："黎族和汉族有什么区别呢？我阿妈是汉族人，阿爸是黎族人，他们很相爱，这就足够了。"

九月下旬，李巍的第一次手术时间到了。这天风和日丽，李巍的母亲专门给李巍刮头擦脸拾掇干净，怀着紧张又忐忑的心情等待着儿子进手术室。

海疏雨换好手术服，将双手消毒杀菌，戴上手套。手术室的气密门自动打开，治疗团队跨过脚踏感应进入复合手术室，每个人都神情认真。

李巍被推进手术室，第一步是麻醉。李巍无法正常躺下，只能像个馒头一样圈起来，被侧抬上手术台。麻醉师孙主任用纤支镜从李巍的鼻孔探入气道，带着麻醉管一毫米一毫米地试探、滑落。孙主任对李巍说话很温柔："有点不舒服，你忍一下……"整个手术室鸦雀无声，所有人都在紧张中等待。李巍的情绪有些波动，海疏雨一直在旁辅助安抚，让他别害怕。

不适感在增加，李巍的气管猛地收缩，影响到插管。

孙主任大喊："李巍！不要吞口水，不要说话，坚持住……"整个手术室静得落针可闻，只有仪器发出规律的"嘀嘀"声。"先吸气，深呼吸，好，非常好，深呼吸……"大家屏息静气。直到孙主任说："可以了，等氧上来再给麻醉药……"

海疏雨深呼吸，手术进入第一阶段。李主任亲自主刀，海疏雨辅助，她找准定位后，李主任划开一个七厘米的口子，做截骨操作，眼睛看不到，只能用手摸。李巍的髋关节像被海风腐蚀的锈块一样脆弱，李主任的截骨操作必须极致精准。海疏雨小心翼翼地为李主任保驾护航，心提到了嗓子眼。这场手术没有丝毫的容错率，她忐忑、紧张，却全神贯注，无比投入。

一个小时后，众人听到李主任的声音："好了，可以了。"

海疏雨感觉到双肩猛地向下卸力。她终于可以稍稍放松一下，精神松弛后，面部肌肉紧跟着抽搐了几下，她有想哭的冲动。

吉墨云在黑板上写完最后一个字，转身对学生做课后总结，下课铃响起，他收起教案看了眼手机，一边往外走一边给海疏雨发信息：手术结束了吗？你还好吗？

海疏雨没回复。

吉墨云回到教务室继续批改没看完的作业。她不回复，通常都是正在忙，等忙完了自然会回复，这是他们的默契。

只是这次，海疏雨的回复延迟了很久。

晚饭后，吉墨云终于等到海疏雨的电话，对方情绪低落，吉墨云关切地问："你还好吗？"

"今天手术成功了。"

"那就好。"他也长吁口气。

"上午就结束了，手术很成功，但我们出现一个新问题。"海疏雨很疲倦，她用肩膀和侧脸夹住手机，一边撕泡面包装盒，一边烧开水。

吉墨云说："我帮不上忙，但你如果想说，我愿意听。"

海疏雨放松手脚瘫在沙发上："第一次手术的目的是让病人可以趴在手术台上进行第二次手术，但预判的三十厘米距离不足以让病人趴在手术台上，所以术后李主任带着我们马上进行了应急预案修改，刚刚才结束会议。”

“你们找到解决方案了吗？”

“治疗团队有一个很艰难的决定，把第四次的手术提前。”

“风险最大的那个？”

“是的。有两个重大风险，如果伤及脊髓神经，就可能导致高位截瘫。如果损伤椎动脉血管，病人也会九死一生。”海疏雨掐了掐两侧太阳穴，用力搓了把脸。

吉墨云听着海疏雨疲惫的声音，柔声问：“你吃饭了吗？”

“还没。”海疏雨的声音犯懒，忽然想起泡面来，“我的面，哎，幸好你提醒我了。”

“面？”

“不想出去吃了，凑合一碗泡面。”

“点外卖吧，泡面不抵饿。”

“吉老师，你一定没见过值班医生吃饭的速度吧？”

吉墨云听到手机那边传来“哧溜哧溜”的吸面声，听出海疏雨吃得很急：“你慢点儿，吃得太急对胃不好。”

海疏雨囫囵咽下，又捧起纸杯喝了一大口汤，满足道：“我的经验，能吃的时候一定风卷残云，因为根本不知道什么时候会有突发状况，值班室里经常有医生来不及吃一口饭就被叫走的……”

吉墨云听着她的吞咽声，轻叹一声：“大家都以为医生这个职业光鲜亮丽，真没想到……”

“原来这么可怜，是吗？”海疏雨吃完了面把纸杯扔进垃圾桶，转身去漱口，“那吉老师，你可以安慰一下我吗？”

“安慰？”吉墨云苦笑，“我也想，可是距离太远了，我能怎么安慰呢……”

海疏雨对着洗漱台的镜子笑了：“吉老师，我喜欢听你的声音，你可以给我来场只有我一个听众的直播吗？”

吉墨云马上配合地清清嗓子，话筒里立刻呈现出独属于他的低磁声线：

“腌蛋以高邮为佳，颜色细而油多，高文端公最喜食之。席间，先夹取以敬客，放盘中。总宜切开带壳，黄白兼用；不可存黄去白，使味不全，油亦走散。高邮咸蛋的特点是质细而油多。蛋白柔嫩……筷子头一扎下去，吱——红油就冒出来了。”

当吉墨云读到“吱”一声时，海疏雨咽了下口水。

“哎，真好听。”海疏雨说，“不对，应该是真好吃。我一直觉得汪曾祺先生才是吃货中的王者，不然怎么能写出这么活色生香的《故乡的食物》。”

“你的味蕾这么容易满足吗？”

“你不知道，其实吃东西的时候，我们常说的口腔味觉，就是经面神经、舌神经和迷走神经的轴突经过脑干后终于孤束核，更换神经元，再经过丘脑，最后到达岛盖部的味觉区，如果能干扰这些神经系统，就能产生味觉满足。”

吉墨云表示佩服。

海疏雨伸懒腰：“唉，骗过了中枢神经，但其实我还是挺馋的。洋花萝卜、茨菰、荠菜、茶干、麻鸭、咸鸭蛋、螺蛳、青虾……昆明正义路的汽锅鸡、东月楼的乌鱼锅贴、马家牛肉店的撩青、吉庆祥的火腿月饼……啧啧，特别想吃。”

吉墨云宽慰她：“上次你来海南我想带你试一试黎族的美食，可惜你临时有事说走就走，我都没来得及带你去吃。”

“哦？那你说说，你们那边有什么好吃的？”

“我们有三色米饭、五脚猪、簸箕鸡、鱼茶、野菜素斋……”

“三色米饭我知道，听说要用山兰米分别和黄色的野姜汁、黑色的三角枫汁、红色的红蓝藤汁搅在一起，然后用香蕉叶包住蒸熟，这个是比较出名的黎族美食，我们那个小导游带我们吃过。那鱼茶是什么？鱼和茶叶一起做的菜吗？”

“不是，鱼茶是把煮熟的米饭和小河鱼一起装进罐子里腌制，把调料也放进去，密封发酵七八天再吃。下次再来海南要让你试试。”

“好吃吗？”

“酸甜口味的。”

“我喜欢挑战。”

“五脚猪，你一定会喜欢，皮脆肉嫩肥而不腻。”

“哎呀，我的口水流下来了。”

“对了，你把地址告诉我，我给你寄牛肉干，这样你饿的时候吃一块，能抵饿，避免低血糖，你不要挨饿，也不要总吃泡面，对身体不好。”

海疏雨心里抑制不住地冒着甜，嘴巴却像是在撒娇：“牛肉干？这种东西不是哪里都有吗？”

“不一样，琼中的小黄牛是一绝，你一定要试。”

“好啊，听吉老师的。”

周五的时候，吉墨云在语文课上没收了阿清的手机。

阿清这个年纪的男孩子，最痴迷的事情就是打游戏。吉墨云利用周末研究了一下，虽然他早就过了对游戏热衷的年纪，但知己知彼，才镇得住这帮青春期的孩子。

周一，他就看到阿清弯着身子在教务室门外探头探脑。

吉墨云走过去一把拉开门，阿清跌进来，坐在地上摔了一屁墩儿。他砸吧着嘴看看头顶落下的黑影，委屈巴巴地说："吉老师，您把手机还我吧，没有手机，我就接不到阿爸打来的电话了。"

吉墨云也不啰嗦，去抽屉里拿出阿清的手机，放在桌上。

阿清过来拿，被吉墨云按住。

阿清把脸一皱，就想装可怜蒙混过去。

吉墨云怎会不知他的伎俩，他并不霸道，跟阿清有商有量："你喜欢玩手机游戏？"

"啊，啊？"阿清吃惊，"老师你看我手机？你怎么这样！我有隐私权的。"

吉墨云笑了："这样，我这两天试着玩了下，是有点意思，你跟我单挑一场怎么样？"

"啊？"阿清蒙了，不晓得他这是什么路数。

吉墨云不急不慌，掏出自己的手机："我都下载好了，跟你单挑，你要是赢了，我就把手机还你。我要是赢了，你就得听我的，上课的时候把手机放我这里，我替你暂时保管。下课后再还你。怎么样？"

阿清嘴唇抽动几下，觉得不可置信。

吉墨云又说："不过我才刚下载没两天，玩得不熟练，你要手下留情，好吗？"

二十多分钟后，阿清一脸挫败地上缴了手机："我不信你是刚玩的。"

吉墨云知道他不服气："你想知道怎么赢吗？"

"想。"

"你上课好好听讲，这学期的第一次大考如果能提升五个名次，我就教你。”

“真的?”少年眼睛放光。

“老师什么时候骗过你。”

阿清没领回手机，依旧兴高采烈地回了教室。吉墨云发现，要想教好这些不听话的学生，跟他们对着干反而收效甚微，不如反其道而行之，以其人之道还治其人之身。叛逆的孩子往往更容易信服比自己强大的人，尤其是在孩子擅长的领域对他进行碾压式驯服，比磨破嘴皮子说教有用得多。

阿清学乖了，精神食粮被吉老师拿捏住，上课规范了许多，没再东倒西歪地睡大觉。吉墨云还帮他找了班里的学习委员穆勒对他进行一帮一辅导，阿清虽然是个心高气傲的少年，却不会为难女孩子，加上对吉老师的忌惮，比之前在学校里的表现好多了。他心里还念着要拿回手机，一到下课时间就往教务室跑，吉墨云正在批改作业，问他：“这节课讲的什么呀?”阿清人在座位上没动，心里却听了个囫囵，经常支支吾吾答得牛头不对马嘴。

吉墨云无奈：“阿清，你这分心术真厉害，人在课堂心在手机。”

“能还我吗，吉老师?”阿清可怜巴巴一副求施舍的样子。

吉墨云把手机还给他，却不放他走：“你坐这里玩，上课铃一响我要收回来，省得你上课时在桌肚里打游戏，别的科任老师再来我这里告状。”

阿清挠头：“这里？左右来往都是老师，不好吧?”

吉墨云笑了：“哟，你还知道丢脸?”要面子也是一个软肋。他拿过自己的手机打开游戏界面：“我们单排打一局，要是我比你厉害，你就听我的。”

阿清马上点开操作，游戏玩到一半，阿清吓一跳，吉老师才刚刚上星，这么短时间就二连击杀，三连决胜，四连超凡了，这是什么操作？“四杀？你会玩儿啊？”阿清瞪着眼睛，有种被戏耍了的感觉。

“自己摸索，我才玩不久。”吉墨云一脸诚恳，“就是没收你手机那天才开始接触。”

“我不信。”

“是你技术不行。要不你跟别人单挑试试，我看着，如果你还是输，就听我的。”

“我就不信了……”阿清继续找人单挑排位，结果输得很惨。

吉墨云在一边幽幽地说：“你前期输得太惨，经济和装备都比对方差，这时候不要硬上，走位消耗对方，注意清理兵线，别让兵线进塔……”

阿清听了吉老师的“指导”，在眼看要输的情况下竟然反败为胜了。阿清不可置信地看着吉墨云：“吉老师，你太牛了。”

“服吗？”吉墨云问。

“服，服！”阿清连着点头，“你怎么做到的？”

“你想学吗？”

“当然。”阿清点头如捣蒜，“我段位到黄金三就上不去了，这什么时候才能上钻石啊？”

“你想学，就听我的。”

“听，一定听。”

“好好上课，等放学了来找我。”

这一天，阿清有种处处都魔幻的感觉，他的班主任吉老师竟然要教他打游戏还要带他上星，想一想都觉得不可思议。别的班级的同学进入高三连上厕所都一溜小跑，生怕被同学反超了摸底考成绩下滑。

好不容易等到放学，阿清屁颠屁颠地跑过来："吉老师，快教我。"

吉墨云却不慌不忙："你把今天的作业和错题集全做完了，我就教你。"

阿清从没做作业这么高效过，今天用了两个小时就把题都刷了一遍，等他火急火燎地要求吉墨云教他打游戏时，吉墨云给他上了狠招："溪流如弓背……"

阿清竟然张口接上了："山路如弓弦。"这是语文课本里沈从文的《边城》。阿清之所以记得，还真是因为凑巧这堂课他听了，但后面可没那么幸运。

"豫章故郡，洪都新府。星分翼轸，地接衡庐。襟三江而带五湖，控蛮荆而引瓯越。物华天宝，龙光射牛斗之墟；人杰地灵，徐孺下陈蕃之榻。雄州雾列，俊采星驰……"吉墨云可以将王勃的《滕王阁序》倒背如流，阿清却如芒在背，坐立不安，他好不容易憋出一句"烟光凝而暮山紫"之后就完全接不下去了。

吉墨云看着他："阿清，我希望你把这篇千古奇文背下来，可能在中国古代文学里，你再也找不出比这篇更恢宏壮美的文章了，'云销雨霁，彩彻区明。落霞与孤鹜齐飞，秋水共长天一色。渔舟唱晚，响穷彭蠡之滨；雁阵惊寒，声断衡阳之浦'。'画栋朝飞南浦云，珠帘暮卷西山雨。闲云潭影日悠悠，物换星移几度秋。'这么美的词，任何一句拆分来都能活学活用，背会了，你将受益无穷。今后你再写作文，会像周伯通打通了郭靖的奇经八脉一样畅通无阻。"

阿清双眼放光："吉老师，你还看武侠小说？"

"我是从你这个年龄过来的，又不是一出生就这么老了，看过也不奇怪。"

阿清心里啧啧称奇，觉得跟这位老师又亲近了几分。

吉老师的教学很神奇，看起来好像不务正业，却在潜移默化中影响了阿清的学习习惯和思维方式，他总是漫不经心地抽题，阿清被迫背书。因为不背书或是不写完错题集，吉老师就不肯开排位带他上分。

想上分吗？想。

那就认真上课，乖乖背书，勤奋刷题。

十一假期，医生因为职业特殊而没有常规假期。海疏雨这天刚结束值班走出医院大楼，就看到大门外的罗汉松下坐着一个人，冲她挥手打招呼。海疏雨愣了愣，有几秒钟的时间觉得自己在做梦，下意识地回头朝左右两侧看了看，又掐了掐自己腮上的脸蛋肉，确定不是做梦。一时间欣喜雀跃齐齐涌来，她飞快地朝他跑过去，双手还捂着嘴，激动地喃喃："你怎么来了？"

吉墨云坐在花坛边，两条惹眼的大长腿随意地抻着，望着她笑："你说过，如果我来武汉，你要带我去吃黄焖鸡、喝排骨莲藕汤。现在不是四月，没有樱花，可以去东湖转转吧。"

"冇得问题。"海疏雨激动地说起了武汉话。

两人肩并肩朝大门外走。吉墨云没带行李箱，只有一个黑色双肩包背在身后。

海疏雨问："重吗？"

"不重，就几件衣服。"说着，吉墨云拉开背包拉链，从包里取出一样东西递给海疏雨，"这个送你。"

“什么呀？”海疏雨莫名激动。这东西拿一卷牛皮纸包着，掂着轻，摸着软，像个布匹。“什么日子啊？你要送我礼物？”海疏雨问道。

“过几天是你生日，可惜不在我的假期内，就提前送了。你打开看看。”吉墨云期待海疏雨露出惊喜的表情。

海疏雨拆开牛皮纸，一截墨蓝色的布露出来，展开来看是一条围巾。看上去有种粗粗的纤维质感，用手触摸却是柔软的，颜色让她很意外，像是一块泼墨形成的晕染画，从深蓝到浅蓝再到绯红和姜黄，就像绮霞与天穹交织的海岸风光，既柔和又浪漫。“好漂亮。”她忍不住赞叹，说着就打开来往自己脖子上套，“好看吗？”

“好看。”

“我还从没见过有这样色彩的围巾，你在哪里买的？”

吉墨云揉揉鼻子：“我做的。”

疏雨难以置信地看他：“你做的？”她摘下围巾又仔细地摸一遍，“你，你自己染色的？”

“嗯，也是自己织的。”

“织？怎么织？”

“黎族从汉代起就有用脚踏织机织布的历史了，我找了村寨里年长的阿婆教我做，你这条是用火索麻的树皮提炼出麻纤维做的，因为火索麻的颜色浅，我想做条彩色的围巾送你，所以选了浅色的材料……”

海疏雨吃惊到结巴：“不是，吉老师，你……我觉得你太神奇了，你是怎么把树皮变成围巾的？”

他失笑：“树皮是原料，变成围巾还要经过很多步骤，要割麻，再劈麻、脱胶，然后清洗、晾晒，等提取出麻纤维后做成麻线，再在纺轮上做出围巾。”

“那你……染色呢？你是怎么染色的？”

“染色不那么好控制，你现在看到的是第六条，前面五条都实验失败了，这条是最好看的。”

这么原生态的手工制品，染料一定不会是现代化学制品，她好奇地问：“你用什么染的？”

“深蓝色这里，我用槐蓝的茎叶发酵成靛泥后染的，”他指给她看，“浅蓝色是用毛木蓝的叶子，也是发酵成靛泥后再染，一开始没控制好比例，染得颜色重了，就没有渐变的美感，所以重复试验了几次。橘黄色和红褐色是用苏方木的树芯煮成汁，再加草木灰进去，把这块布料放进染汁里浸泡。黄色是用黄姜的根，绿色是用角木的叶子，榨汁就可以染。紫红色是用短刺牛锥的树皮煮成汁，再把螺灰放进去套染，染好后再染红色部分，红色是用茜草榨汁后染的。”

海疏雨听得目瞪口呆，她从没想过，这样一件小小的物件，要花费这么多心思来制作。她从小在父母的关爱下长大，吃穿用度从没缺过什么，却从没有人肯为她花这么多心思做一件礼物，没有一个人让她这么又惊又喜，又酸又甜。一时间心里五味杂陈，她不缺物质上的满足，但缺这样的感动。她忽闪着大眼睛说：“吉老师，谢谢你，你送我这么珍贵的礼物，我都不知道要回送你什么。”

“我不用。”吉墨云笑得腼腆，“你快乐就好。”

海疏雨抿着嘴低头乐，嘴角一而再地忍不住向上翘。

海疏雨带吉墨云到自己经常打牙祭的小餐馆，点了清蒸武昌鱼、荷叶粉蒸肉、三鲜豆皮和清炒芥菜。菜还没上桌，两人就着老板送的一碟盐水毛豆边剥边聊天。“你昨天问我明天还值不值班，原来你早就有预谋了？”海疏雨问道。

“是早几天就订了票，没说是想给你个惊喜。”吉墨云把剥好的毛豆放她碗里。

“哎呀，你吃，我这里还有。”她也把剥好的豆子放他碗里，“明天我就可以休息了，投桃报李，我要好好做个攻略，看看去哪里玩。先说好，你这次来，吃喝玩一条龙服务，我负责，你不许抢着买单。”

小餐馆是家庭式作坊，客人不多，老板热情，很快就把热菜端上了桌。海疏雨把卫生筷劈开刮了刮毛刺递给吉墨云：“快尝尝，这家店小，但是老字号，老板是武昌人，烧得一手地道的武汉菜。”

吉墨云把鱼腹上的姜丝拨去一边，第一筷子鱼腹肉夹给她。

“我请你吃饭，你别这么客气，快吃。”她也夹起一大块嫩白的鱼肉蘸了汁放进他碗里。“咱俩要是一直这么客气下去，这顿饭估计得吃到天亮去。”说着她抱起碗，“快吃吧，我真是饿了。”

新鲜的武昌鱼肉质极细嫩，与海鱼不同，另有一种滋味。吉墨云吃了两碗米饭，连说好吃。因为职业习惯，海疏雨吃饭很快，她先吃完，放下碗筷就拿手机刷攻略：“我先看看，现在去哪里玩风景最好，要人少景美不堵车的。”她自言自语，手机的屏幕光把她的眉眼照亮，她微蹙眉的样子还是一半严肃一半孩子气。吉墨云也不说话，就在一旁看着，记忆倏地一下回到了暑假她刚来海南的那个时候。

尤其她抬眼不经意地与他视线交缠时，他就觉得心里酥麻麻的，有点痒，是那种立于精神之上的痒，不难受，还有点快意。就好像人在大河堤上行走，看见一片柔软的芦苇荡，想要走进去，被风拂过的芦苇轻轻擦到脸颊，从湿泥冒出的软草伸进裤管，有种力量在牵引着他向前走。

为了不让自己心猿意马，吉墨云找话来说："你是武汉人吗?"

"是。"海疏雨没抬头，"可越是家门口的风景越是没时间看，或者说没顾上特别留意。这叫什么？越是唾手可得，越是不珍惜，偏要去他乡寻找诗和远方。"她说着自己咯咯地笑起来，脸上的梨涡很是可爱。

吉墨云认真点头："我几乎也不去三亚，离我的家乡很近，可那里似乎成了游客的天堂，不是我的伊甸园。"

"对嘛。"海疏雨把手机拿给他看，"我圈了几个景点，你看看有没有感兴趣的。"

吉墨云凑近了看。

海疏雨嘴上没停："如果喜欢自然风光，就去东湖落雁岛走走，不知道现在的玫瑰园还有没有花。对了，你吃小龙虾吗?"

"小龙虾?"

"对，浑身红彤彤的小龙虾。有没有听过一句话？没有一只鸭能活着走出南京，更没有一只小龙虾能活着走出武汉。"说完她自己又咯咯地笑起来，"一般来说，每年的五月就开始吃第一波小龙虾了，在你回海南之前我一定要让你吃到麻辣小龙虾。嗯，我们还可以去八分山。"

"八分山?"吉墨云觉得这名字起得挺奇怪的。

"在江夏区纸坊街道那边，此山有水，分流如八字。'武昌有山无林，政可图始，不可居终，山分八字，数不及九'，就是这个八分山。我也没去过，不过听我同学说过，八分山上有一个天然石灰岩溶洞，叫白云洞，洞里有个石窟是武汉现存唯一的石窟寺。吉老师，我觉得跟你的气质很配。”

吉墨云摸摸下巴，难道他很像道士？

“我们可以上观景台看日落，全景视角俯瞰大武汉。”说完海疏雨还特意看了看吉墨云的脚，见他穿了一双黑色平底运动鞋，放下心来，“挺好，适合爬山。”

吉墨云不太在意这几天可以在武汉玩些什么、吃些什么、去几个景点，他比较在意这几天的时间都跟海疏雨在一起。海疏雨在手机上翻来找去地刷攻略看旅游帖子，吉墨云就在一旁喝着大麦茶静静地看她。看她孩子气的表情，时而开心一笑露出酒窝，时而皱巴着眉头说这个不行。吉墨云觉得她瘦了，圆润的鹅蛋脸都瘦削了，下巴也尖了，神色疲惫。

“你订好酒店了吗？”她忽然抬起头问他。

“还没，你有什么建议？”他想住得离她近一点。

“嗯，我觉得你可以住在武汉广场附近……”说着她开始刷手机找酒店，“你要准备好哦，武汉最出名的可不仅仅是九省通衢和武昌起义，还有武汉的早餐。我跟你说，你一定要体验在武汉过早的精髓。”

“过早？”

“就是吃早餐。”海疏雨买完单拉着吉墨云压马路，“怎么办，我想让你全都尝一遍，不过估计你会把肚皮撑破。”她走在柏油路上掰着指头如数家珍，“光华路的袁大头包子、玫瑰街的罗氏热干面、高雄路的王师傅豆皮、中华路的三胖腰子粉、兰陵路的蒋婆抄手、双洞正街的德润福严氏烧麦、汉江三路的涂记油酥饼、前进五路的李氏酥饺、户部巷的徐嫂糊汤粉……”

吉墨云听得好笑：“选几样就可以了。”

“可是很难选。”海疏雨懊丧了几秒钟，马上又神气活现，

“那好吧，我们抓阄决定。”

第二天一早，他们在酒店门口碰头，决定去严老幺店里吃三鲜豆皮。

海疏雨走在前面带路：“吃豆皮一定要趁热吃，因为这东西可傲娇了，煮熟的豆皮放个几分钟它里面包裹的糯米馅儿就会变硬，就冇得那个软糯的口感了。”她像只小雀一样叽叽喳喳说不停。

吉墨云默默地想，海疏雨今天明显是打扮了一下，只是她身上这套针织衫和长裙空荡荡的，确实是瘦了，做医生真是辛苦。她的长发没有像昨天那样束起马尾来，松松软软地搭在肩上，一个明黄色的斜挎包被甩在身侧，脸上施了薄粉，嘴唇擦了唇膏，让她看上去年纪显小，像个大学生。

“吉老师，你快点儿。”海疏雨催他。

好吃的豆皮店门前总是排着长龙，空气里飘着笋干、肉丁的香气，等他们排到前面，海疏雨搓着手用武汉话喊：“老板儿，要两份儿。”

一口大铁锅在豆皮师傅手里腾转挪移，那口锅仿佛是个会旋转的芭蕾舞演员。油滚烫后，金黄的豆皮在锅底摊开，沁人的香气扑面而来。豆皮师傅迅速在豆皮里铺满糯米、笋丁、肉丁、香菇、豆干，再扬手颠勺浇上赋予豆皮灵魂的卤汁，让汁水的滋味完完全全融到糯米中去。豆皮煎到金黄起焦，师傅抡锅，豆皮回转成型。

海疏雨拎着两袋豆皮出来，喊道：“吉老师，快吃，趁热吃。”吉墨云却递上一张纸巾，指了下她的嘴唇：“唇膏，吃进肚子去不好。你吃完再补妆。”海疏雨红着脸把两袋豆皮全塞给他。

两人在步行道上走着，吉墨云咬了一口焦香的豆皮，令人回味无穷的内馅儿鲜香四溢，软糯的口感让味蕾顷刻间得到满足。

“怎么样?”海疏雨眨着大眼睛满脸期待地盯着他。

“好吃。”

“我就说嘛，我们大武汉几乎可以当中国的早餐之都。”海疏雨说完后洋洋得意打了个响指，“走，我带你去吃武汉小吃的灵魂——热干面。”一辆黄色出租车停到路边，海疏雨拉着吉墨云钻进车厢，对司机师傅用武汉话喊：“师傅，去粮道街一百三十九号。”

师傅秒懂：“天天红油赵师傅。”

“师傅真懂。”海疏雨夸他。

“那是嘞，赵师傅只此一家别无分店。”司机的武汉话纯熟地道，像京韵大鼓似的有韵味，吉墨云听得一愣一愣的。

路上海疏雨问吉墨云：“吉老师，你吃芝麻酱吗?”

“吃。”

“那就好。”

“怎么了?”

“没什么，芝麻酱跟香菜有得一拼，爱吃的人特别爱吃，不爱吃的人一点都碰不得，我就特别爱芝麻的香味。记得我小时候，外婆家窗户外面紧邻一条街，每天早上都有人来赶早集，卖瓜果蔬菜的、卖鸡鸭等活禽的，特别热闹。那些赶早集的人里面就有一个卖现榨芝麻油的，我特别喜欢闻，只要他家一开始榨油，整条街都是香的。”

吉墨云看着海疏雨眉飞色舞的样子，仿佛自己也闻到了芝麻的香味。

“唉，可惜海羽书不喜欢，我们大概是最不相像的双胞胎了。除了外貌长得像，其他一切都不像。我喜欢的东西她都恰好不喜欢，包括吃的。我父母总是说，我比海羽书懂事，这个懂事仅限于我是按照父母期望的样子生活、工作。但其实他们不知道，在我眼里，海羽书活得自由、洒脱、果敢，一直是我羡慕的样子。”

到达目的地，两人下了车。

吉墨云说：“每个人选择的路都不相同，但是我相信，你创造的人生价值也一定是她羡慕的。”听他这样说，海疏雨觉得意料之外又在情理之中。他问：“你妹妹还在加拉帕戈斯群岛吗？”

“不，她在加拉帕戈斯群岛的旅行结束了，现在格鲁吉亚的首都第比利斯。对了，你知道第比利斯吗？”

“知道。中学课本里有一篇茅盾的《第比利斯的地下印刷所》。”

“吉老师记性真好，就是那个地方。海羽书跟爸妈说她暂时不回来了，要沉浸式体验高加索风情。”

“你妹妹很有个性。”

“是这样的，她一直都是个说走就走、说什么就会马上去实践的人，特别酷。”

“看得出来，你很喜欢你妹妹。”

“那当然，她是我的骄傲。”

“你喜欢优秀的人。”

“对。”海疏雨忽然向前跳了一步，像个顽童在地上跳方格一样蹦过去又回头来对他笑，“吉老师，你也很优秀。”

阳光从海疏雨背后投射过来，那些毛茸茸的头发丝在风里飞舞，被金色的光浸润着，仿佛吹拂在吉墨云的心上。海疏雨调皮的样子，笑嘻嘻的弯月一样的眉眼，让吉墨云感到喜悦和舒心，他忽然就明白了散文家林清玄的那句话“每个人心中有一片月，它是独一无二、光明湛然”。

暗恋中的人最幸福的事，就是发现那人也倾心于自己。当吉墨云发现海疏雨心里也有他时，哪怕一丁点儿蛛丝马迹都能让他感觉幸福离自己那么近。

时间给予的不多不少，有人即将别离才
幡然醒悟懊悔，有人却刚刚开始品尝甜蜜。

第十二章／成　全

才刚过晌午，天忽然就黑了下来。

山那边传来轰隆隆的闷雷声，不一会儿，狂风卷着地上的枯叶到处乱飞。屋里暗得厉害，空气里带着海水的湿咸味儿。阿清的奶奶着急地在屋里和院子两处跑，忙着收她晾晒的木薯干和腌酸菜。

雨水忽大忽小地落下来，地面很快湿了一片。

老一辈人总有种吃惯了苦的执拗和麻木，阿清的奶奶摔在地上的时候嘴里还在念叨："我的木薯干，我的腌酸菜……"仿佛那不值几个钱的木薯干和腌酸菜是无价之宝，完全胜过她摔疼的腰椎骨。

阿清和穆勒赶到县城医院的时候，阿清的奶奶已经被邻居们安置到了一架轮椅上。阿清心里发慌：奶奶瘸了吗？腿跌断了吗？

邻居魏三公捺着性子跟阿清解释："等下要去做CT检查，你奶奶腿痛走不了路，医院租给我们一架轮椅，方便点儿。”阿清刚要道谢，就见魏三公的手里多了几张白花花的单子，“阿清啊，这是刚才缴费的单据，有急诊挂号、验血检查、CT拍片子的费用，还有这架轮椅的押金，你看看。”

阿清愣了愣，乡里医疗水平有限，邻居们能第一时间把奶奶送到县城医院来，他应该感激，人家还没问他要车费，已经是很关照了。阿清翻了翻牛仔裤口袋，凑不出个整数。旁边的穆勒见状也赶紧翻衣服口袋。

穆勒是个长相清丽、个头娇小的苗族女孩。她把口袋倒了倒，那些新旧不一的零碎票子统共只有二十一块六毛。

“我只有这么多。”穆勒眼中同样是焦急。

远远不够。

阿清一咬牙，给魏三公深鞠一躬：“三公，我先欠着，等我阿爸打钱回来，我马上给您，好吗？”

魏三公当着其他邻居的面，也不好意思对个后生强行要钱，摆摆手说：“先给你奶奶看病吧。”

CT室外面，阿清和穆勒陪在奶奶身边，等待着叫号。阿清让邻居们先回去了，魏三公回去之前担心还会增加别的医疗费用，又给阿清留了二百块钱。穆勒从裤兜里掏出一张折成豆腐块状的化学试卷，摊开来准备刷题。

阿清吃惊地张着嘴巴：“你走到哪儿都带着卷子吗？”

“习惯了。”穆勒头顶翘起的头发晃了晃，“吉老师教过我们，要利用好每一个碎片时间学习。反正现在等也是要花时间的，不如做些题。”

CT室外有几排靠椅，没桌子。穆勒让阿清背过身去，把卷子铺在阿清背后。

“你拿我当活动桌板了？”阿清哭笑不得。

“委屈你一下。”穆勒调皮地眨眨眼睛。

阿清的奶奶歪着头，在轮椅上昏昏欲睡。也许瞌睡会传染，阿清也忍不住打了个哈欠。国庆假期他破天荒地把作业提前完成了，原以为吉老师可以带他打游戏上分，谁知吉老师去了外地。百无聊赖的阿清刚把哈欠收住，就看见一个熟悉的身影从拐角处走过来。

“诺丽？”阿清的身子一绷，他背后的穆勒写歪了一个公式符号。

穆勒也探出头来看。

诺丽穿着浅蓝色的护士服，像只轻盈的蝴蝶。她是穆勒同村的邻居阿姐，比穆勒和阿清年长几岁，从省医学院毕业后回到琼中，在县城医院呼吸外科工作。诺丽的眉心有一颗米粒大小的美人痣，一双大眼睛里总是泛着盈盈水波，让她看起来多情又温柔。阿清第一次看见诺丽是在三月三赛歌会上，什运乡几个村寨的人都聚在一起对歌。诺丽穿着短筒裙，头顶绣花方帕，笑盈盈地跟同村姐妹们一起跳竹竿舞。阿清见到诺丽的第一眼就挪不开视线，他喜欢诺丽，却是深藏的少年心事，唯恐被人知晓了去。

“诺丽姐。”穆勒大大方方地打招呼。

诺丽点头微笑，看了看阿清的奶奶，又叮嘱他们一些事情，然后推着药品车走了。

阿清的视线一直停留在诺丽身上。他觉得诺丽穿护士服真好看，诺丽走路的样子好看，诺丽的背影也好看。诺丽身上还有那种学医的人特有的气质，眼神里透着慈悲的怜悯，这显得戴着护士帽的她神圣又端庄。

人已经走远了，穆勒拿胳膊肘撞了撞阿清：“你很喜欢诺丽姐吧？”

“瞎说什么？”阿清像一只被踩了尾巴的猫猛地跳起来，耳根都红了。

“都瞧不见了，还舍不得收回视线，那不是喜欢是什么？”穆勒轻叹一声，“口是心非。”

阿清感到几分沮丧，垂着头。

“你怎么了？”穆勒压低声音。

少年有些颓然地说：“诺丽姐那么好，谁能配得上她。”

穆勒像个小大人一样拍拍少年不算宽阔的肩膀：“阿清，我问你，你知道我们为什么要上学吗？”

“为了不当文盲。”

穆勒吃惊：“原来你的目标仅仅是不当文盲？”

阿清茫然：“不然是什么？”

穆勒说：“我上学可不仅是为了不做文盲，我要读书，要读好书，读好多好多书，要考大学，去看山外面的世界，去见识更多更好的人。”

阿清蹙眉：“女孩子读那么多书干什么，反正早晚都要嫁人的。”

穆勒鼻子都要气歪了：“你怎么瞧不起人呢？”

“我没有瞧不起的意思，我只是……黎寨里的女孩子很少有上大学的，大多数初中毕业就嫁人了……”

“那如果你的诺丽姐也是初中毕业就嫁人了，你还那么喜欢她吗？”

阿清语塞：“我……你怎么又说她……”

“我也只是打个比方。阿清，黎寨里的孩子走出大山很不容易，要付出比大山外学生更大的代价，尤其是女孩子。诺丽姐就是我的榜样，我会像她一样，读好书，再回来建设咱们家乡。”

阿清忍不住笑起来：“有几个能真正像诺丽姐一样，学成了再回来？我们寨子里的年轻人都去外省打工了，农忙的时候地里都没见几个人。”

“你还是不信，”穆勒腮帮子气鼓鼓的，“一个人的力量是小，但是汇聚起来就能干大事。”

“都是谁给你说的这些……”

“吉老师说过，水滴石穿，一个人想要做什么，只要有毅力，没有干不成的。既然我能干得成，那跟我有相似想法的人，也可能会学成后回报家乡。几年之内可能看不到大成效，但是经过十年、几十年，积少成多，总会看到改变的。阿清，难道你不希望看到咱们的家乡越变越好吗？等黎寨富裕了，我们的阿爸阿妈再也不用出去打工，在家门口就能挣到钱，也能让村子里的老老少少都生活得更好，你不希望看到这样吗？”

“我当然希望……”阿清的眼睛亮晶晶的，他当然知道那意味着什么，他每天最渴望的就是父母能陪伴在身边。

阿清看着穆勒骄傲昂起的下巴，有点不认识她了，但阿清执拗地不想那么快认输：“那……要出去，也不一定非要读书，只要挣了钱，哪里都能去。”

“挣钱是保障物质生活的途径，但不是全部。你再想想，你为什么要读书？”穆勒双臂抱于胸前，目光炯炯注视着他。

阿清皱着眉问自己：是啊，读书那么累，为什么要读书？

穆勒等不到他回答，自问自答道：“阿清，你有没有想过，今天好好念书，是为了成全将来的自己。当你变得足够优秀，当你遇到喜欢的人，你才能挺直腰板，不在她面前自卑，不看轻自己。珍惜每一个变得优秀的机会，也是向你喜欢的人迈近的机会。只有你足够优秀，你喜欢的人才可能把目光投过来看到你，那时你不用自卑，因为你配得上对方。”

阿清怔怔地望着穆勒：“你这都跟谁学的？”

“吉老师啊。”穆勒展开那张未写完的卷子，笔尖又落在阿清背上，传出沙沙的声音……

吉墨云和海疏雨吃完热干面后，一人拿着酥饺，一人拿着面窝，并肩走在汉江路晒太阳。十月的风暖洋洋的，没有海风的凛冽，让武汉平添了一种岁月平和的柔软。

海疏雨吃着自己的面窝，眼睛时不时瞟过来，望向吉墨云手里的酥饺。油炸金黄的外皮，酥皮的香味儿总是最勾人。海疏雨调皮劲儿上来，问他：“吉老师，你的酥饺好吃吗？”

吉墨云把手中袋子递过去：“你尝尝。”

海疏雨也不客气，露出小虎牙一笑，咬下一大口。

武汉的酥饺占了饺子的名却不是真正的饺，因为没有内馅儿。这种用糯米粉和成团油炸，看模样像个胖乎乎的炸油条，出锅后的酥饺裹上白糖粉，咬一口还会拉丝，就是个甜蜜蜜的食物。海疏雨吃着热乎乎的酥饺，嘴里哈着热气说：“嗯，好吃。下次你要试试桂花味儿的裹粉，你看到老板放在炸锅旁边那个比脑袋还大的青花大海碗了吗？那个里面就是桂花、芝麻和黄豆粉。下次你要让老板蘸那个粉，那个香些，比这个白糖粉还要好吃。”

她说得快了，又拐到武汉方言上去，说完眨眨眼：“我讲话快，你会不会听不懂？”

吉墨云摇头：“不会，我觉得你回到武汉更有活力些。”

“哎，又爱又恨，我爱武汉的食物，也恨武汉的酷暑，高温伏旱骄阳似火，武汉、重庆和南京并称‘三大火炉’，不是吹出来的，以后夏天你来武汉就晓得了。”

“比海南岛的夏天还要热?”

“那冇得可比性。”海疏雨撇嘴，“你们有海风，四面八方流动的海风，就算太阳底下晒出油，找个树荫一钻，马上能凉爽。武汉可没有那么舒服，这里一热起来就像蒸笼，蒸笼你晓得吧?人就像窝在蒸笼里，浑身都像个冒蒸气的包子。”

吉墨云被她这个比方逗笑了：“看来真不是个好地方。”

海疏雨马上摇头：“我说的是热，不是说武汉不好。武汉很亲民，别的不说，就看这么多民间小吃，都能让你连吃一个月不带重样的。再说了，一碗鲜鱼糊四元、蛋酒三元、豆皮五元，你还在哪个大城市里见过这么感人的物价？武汉人活得很惬意，你现在看看周围，是不是大家都拎着纸杯拿着小吃边走边吃?”

吉墨云回头看了眼，果然是，周围人各吃各的，谁也不打搅谁。

海疏雨抬手一指：“喏，蛋酒、鸡冠饺、德华楼的三鲜年糕、骏骏家的牛肉粉、苕面窝、烧麦、小龙虾，只要是爱吃的人，没有不爱武汉的，离开武汉上哪儿去找这么多亲民又接地气的食物，还能边走边吃，吃得开心，神仙都管不着你。”

她说着活泼俏皮的武汉话，吉墨云频频点头。

两人来到长江大桥，坐轮渡，站在甲板上望江口。吉墨云看着熙熙攘攘的人群，热闹中还有一群戴着小红帽的老年人旅行团，一个竖着小红旗的领队用小喇叭对他的队员说：“湖北是楚国的龙兴之地，简称鄂。四千多年前，西伯昌、九侯和鄂侯并称三公，是朝廷重臣。湖北境内西北边是武当山脉、大巴山东段，中北部有南阳盆地和大洪山，东北边有桐柏—大别山脉，东南面又是幕阜山脉，中部是江汉平原。长江和汉江在江汉平原交汇，因为河流冲积，低洼处就有了密集的湖泊，河网交织形成水路。西可进巴楚，南可抵潇湘，东可下江南，北可入秦晋。所以湖北被称作‘千湖之省’，在古时候，就被称为‘云梦泽’。据说那时，它是比贝加尔湖还要大的湖沼。但是到了先秦之后，因为人为的筑坝耕田，还有大自然的泥沙淤积作用，面积萎缩；到宋朝时，云梦泽就消失了。现在的汉江平原有很多星罗棋布的湖泊，其实是云梦泽的遗珠……”

只见那领队说得很随性，吉墨云却是听得十分认真。

海疏雨忍不住偷笑，觉得他实在是个很有进取心的人，总是孜孜不倦，充满求知欲。于是打趣他：“吉老师，凑近些，听得清楚。”

甲板上风大，海疏雨挨得近，说话时有热气哈在他耳朵周围。吉墨云的耳根不自觉就红了，竟还欲盖弥彰地去揉耳朵。

海疏雨扑哧一笑，把他往老年人旅行团那边推。

两人下了船就四处逛，海疏雨调整路线，觉得适合吉老师的去处一定得是有文化内涵的地方，于是把网红景点纷纷删去。

她不知道的是，吉墨云并不在意去哪里，他在意的是跟谁去。现在他与身边人沐着阳光走在一起，真切感受到海子那首诗中“你来人间一趟，你要看看太阳，和你的心上人，一起走在街上”那种平凡的快乐。

阿清陪着奶奶回到村寨，CT片子显示奶奶的腰椎骨、腿骨都有不同程度的细小裂痕，得慢慢休养。即便养好了奶奶也依然感到痛苦，因为骨质增生和关节炎，奶奶常在夜里疼醒，哼哧的声音像只被骗了的猫的呻吟声。

阿清听得到动静，却不敢起身，甚至连翻身也不敢。过去他从没这样谨小慎微过，也从没这么害怕过，他甚至都没勇气去问奶奶一声“疼得厉害吗?”因为他什么也做不了，他帮不了奶奶，他怕奶奶会死。

后半夜，奶奶终于睡了。

阿清被尿憋醒，却不敢出去解决。他怕推动门板的声音再次把奶奶吵醒，奶奶好不容易才睡着了，她能睡着多不容易啊。阿清闭着眼睛默默憋着，直到困意来袭再次睡着。

天蒙蒙亮时，村子里传来鸡叫声。阿清的肚子鼓胀得厉害，一股即将冲破一切阻力的冲动逼得他跳起来往外跑。走到那扇沉重的木门前，他用力向上搬着门板慢慢打开。

阿清撒了尿后回到院子里，觉得周围很清净。他很久没这么早起过了，现在看着远处的山，云雾缭绕，像一幅变来变去的画。他吸了吸鼻子，闻到羊粪和湿泥的气味儿，还有青草、露水的气味儿，听到清脆的鸟叫声，所有的感官好像第一次活过来一样，竟让他感到新鲜和满足。阿清默默问自己：我这是怎么了？以前我可从没觉得这些有什么，我甚至都不觉得山里有半点儿好的东西。现在我为什么会莫名其妙地感动?

他想起穆勒曾经说过：“阿清不像这里人。”

“黎族是什么样的?”

“黎族人恋家，守家，持信，重诺。”

这是黎寨人的祖辈留给后人的印象。但自从父母丢下他和奶奶到邻省打工去之后，他便不再这样想了。

阿清巴不得想抬脚就走，一辈子也不要回这个破家。山里的日子一眼望到头，日复一日无聊地重复，烦都烦死了。可现在，他竟感到了不舍……

阿清回头看了眼奶奶那间卧室的小窗，房间里黑漆漆的，安安静静。那里睡着一个行将就木的老人，脆弱得好像山头那朵变幻着的稀薄的云，仿佛随时会在晨雾淡去时消失掉。

阿清感到一种由心底生出的恐惧。

过去他觉着，只要自己痛快就够了，可现在看来，明显是没法只顾自己痛快的。奶奶行动不方便了，他要让着她。吵架也要悠着点儿，不然就成了他欺负人。时间怎么过得这么快？怎么他记得前些年奶奶比他高出一点呢，现在奶奶却连他肩膀也够不着了，她的背驼得厉害，整个人像把镰刀一样越来越弯。过去他埋怨过，愤懑过，觉得奶奶是他的累赘，他本来可以做一只鹰隼，爱往哪儿飞就往哪儿飞，可奶奶就像一把枷锁，把他牢牢困在土地上。现在……奶奶现在的身体，恐怕经不住他气了吧！上周他还梗着脖子跟奶奶顶嘴，吹胡瞪眼地摔了一个洗脸盆，磕掉的搪瓷渣落在黑黢黢的地面上格外扎眼……阿清无奈地想着，他竟对自己过去的恶言恶语生出深深的愧疚感来。

他现在能做什么呢？只剩念书了吧！

阿清耳边又响起了穆勒的话："当有一天你长出自己的翅膀，就再也不用仰望别人飞翔。"

奶奶起床的时候够到拐杖并往外走，没进院子就看到厨房里面有浓浓的烟灰朝外扑。她吓了一跳，颤巍巍地急赶过去，拄拐的手都在抖。

阿清听见动静转过头来。

奶奶愣住："阿清，你烧房子呢？"

阿清抹了一把脸，他脸上还有被烟熏过的炭灰，一双眼睛亮得出奇。

灶肚里的柴火在噼啪地烧着，大锅里溢出米粥的香气。

“你在做饭?”奶奶不敢置信。

阿清既羞愧又难为情地别扭着:“我不大会，往灶肚里塞的柴太多了，就这样了……”

奶奶往灶台边挪，阿清过来扶她。奶奶掀开大锅的盖子，里面煮着红薯粥，米汤上面熬出了一层薄薄的油脂来，正在咕噜咕噜地冒泡泡。阿清说:“奶奶你去屋里坐着，别往这儿来，别碰着摔了。”

奶奶的眼眶忽然就湿了，她抓着阿清的手，阿清倒抽口气。奶奶这才发现，阿清的手背上多出个大水泡。奶奶不由分说地拉他回屋去，找来一个不知是哪年中秋节留下的月饼盒子，她掀开变了形的盒盖在里面翻找烫伤药，关心地问:“你刚刚烫着的时候用冷水冲了吗?”

“没有。”阿清老老实实地把手平放在桌上。

“没经验，以后记着，急火燎到皮最容易起泡，要赶紧泡冷水，药也要赶紧上，最开始的时候没处理就要起大泡了，那可是要受罪的，疼。”奶奶给他涂上凉凉的青草药膏，像个小孩儿一样嘟起嘴往阿清的手背上吹。阿清看到奶奶头顶花白的头发正对着自己，心想，奶奶什么时候变得这么老了?一根黑头发都没有了，自己之前怎么没发现呢?

奶奶也察觉出了阿清的变化。

以往她要站在家门口目送他出门，阿清从来都不回头，他去玩他的，只管他的逍遥自在。现在，阿清再出门时，总会回头叮嘱一句:“奶奶你别自己瞎走，走不了就回床上躺着，饭等我回来做，我去集市上买好吃的，你想吃什么我给你带。”

这个时候，奶奶的眼睛湿润着，她站在风里，裤管和上衣下摆被风鼓吹得像个大气球，她更瘦了。

阿清也能感觉到奶奶与从前的不同，她的背更加快速地驼了下去，肩胛处能卧两个生鸡蛋，脸色也愈加枯黑，像紫檀树上落下的老叶，衰老前的种种神采再也没有在她的脸上出现过。

一个人怎么能老去得这样快呢？

海疏雨带着吉墨云走路到东湖南路凌波门，两人走上窄窄的栈道，跟钓鱼的老翁取经，看着一尾白肚皮的武昌鱼摇摇晃晃入瓮。他们横穿校园，在不是樱花季的武大散步，走得累了就随意歇歇。饿了再去美食街祭五脏庙，吃饱后，再走去归元禅寺，听听讲经人对佛法的解读。

晚上，他们去江滩公园，绵延几公里的芦苇上还有一些没有凋谢的芦花，他们不是来感受浪漫的，倒是很喜欢这种独属于武汉的市井江湖。

海疏雨跟吉墨云打趣："在江滩，只有你想不到的，没有你看不到的。"

广场舞、交谊舞、舞龙、露天电影，篮球场、游泳池，坐在江滩上吹着晚风休闲的人比比皆是。按照海疏雨的话来说，这里是"最武汉"的地方，一个武汉本地人一定是在这样的氛围里熏陶长大的。她甚至鼓励吉墨云加入老阿姨们的广场舞队伍，吉墨云哭笑不得，不是看不起汉江阿姨，是怕自己跟不上节奏掉链子。看到舞龙的时候，吉墨云很是吃惊，他问海疏雨："我可以试试吗？"海疏雨大方道："干吗不行，想去就去。"她把小包往身后一甩，屁颠颠地跑去跟舞龙队伍里的阿姨搭讪，成功把吉墨云吸纳进队，让他过了一把舞龙的瘾。

晚上九点以后，广场渐渐冷清下来。海疏雨和吉墨云向舞龙队里的阿姨们告别，两个人沿着江边散步。

海疏雨问他："现在感觉武汉怎么样？"

"挺好。"

"这话，听着有些敷衍。"

"真心话。"

"我没让你言过其实地夸，我就想听听你的客观评价。"

"吃了那么多物美价廉的东西，见了那么多热情的好人，还看到那么多的风景，这趟挺值的。"

"还有呢？"海疏雨看着他，眼睛亮亮的。

吉墨云竟感觉到一种小姑娘似的羞涩，他清清喉咙："还有你。"

海疏雨不急着挪开视线，还是看着他，紧盯着他的眼睛瞧，倒是吉墨云局促起来，眼睛往江面上瞟。天上挂着一轮又大又圆的月亮，淡金色的，照得江水波光粼粼。

"其实你就是想来看我的吧？"在直言不讳方面，她到底是个火辣辣的江城姑娘，秉性跟这里的风土人情一样，敢说敢做，坦坦荡荡。

吉墨云倒像是个被逼到无路可退的俘虏，"嗯，"他说，"就是来看你的。"

"我离开海南的时候，你是不是还有话要对我说，没来得及？"

"是有。"吉墨云用拇指指腹摩挲虎口，觉得自己的心脏能从手心里蹦出来。他竟然在紧张，给那么多学生上课他也没紧张过，在面对她时，他控制不住剧烈的心跳。

海疏雨比他大气，看他的反应就知道他心里在擂大鼓，她善解人意地帮他铺垫："你是舍不得我走吗？"

吉墨云脑袋里嗡嗡作响，人一紧张容易忘了前言后语，脑子会出现一瞬间的卡壳，仿佛张嘴找不到要说的话。按武汉话讲，像个“勺”（傻瓜）一样。

海疏雨扑哧一笑：“那就说说，你怎么想到来看我的，为什么来了？”

吉墨云镇定了一下：“有次跟你聊天，你说你妈妈单位的同事要给你介绍相亲对象，人长得挺帅气，还是名校毕业的，跟你一样学医。”

“哦。”海疏雨点点头，“有这个事儿。”

“你去了吗？”他一颗心又提起来。

“去哪儿？”

“相亲。”

海疏雨抿着嘴笑：“去了，介绍人跟我妈妈认识二十年了，我也得喊一声阿姨，不能不给长辈面子。”

吉墨云的表情怔住，此刻的他像个等待仲裁判决的人，心中充满忐忑：“你……相亲成功了吗？”

海疏雨背着手原地摇晃，她故意干咳一声。

她这么一咳，吉墨云更像受了刺激，头皮都麻了一遍。

海疏雨心想：你是真傻假傻？我要是相亲成功了，还有时间天天陪你逛大街吃小吃听佛经看古迹吗？她抿了抿唇，认真说：“没成。”

“为什么？”

“唉，”海疏雨一本正经地胡说八道，“缺点儿一拍即合的默契。”说完她又拿眼角余光去扫吉墨云的表情，发现他正在把一口气往下放，就像悬着的心终于落到肚里去。她问：“吉老师，你近视吗？”

“我不近视。”

“那你怎么看不出来?”

“看出来什么?”

“我要是喜欢上别人，你怎么办啊?”

怦——怦——怦——

心脏擂大鼓的声音巨响，一声一声叫人目眩。

吉墨云感觉到幸福与喜悦将自己渗透——她喜欢我。这个认知让他陡然战栗，随之被巨大的狂喜包裹。

晚风吹得人很舒服，芦苇伴着哗哗的江水声摇曳，让人的心也跟着一起一伏。

他半天没说话。

海疏雨倏地一下转过身去，面朝着江水，从脸颊烧红到耳根，脑子里像是烧短路的感觉，噼里啪啦地放着光芒四射的炮仗。

吉墨云伸手把她转过来，面对着自己。

海疏雨红着脸，垂着睫毛不看他。

“怎么了?”他明知故问。

海疏雨睫毛跳了跳：“怕你觉得我不矜持。”

“我们是不是一拍即合了?”

“不知道。”她这会儿羞赧得厉害，恨不得找个地洞钻下去。

“不知道?”

“人家也是大姑娘上轿头一回。”姑娘自负又傲娇地扬起下巴歪着头，狡黠的瞳仁里盛着明亮的月光。

吉墨云眼里全是笑意，他抬手碰到她的掌心，那里全是濡湿的汗，被江风吹得凉凉的。他去握她的手，十指紧扣在一起。地上两个斜长的影子牵成了一幕皮影戏，顺着江滩路长长的漫步道，朝着一轮明晃晃的月亮走去……

“家庭和恋爱从来都是两回事，现在享受多少风花雪月，以后就有多少鸡毛蒜皮等着你。”未雨绸缪的父母真的是好父母吗？

第十三章 / 不合适

虞音正在家里研究课题，抬眼看了一下墙上的挂钟，继续等待女儿回来。时针指向十一时，楼梯上终于传来了海疏雨的脚步声，她还哼着小曲，显而易见心情很好。

虞音开门见山：“你那个海南来的朋友什么时候回去啊？”

海疏雨在门口鞋柜前边换鞋边叹口气：“妈妈，能不提醒我吗？我刚才还很高兴的，现在你让我有些难过了。”

虞音自然知道女儿指的难过是什么，她是一名妇产科医生，冷静在她的人生阅历中占很大的比重。虞音说：“我就是看你这几天太得意忘形了，给你提个醒。他总是要走的，你别被影响得太深。”

海疏雨去泡了一杯枸杞八宝茶，回来递给母亲，搂着虞音的脖子撒娇：“妈妈，我想跟您说件事。”

“什么事？”虞音把茶杯放下，料想她说出的话不会是自己想听到的。

“我……”海疏雨摸摸发烫的耳垂，压下心中乱蹦的小鹿，“我有喜欢的人了。”

虞音说不出自己是什么心情，仿佛从女儿这几天明显愉悦的心情里已经预感到了这么个答案。现在再听到她明明白白地说出口，虞音怅然失落。她从鼻腔里长长叹口气，去拉女儿的手：“团团，妈妈知道你长大了，本来你喜欢谁，想要什么样的家庭，都应该是你自己的决定，妈妈只能建议，却不能干预。可妈妈还是要问一问，你跟那个人接触的时间不长，认识的时间也不久，熟悉的程度更不深，你真的确定你喜欢的是这个人吗？”

“妈妈，您等我一下。”海疏雨从房间里拿出那条吉墨云手织的围巾递给她看。

虞音不明所以：“围巾？你给我看这个做什么？我在跟你好好说话，别想贿赂我。”

“这个不是给您的。”海疏雨喜滋滋地围在自己脖子上，“妈妈，这是吉老师亲手做的，从树皮到麻纤维，再到手捻麻线，用脚踏织机一点一点织出来的。颜色也很好看，是他自己染的。深蓝色是槐蓝，浅蓝色是毛木蓝，绿色是角木，黄色是黄姜的根，紫红色是短刺牛锥的树皮，红色是茜草，这些东西我以前都不知道，我现在知道了，原来这些草木的树叶和树根都可以染色。”

“你到底想说什么？”

“妈妈，我想跟您说，一个人有没有用心对待我，我感觉得到。或许您和阿姨们给我介绍的那些条件很好的人，是很适合做女婿，说出去也足够撑门面。我也知道，你们会说，物质基础可以稳定家庭生活，但是妈妈，那不是全部。一个人只有真心愿意花时间花心思让我开心，才是真的喜欢。吉老师是用真诚打动我的，这很难得。何况他还是个非常好、非常优秀的人。您知道我的，我除了在工作中谨慎些，生活中我就是个粗枝大叶的人，但他很细心，从一张纸巾一瓶水，到生活里方方面面的细枝末节，他都在关心我。”

虞音看到女儿一副小儿女的娇羞模样，心里已经明白这是女大不由娘了。她心里紧一分缩一分地惆怅：“团团，妈妈也是从你这个年纪过来的人。妈妈明白你，喜欢一个人的时候，看他怎样都是好的。可日子长着呢，谁能保证他会一辈子对你好？”

“妈妈，时间没到，现在保证什么都像是空话。可是我确定，吉老师是那个一旦错过，我会抱憾终身的人，我就不能让他从我身边溜走。妈妈，您懂我的心情吗？”

“我懂。可你不懂我。傻孩子，婚姻最需要的是稳定。做父母的一心只想让子女幸福安稳，这份担忧恐怕只有我闭眼的那天才能暂时搁下。”

“呸呸，妈妈您说什么晦气话呢，赶紧啐一口。”

“学医的人不避讳生死。”

“您还说？”

“好，好，不说，不说。”

“您和爸爸都会长命百岁的。”海疏雨抱着母亲的脖子撒娇。

虞音看着如花似玉的女儿，心中的惆怅说不清道不明，多想找个合适的人接替自己来陪伴照顾女儿，却始终带着戒备放不下心。

海疏雨娇嗔：“妈妈，我长大了。”

虞音把她的手臂从脖子上扯下来，按着她坐好：“好了，不说那个。我就说说我的担心，团团，他家在海南，你住在武汉，你知道这意味着什么吗？”

“我知道。”

“唉！”虞音叹气，“人们谈恋爱的时候，只想看到幸福快乐的一面，就像孔雀开屏，在意的往往是正面鲜艳的羽毛，谁会特意去看孔雀背后的丑屁股。但那份丑，才是真实的啊。动物尚且如此，何况是人。只有爸妈这样的过来人，才总是未雨绸缪。你说他好，说他优秀，妈妈都相信，团团的眼光不会差。可妈妈依然担心。你的成长环境、工作基础、人际圈子，都在武汉。那么他呢，他的都在海南。你有没有问过他，是不是愿意来武汉工作生活？毕竟两地相隔那么远，如果说谈恋爱可以借助交通工具你来我往，那一旦进入谈婚论嫁阶段呢？要考虑到家庭，以后还要考虑生孩子，孩子择校入学在哪边受教育。”

“妈……”海疏雨这会儿血气上涌，完全涨红脸，“您想得也太远了。”

“我必须想得远啊，我是当妈的，我不能看着我女儿以后再为这些问题措手不及。两个人组建家庭后磕磕绊绊的事儿太多了，你现在享受多少风花雪月，以后就会经历多少鸡毛蒜皮。我不能让我女儿今后的时间精力都消磨在这些难抉择的困惑里，与其事到跟前再纠结，不如现在多想想。”

海疏雨和母亲不欢而散，父亲在外地出差，她现在有些庆幸没有被二老双面夹击。她也不怪母亲，因为从她的幼年起就看到父亲和母亲聚少离多，母亲要同时兼顾事业和家庭。她和海羽书又是双胞胎，每次生病都是两个人一起病，母亲连缓口气的时间都没有。那些千难万难的时候，母亲都是咬着牙熬过来的。

母亲不想看到女儿也受自己当年的苦，也是情理之中。

海羽书这次的暂住地选择在第比利斯的老城区，房东是位和蔼可亲的俄罗斯老太太，除了每天日常的早晚安并不过多关注她。海羽书需要这样的宁静，她的旅行生活几乎是没有喧嚣的，大部分时间她都在享受这种寂寥的孤单，这种自由的空间能让她静下来思考。

半山腰的民居总有小巧精致的露台，即使是只余一个人站位的露台，也常常被房主用花盆和藤架装点得十分温馨。

海羽书站在露台抽烟，从这里望去可以看到库拉河两岸的第比利斯夜景，那座金顶的圣三一教堂尤其瑰丽雄伟，明明灭灭的灯光犹如地上的星河。喝完第三杯黑咖啡后，她开始剪辑在卡兹别克山和西格纳吉小镇游玩的视频。忽然，正在专心调后期的她被手机响动吓了一跳，看一眼屏幕上闪动的“团团”二字，她接起电话：“姐，你怎么还没睡？现在国内都几点了。”

“我睡不着。”海疏雨说，“有没有吵到你？”

“没有，我睡得更晚。”

“我是说，有没有耽误你干活？”

“还行，刚刚做完一个单元。”

“你身上的钱还够用吗？”

海羽书闭了闭眼，每次姐姐的电话都会问这个问题：“我没事儿，有钱。最近接了个延时摄影的发包活，我手里有素材，不难搞。你放心，饿不死的。”

“缺了一定要告诉我。”

“我知道。”海羽书拿手指摩挲杯沿，“姐，什么事能让你睡不着？”

海疏雨先是叹了口气，才把今天母亲说过的话复述了一遍，她问海羽书：“你说，妈妈是什么意思？她到底是赞同我恋爱，还是不赞同？”

“妈不是不赞同你恋爱，她是紧张你跟这个人恋爱。你想啊，你要是当妈的人，好不容易拜托朋友给女儿找了个各方面条件都不错的相亲对象，女儿不稀罕，偏要跟一个不知根底的人谈恋爱，这人还是从山城小地方来的，很有可能把你闺女也拐带回那个小山村，你是什么心情？”

“呃……自家养的白菜被猪拱了。”

“你是兰花好吗？咱爸咱妈辛辛苦苦娇养了你这么多年，半路杀出个程咬金，连花带盆一起搬走。你要是爸妈，你作何感想？”

“吉老师又不是采花贼，再说女儿即使出嫁了，爸妈也还是爸妈，我并不会不爱他们啊。”

“要么说嫁出去的姑娘泼出去的水，老话总有几分道理的。妈把你捧在手心里这么多年，心肝宝贝儿一样宠着，她舍不得。”

海疏雨有些急：“那怎么办？”

“我觉得啊，主要是因为她不了解你的吉老师，你得让妈多了解他。日久见人心嘛，别着急。”

“唉，要是你在就好了。”

“我在顶什么用？爸妈常说我就是个刺头儿，他们才不爱听我说话。”

“我现在孤立无援，有生之年要是嫁不出去，你是有责任的你知道吗？”

“姐，你在跟我撒娇，你知道吗？”

“谁规定姐姐不能对妹妹撒娇的？何况我只比你早出生六分钟。”

“你应该把这招用在妈身上。”

“我用了，但是不管用。对了，妈妈今天又长吁短叹，说你不回来，她一块心病放不下。”

海羽书长叹：“姐，是你鼓励我，要追求自己喜欢的生活的。”

“我是支持你，可有时候看妈妈那样，也怪心疼她的。圆圆，你一年待在家里的时间也不足一个月吧。我知道你在追自己的梦，可爸妈真是一天一天在变老，今天跟妈妈坐得近，看到她又长出不少白头发来。”

电话那头沉默了。成年人的世界进退两难，不论是父母还是子女，谁能活得无牵无挂？

海羽书挂断电话后到露台上看着一处发怔，被冷空气呛咳一声，肺里传来闷闷的感觉。

她想要实现自己的理想，也时时被家庭带来的责任感牵制和束缚。仿佛自己就是那只飞不远的风筝，无论在哪儿，引线都在家那头，哪有什么真正的自由，只要家里人扯一扯，拽一拽，她还是要被迫回头。现在做的这一切，不过是为剩下的那点儿执拗和希望在拖延时间。在亲友中，有人说她潇洒也有人说她不干正事儿。在网友眼中，她被人艳羡的同时也背负着被人嫉妒、猜疑、抹黑和诽谤，被人夸也被人酸。值得吗？她回头看向身后那扇小小的露台门，看到这清冷的夜里唯一的暖橘色光。

那点暖光，仿佛就是希望。

她苦笑，坚持就是胜利。

等到这期视频后期制作完成，她打着哈欠伸了个懒腰，才发现窗外泛起了鱼肚白。海羽书又困又乏，脑子却还清醒着。她走到床铺前踱了几步，感觉到胃里在唱大戏，于是漱口刷牙，脸都懒得洗，用一条宽幅的羊绒围巾把脑袋包了一半出门去觅食。

第比利斯的老城建筑歪歪斜斜的，总有几分超现实主义的随性洒脱。整座山城都有大大的陡坡和台阶，即使是街道和马路，也有悬殊的落差。街角有店铺陆续开张，海羽书双手抱臂朝坡下走，正打着哈欠，冷不丁被电线杆下的假人吓了一跳，哈欠都只打了一半。

“咔嚓！”

对面传来清脆的快门声。

海羽书对这种声音太熟悉了，她惊愕地举目四望，发现街角正有个人抬着一个长焦镜头对着自己。海羽书快步奔过去，对方不躲不闪。

“喂！”海羽书来到那人面前，“给我看下。”

“什么？”一身黑衣黑裤的青年说着一口字正腔圆的中国话，“同胞？真巧，自己人。”他双手按在相机上，拇指一拨关机。

海羽书眉毛跳了跳：“谁跟你自己人。我要看照片，你刚才拍的！你偷拍的！”她将“偷拍”二字咬得很重。

高高瘦瘦的青年把围巾向下拉了拉，露出一张稚气的脸来，他讨好地笑：“能别叫我删掉吗？”

“看你的反应就知道抓拍得不怎么样，”海羽书向来毒舌，“要不就是拍得奇丑无比。”她说着，熟练地拨开相机开关，一张一张往前翻照片。

定格的画面里，穿着迷彩冲锋衣的女孩因为休息不好，一张脸呈菜色，张大的嘴巴正从围巾后面露出来，眼睛眯成一道缝，动作更像上了年纪的老大爷双手插袖笼的模样。

海羽书面无表情地一张一张看，很明显这位青年刚才启用了高速连拍模式，一连二十几张全是打哈欠的动态，还有后来她被假人吓到五官变形的傻样。海羽书二话不说，熟练地进入后台，直接选取二十多张一键删除。

“一张不留啊?”青年不乐意。

“拍得这么丑，不删留着过年吗?”

“这……这是我的相机。”

“这是我的肖像。”海羽书当仁不让。相机丢还给他，她还要继续去觅食。

青年双手迎接的动作慢了一点，脖上的相机带子勒得他往前直伸头。

海羽书瞥他一眼：“你这带子不行，白兔二代镜头净重六斤多，带机身至少十斤重，不想得颈椎病还是换个有支撑垫的肩带吧，再不然就换微单。”

青年的眼睛顿时亮了亮：“你说话怎么有股兴安岭的味儿，你是东北人吗?”

“不是。”海羽书扭头就走。

青年在她身后小步子追着：“不对，我听出来了，你是我们那儿的口音。”

“被室友的口音带偏了。”海羽书左右摆头，四处寻找着面包房。

“你是学生吗? 在这儿上学，还是来旅游的?”

海羽书不想理他，自顾走得快了些。

青年个子高，两条大长腿跟得步步生风：“我看你玩相机很溜，玩了多久？”

太阳斜斜地照在地面，下坡路总是颠得人脚跟疼，海羽书见他像个牛皮膏药一样甩不掉，也懒得再走快。她干脆放慢脚步享受阳光，马丁靴踏在古旧的石板路上，发出踢踏踢踏的脆响，仿佛是日子缓下来的节奏。暖暖的阳光在旧巷古街的罅隙间透过，在褪色的老建筑间婆娑闪烁，海羽书眯起眼睛看着，她没带相机出来，只当是踩点，脑子里快速地设想着该怎样取景，计算着什么时候光从哪边来更美。

高个子青年跟了一路，嘴巴都磨干了也没等到一声回应。他见她始终一言不发，直到跟进一家面包铺，看着她买了一份格鲁吉亚奶酪面包。面包上有黄油、奶酪和一个单面煎的溏心鸡蛋，海羽书手捧牛皮纸吃得形象全无。

青年看着她狼吞虎咽，一时半刻竟说不出话来。

海羽书很快把一个双人份的格鲁吉亚奶酪面包吃完了，还意犹未尽地舔了舔拇指，她显然是对自己吃东西被人盯着看毫不在意的。

青年在她低头看了眼手指的瞬间递上一包纸巾。

海羽书看了他一眼，没拒绝：“谢谢。”她取纸擦手，继续朝下坡走。

青年说：“你真厉害。”

海羽书疑惑地偏了偏头。

“别误会，我不是说你能吃。”青年说，“我是说，你对相机很熟啊，你是专业学摄影的吗？”

她依旧懒得理他。

“而且我觉得你挺热心的，你看，我偷拍了你，你不但不生气，还劝我保护颈椎……”青年依旧说个没完，海羽书已经来到了旱桥市场。

这儿是第比利斯最大的露天旧货市场，青年反应过来：“你想淘旧物吗？”

海羽书吃饱了，心情也好了些，青年还在她耳边喋喋不休：“据说苏联解体后，第比利斯的人纷纷变卖家里的二手货来补贴家用，慢慢形成了这么个市场。我早就听说过这里，还没来过……哎，你想淘什么东西？”

海羽书不吱声，边逛边看。

地上铺的摆的大多是二手旧物和这里的居民自己画的油画，有不少苏联时期的老物件，纪念章、邮票、海报、歌剧唱片、胶片相机、银制的古董餐具、旧家电老乐器……卖家都非常佛系，也不招待客人，只自顾自地低头看报纸，好像根本不指望能卖出去什么。海羽书看着看着，不知不觉被一些旧物吸引住，直到两只左手碰到同一件老物件。

海羽书抬起头，青年略尴尬，忙把左手收回：“你先。”她也不客气，拿起来看，面前的旧物居然是台中国常州产的老红梅HM-1相机。更绝的是，旁边的原装包装纸盒里，说明书和保修卡俱全，竟然还有当时的购买发票。海羽书打开泛黄的发票看了一眼，上面印着无比亲切的红色字“国营无锡市第二百货商店”，一枚硬币大小的“无锡市税务局”印章，还有手写的潦草字迹，购买时间是一九八三年九月十二日，价格是六十八元四角一分。

青年也伸长脖子来看，忍不住“啧”了一声，说：“厉害了，它出厂的时候我连个胚胎还不是呢。”又问她：“这是绝版的老胶片机?"

海羽书懒洋洋地"嗯"了一声，说："红梅HM-1是常州照相机总厂一九七四年十月开始生产的，原型是上海照相机二厂的上海牌202型相机。不过202型相机早在一九六五年就停产了，这款红梅相机开始生产的时候202型相机已经换代升级了。"

青年好奇："既然当时已经可以升级换代，为什么还要生产别人淘汰的产品?"

她瞥他一眼："你可以去找庄克明老师写的《中国照相机》这本书看看。"

"这儿又没有。"青年还四下望了一眼，旧书摊上的印刷体都是格鲁吉亚文和俄文。

海羽书莫名觉得他有些傻，她挑挑眉跟他说："二十世纪七十年代初常州照相机厂才新建，他们做过市场调研认为上海牌202型相机机型结构简单，使用方便，决定投产……就是你现在手上拿的这款红梅HM-1。后来市场证明，这款机子的确非常适合当时的大众购买力，而且当时的红梅HM-1是可以直接购买的，不需要粮票布票之类的东西，它成本低，除了外壳不同，其他都是拿上海牌202型相机的部件组装的，直到一九八五年才停产。镜头虽然是三片，但跟海鸥203型相机的三片三组柯克镜头是两回事，快门也简单，只有1/10至1/200六档，最大光圈只有F4.5，所以很适合普通老百姓，价低、亲民、快销。"

青年听得呆呆的。

海羽书把相机翻过来检查一遍，镜头可以打开，就是里面有点灰。她说："外壳有点磨损，镜头折叠皮腔都完好，应该可以使用，你问问老板有电池吗，如果有的话谈谈价，一百以内人民币就值得拿下。"

青年竟然很听话地去找老板讨价还价了。不一会儿，他从老板那儿拿了块电池过来。海羽书装上电池，试了一下，光圈、快门都没问题，她内心有些小激动，冲青年不动声色地眨了一下眼睛，只张嘴不出声，口型是：多少钱？

青年背着老板在肚子前面比了两根手指出来。

二百？海羽书皱了下眉毛。

挺着啤酒肚的中年摊主朝她这边走过来，海羽书故意用英文大声说：“你看这胶卷仓内部，好像不大好，而且胶片成本越来越高，这玩意儿还要用120的胶卷，现在135的胶卷都不好找了，别说120了。”她脸上一副遗憾的神色，说着就要把手上的东西放下。

青年睁圆了眼睛看着她，在她眼底寻到一丝狡黠的笑意，马上会意地大声说：“要不就算了，别买了。”

最后，他们以一百元人民币的价格把这台老胶片机买走。出了旱桥市场，两个人还在一前一后地笑，像是幼时捉弄了老师的坏学生一样，一脸蔫坏的得意。

海羽书把提着老相机的纸袋推给青年：“给你。”

“给我？”青年傻傻地问。

“刚才不是你付的钱吗？”

“啊，是。可是……”

“难道你还打算把它劈成两半？”海羽书潇洒地跟他挥手告别，“好了，别再跟着我。再见。不，再也别见。”

她潇洒利落地转身，青年拔腿追上去：“喂，你听我说。早上偷拍你是我的错，我也是瞎胡拍着玩儿，你突然出现在我的镜头里，你别介意，我以后不乱拍了。”

“那事儿已经翻篇了。”海羽书旁若无人地打哈欠，她实在累得慌，现在只想回出租屋补觉，“照片都删了，我也不是得理不饶人的人。”

“不不，还是我的错，这个，”青年把袋子往前递了递，“算是我赔礼了，诚心诚意向你道歉。”

海羽书歪头笑笑：“我没生气，对我来说不算大事，过去就过去了。倒是你要注意，以后别当街偷拍，有的地方特别忌讳这个。”

青年的手还向前伸着，袋子的细绳在食指上像个摆钟一样摇晃。

海羽书无奈翻个白眼：“大哥，一个老红梅，又不是宝丽来、玛米亚、徕卡、莲花……我真不是小心眼的人，这玩意儿是你的，我不跟你争。我真的要走了，拜。”说完她朝马路对面欢快地跑过去，两只宽大的袖子轻盈地甩来甩去，像两只翩翩欲飞的大蝴蝶，很快消失在街角转弯的地方。

青年愣愣地站着，冲她消失的地方发了好一会儿呆。

海羽书没想到又会碰见这个人。

她白天蒙头大睡，直到日落西山被饿醒，这才起来认认真真洗个脸，化个淡妆出门。

晚上寒风萧萧，她双手拉着大衣毛领裹紧身体，缩着头朝着人群热闹的地方走。这个时间段，老城区一条街的餐厅已经座无虚席，她沿着库拉河岸边的石板路走，只想找一家合眼缘的格鲁吉亚菜馆。

当她路过一家红砖房餐厅，看到硕大的玻璃窗里晃动着乐队的身影，令人舒适的爵士乐正从里面飘出来，海羽书径直走了过去。

餐厅门前晃着许多灿如繁星的黄色花蕊小灯，一盏灯只有一盏烛火大，浮光点点，有些飞萤流转的意境。海羽书踏进餐厅后被侍应生引路，走着走着路过一张桌子。坐在桌子后的青年看到她后激动地招手：“嗨，太巧了。”

海羽书讶异了一秒。

侍应生看到他们认识，马上过去拉开座椅。海羽书迟疑了几秒还是走了过去，侍应生礼貌地站在她身后，等待着为她脱掉大衣。

青年看到她不介意同桌，心情愉悦，人也更热情起来：“太好了，今天所有餐厅里都是一双一对的，我还以为我要被秀恩爱的‘狗粮’撑死，现在看来老天还是挺照顾我的。”

海羽书忽然被他这种冒傻气的话给逗乐了。

不一会儿，侍应生开始上菜。首先上桌的是格式大包子Khinkali，之后是铁板烤茄子、炒蘑菇、沙拉和鸡肉。当侍应生铺满一桌子食物再离开后，海羽书忍不住问：“你一个人，点了这么多?”

青年尴尬地摸摸鼻子：“这里的人不怎么会说英语，格鲁吉亚文字又太抽象了，这家的点餐单上还没图片，我也不知道分量，就多点了几样。”

海羽书此刻饥饿难耐，看着眼前的食物，她的舌尖在下意识地顶着腮肉，口腔内已经分泌出不少唾液。

“快吃吧。”青年把刀叉递给她，“这么多我也吃不完，幸好你来了。”

海羽书爱吃面食，她不客气地拎起一个Khinkali，这玩意儿也被叫作格鲁吉亚饺子，其实长得更像包子。面皮儿里面有各种肉类、土豆、蘑菇之类的馅料，很像国内的灌汤包，里面有汤汁，但不油腻。海羽书捏住大包子的头部，先咬个小洞，像个吸食母乳的小羊一样吸溜吸溜地吮吸汤汁，发出声响她也并不觉得不好意思，反而因为肉香鲜美，露出满足的表情。

青年看她吃得陶醉，也拿起一只大包子，学着她的样子吃。

海羽书抬起右手打了个响指，侍应生走过来，她说了几个词。

青年目不转睛看着她，又看看侍应生。

不一会儿，侍应生端上来两瓶不同颜色的酒，拿了开瓶器来醒酒。一瓶是葡萄酒，一瓶是白兰地。

青年看着圆肚酒杯中漂亮的琥珀色液体和另一杯瑰丽的酒红色，咕咚一声咽下口中的包子。

“格鲁吉亚的‘chacha’。”海羽书放下刀叉，举起酒杯，“我不喜欢占别人便宜，既然你出了饭钱，那我就出酒钱吧，我请你喝酒。”

青年忙双手举起酒杯。

海羽书跟他碰了一下，仰头喝下一大口。

青年也学着她那样喝了一大口，入口的辛辣立刻让喉咙蹿起一团火焰感，让他以为喝的是伏特加，脸皮瑟缩地皱了起来，同时，身体也迅速暖和起来。

海羽书哈哈大笑：“‘chacha’其实是餐前烈酒。我跟你说，这里的红酒是我喝过的最好喝的酒，没有之一。你不要以为葡萄酒当然是法国、意大利这些酒文化闻名遐迩的地方最好。其实这个高加索小国有八千年葡萄酒酿造史，也是世界上最早酿造葡萄酒的地方。而且他们不用橡木桶酿酒，你猜猜，用什么？”

两人的脸蛋上都不约而同泛起酡红，在昏黄的灯光下像擦了胭脂一样明艳。

青年很老实："我不知道。"

"你一定想不到，他们用陶罐儿。"海羽书笑的时候露出两颗小虎牙，透着几分顽劣与天真。

青年觉着她很可爱，早上的她素面朝天有种浑然天成的纯真，在露天市场淘古董相机的时候又狡黠聪慧，现在的她显然修饰过，就多了几分张扬的美。可她白天在街道上边走边吃的样子又那么随性那么酷……大概是酒精的缘故，青年觉得有点眩晕。

海羽书却像个轻车熟路的游客，对他侃侃而谈："二〇一七年，这里的公民就可以持护照免签进出欧洲了。这在亚洲国家不多见，这么便利，让人羡慕。"

青年听得很认真。他原本还担心两个不算熟悉的人在异国他乡凑一桌吃饭没话说导致尴尬，现在看来自己多虑了。

海羽书非常健谈，被酒精刺激后的大脑明显活跃许多，连带着心情也不错："你看到附近广场上的雕像了吗？"

青年点头："那个我知道，屠龙少年圣乔治。"

"那个是一九九一年格鲁吉亚独立后被推倒重建的，那里原来立的是列宁雕像，苏联时期自由广场的名字还是列宁广场。你来这里多久了？"

"刚来两天，没想到能遇到同胞，我挺激动的。"

"才两天？"海羽书单手撑着头，懒懒地问，"有没有什么想逛的地方，我可以帮你参考参考。"

"那太好了。我对方向没什么概念，你有推荐吗？"

海羽书想了下："你可以先去纳里卡拉要塞看看。"

"可我听说那儿是断壁残垣啊，有什么好看的？"

"是挺破旧的，但也是纳里卡拉要塞标志性的残破城墙。在当地人心目中，它是城市的心脏和灵魂。过去这里是兵家必争之地，一八二七年还曾发生过爆炸，同一年又发生了大地震，以至于现在的纳里卡拉彻底沦为废墟。”

青年不禁唏嘘：“历史真残酷。”

“所以看遗迹的时候不要只看好不好看，还要问一声，为什么现在看到的会是这样的。”海羽书说，“要塞山脚的库拉河穿城而过，公元四世纪格鲁吉亚国王是古城的奠基人，他的骑马铸像就立在库拉河北岸高地的基岩上，旁边是梅特克教堂，你可以去那儿看看，挺古老的。”

青年举起酒杯：“我本来没有特别感兴趣，听你这么说，我就很想去看了。”

“你看过《射雕英雄传》吧？”

“金庸武侠小说？”青年仿佛终于有了能插嘴的东西，打了鸡血一样亢奋起来，“我当然看过，中学时候住校，查寝老师不让看，我们班里的同学就偷偷传着看，还互相打掩护。”

“黄蓉用《武穆遗书》帮助郭靖屡次化险为夷，其中就有一段故事涉及的历史跟这座城有关……”海羽书笑得恣意明媚。

青年瞪大眼睛，一副不敢信的样子。

海羽书挑眉，跟他噼里啪啦地说了一段第比利斯的历史：“现在这里多元文化并存，老城区还有不少教堂，你可以慢慢逛。”

青年盯着她看，像是发现了一座宝藏。

海羽书继续喝酒吃肉，腮帮子一鼓一鼓：“你看我干吗？我脸上有字？”

“你是来这里旅行的，还是移民到这儿了，你怎么对这里这么熟悉？”

“我没移民，对这里来说，我也只是个过客，只是比你待得久一点儿，仅此而已。”

“你跟我认识的女孩儿都不一样。”

“哪儿不一样？”

“我家里也有妹妹，也接触过不少女同学，她们一般到哪个地方去旅行，都是忙着去‘网红’景点拍照。我还是头一次见你这样的，看着好像对什么都漫不经心，可又好像对什么都上心，不然你怎么能把一个地方的历史说得这么清楚。”

海羽书不想跟他说自己是个旅行博主，做视频剪辑也好，写游记也罢，对她而言同样是工作，不过她对待自己喜欢的工作投入的热情和认真自然更多些，但用不着跟他说。于是随意笑笑：“你一个人来这里旅行，怎么没找个伴儿？”

“我有个表妹，到敖德萨国立音乐学院念书，我送她过来的。现在已经开学了，我的任务也完成了。我觉得好不容易来一趟，干脆多走几个地方，就来了这里。”青年有些庆幸，幸亏现在是一个人游玩，不然多一个就成了电灯泡。他借酒壮胆，问，“我叫胡歌，你叫什么？”

“胡歌？”海羽书差点一口酒喷出来，她抹了一下嘴角溢出的酒水，“是国内那个演员的名字吗？”

“我没诓你，”胡歌面红耳赤地翻口袋，“我给你看身份证，我真叫这个名字。”

海羽书接过他递来的身份证，扫了一眼，乐不可支：“我又没说不信，你这么认真干什么？”

“人与人之间需要诚信。”胡歌收回身份证，“你的呢？”

海羽书愣了，没想到这人憨憨的外表下还有这么斤斤计较的一面。

“我不隐瞒你，你也别告诉我个假名字，好吗？”他在请求。

海羽书看到他那双又黑又亮的眼睛，竟有一丝心软，她扶额苦笑：“你这人怎么这样。”

胡歌睁着一双无辜的眼睛等着她的下文。

海羽书双手掩面，接着双手颤抖，后来连肩膀也跟着抖动起来。

胡歌吓一跳：“你怎么了？不舒服？还是喝多了？”毕竟他们聊着天已经不知不觉喝了一瓶半的酒。

海羽书实在没控制住，她笑得有些肚子疼，等她终于把手从脸上拿下来，眼睛里还隐约闪着晶莹的泪光。

胡歌蒙了：我说了什么，让她哭成这样？

海羽书捻着手指抹掉眼角多余的水分，还是想笑：“你一个人在国外旅行，就没点儿防备心吗？万一我把你卖了呢？”

“你？卖我？”他显然是不信。

“唉，你是不是没看过电影《人皮客栈》？没有一点防备心的旅行可是容易被坑、被骗、被卖……”

“打住！”胡歌以双手做了个暂停的手势，“我们在吃饭，能不提那个邪恶的电影吗？”他咬重那个“不”字。

海羽书了然，原来看过啊。她举起酒杯痞气地说：“行吧，祝我们旅行愉快。”

胡歌兴奋起来：“我们搭伴儿走吧？”

“谁说我是来旅行的。”

“你刚说了祝我们旅行愉快，你就是在旅行。”

海羽书挠挠眉心：“我不算常规旅行，我在一个地方待的时间也不会短。”

“没关系，我也不会马上走，这里物价便宜，我打算在第比利斯待十几天，然后搭国际列车去亚美尼亚的首都埃里温，我们搭伴儿走吧，怎么样？”

海羽书怔了怔，这句话似曾相识，在她的记忆深处，曾经也有一个人对她说过相似的话：“我们搭伴儿走，你跟我走……走不走？”

她的心被狠狠扎了一下，面部扭曲起来。

胡歌看到她突然煞白的脸色，担心地问：“你怎么了？还好吗？”

海羽书丢开刀叉，拿起餐巾擦嘴，在她起身离开餐桌之前冷淡地看一眼胡歌：“你走你的路，我们应该不会再见了。”

青年望着对方几乎夺门而逃的身影自言自语：“这是咋啦？给我整不会了……”

前路未卜。谁能逃过异地恋的患得患失？谁又能躲过一见钟情的甜蜜陷阱？

第十四章 情 浓

国庆假期进入倒计时，从早晨起，海疏雨带着吉墨云奔赴在汉阳区玫瑰街和江岸区渣家路之间，一会儿让他吃糯米包油条，一会儿让他尝武汉的重油烧卖。她说：“你吃了何嫂家的糯米包油条一定会爱上武汉的，她家做了二十二年，回头客多得不得了。细糖粉都是何嫂自己手磨的，保证够细。不过我更推荐你吃咸口的，咸味的糯米包油条被何嫂自创放了椒盐、香干、香菇。她家的麻辣味的糯米包油条特别开胃，保证你吃一口就忘不掉了。”

但她忘了，吉墨云是个海南人，在口味方面，他更倾向于广式早茶那类清淡甚至甜咸的口味，极少碰辣的。所以在他一口咬掉糯米中的油条时，麻椒的辣味在舌尖上炸开，他感觉头皮一麻，热汗就滚了下来。

他掩饰得很好，海疏雨被蒙骗过去了，并没有察觉他的异常。她又兴冲冲地带他去双洞正街吃德润福的严氏烧麦，他在她期待的目光中吃下去，她还眨着大眼睛连声问："怎么样？是不是跟别的地方的烧麦味道不同？我跟你讲，武汉的烧麦为什么叫重油烧麦，因为里面有一种配料必不可少，就是猪油。不仅提香气，还可以丰富口感。油少了，内馅的肉丁和糯米不能融合，影响口感；油多了，就会腻。所以正宗的重油烧麦，油重而不腻，糯米软还可口，肉丁嫩滑多汁。胡椒的调味最经典，可以解腻增香，是烧麦的灵魂。"

吉墨云的嘴在咀嚼。

海疏雨探着脑袋问："是不是吃出了心动的感觉？"

吉墨云看着她，实在不忍心打击她的积极性。对于武汉人来说，这些都是一顶一的美味，可对于一个基本上不吃辣的海南人来说，他真的很抗拒麻椒、辣椒和花椒这一切的椒类。

胃里火辣辣地烧，吉墨云已经感到不舒服，但还能忍得住。

吃完早餐后，两人一起去湖北省博物馆。

海疏雨说："武汉，九省通衢，濒江濒湖，超大城市。"

吉墨云回："琼中也有很多美称，如三江之源、森林王国、绿橙之乡、黎苗家园。"

两人一脚踏进博物馆大门，还在互相说着家乡好。

吉墨云不由得感慨："这么厉害！"

海疏雨面露得意。

来到曾侯乙墓展厅，海疏雨说："湖北省博物馆可是全国八家中央地方共建国家级博物馆之一，是国家一级博物馆呢。"

吉墨云背着手笑了："我们五指山市有座民族博物馆，我下次带你去，让你看看黎族、苗族在不同历史阶段的发展。我们没有编钟，不过我们有黎锦、龙被，有黎族的祖先们生活留下的智慧。你想不想看?”

海疏雨点头，但心里还藏着私心，她想让吉墨云爱上武汉，最好能等同对故乡的爱。法定假日博物馆里人很多，她拉着他往前挤。足有五吨重，整整两面墙那么宽的曾侯乙编钟就静静地伫立在一个硕大的玻璃展柜内。

人人都知曾侯乙编钟是传说中的湖北省博物馆镇馆之宝，但多数人只看个皮毛。众人在匆匆扫一眼蒙着灰尘似的铁灰色巨无霸编钟后，便继续朝前走，把目光投注到一旁展柜里的彩漆木雕鸳鸯形盒上去了。而海疏雨带着吉墨云在编钟面前站了许久。她说:“你知道这套编钟伟大在哪儿吗?”

吉墨云摇头，他第一次见编钟，更别说是这么巨大的整套编钟。他问:“这是战国时期的青铜乐器吧?”

海疏雨点头:“这件镇国神器已经两千四百多岁了。”

“你说它伟大，是因为年代最久?”

海疏雨摇头:“我说它伟大，是因为它举世无双，它直接改写了世界音乐史。以前人们一直认为古代中国只有五音，宫商角徵羽，而西方有七音，认为中国后世的C大调、十二律是从西方传过来的。但是这套编钟的出土让世界知道，我们早在战国时期之前就已经有了中国自己的十二律，当时的音乐成就居世界领先地位。伟大吧?”

吉墨云点头。

她带着他，转了一周仔细观看这套编钟。海疏雨问:“你有没有想过这套编钟是怎么做出来的?”

“知之为知之，不知为不知。”吉墨云摇头。

“青铜器制作过程很复杂，你可以设想一下，这个编钟体积这么庞大，单个都超过一米五了，这种大物件只制造一个就需要一百三十六块陶制模具组合成一个铸模，然后往里面灌将近一千摄氏度的铜水。一口钟就这么费劲了，要造六十五个编钟，真不知道当时是多少工匠用了多少时间来完成的。”

吉墨云眼底已经有了钦佩。

“而且它不单单是个青铜器，乐器要发声，制作的时候要求工匠们精确掌握铜、锡、铅三者的配比，要达到黄金比例。咱们后世的科学家做了无数次的实验分析，得到结果是当含锡量在百分之十三到百分之十六，含铅量在百分之一点二到百分之三之间的时候最适宜。既能保证音色浑厚丰满，又能保证钟声快速衰减，声音和声音之间不会混杂在一起，这样才能有利于演奏。但是你想想，先秦时期的古人怎么可能有精密的仪器来测算这些比重？而且每一口钟的体积大小都不同，还都要达到这样的配比，他们怎么做到的？”

吉墨云摇头：“不知道。”

海疏雨顽皮地抿嘴一笑，心里有些得意，哎呀，终于有我知道而你不知道的东西了：“论智慧，在当时谁也比不上中国的古人。你看，世界其他文明古国都有铸钟的先例，古埃及、古巴比伦、古印度都有过铸钟的实践，但他们铸造的钟，钟口都是圆形的，不管你怎么敲都只发出一个音，想象一下寺庙里的撞钟。撞一下，延音很长对不对？所以不能成为乐器，但是我们中国的古人做到了。你看这些编钟外面的疙瘩，看到了吗？”她指给他看，那一个个巨大的编钟外面都有一小坨一小坨的圆柱形凸起。“这些疙瘩叫钟枚，有长枚钟、短枚钟、无枚钟，别小瞧这些疙瘩，那不仅仅是做装饰用的，它们的存在就是为了防止编钟扩音太久。这样，钟才能被当作乐器使用。更厉害的是，工匠们不但让它们发声了，还能让一个钟发出两个音。古人把编钟做成合瓦形，在敲击它的正面和侧面的时候就相当于敲击了不同的板，而且铸钟的工匠为了能够更好地区分钟的两个音，还把编钟的振动块分离开，就相当于在钟体里挖隧道造隔音板了。一钟双音是中国先秦时期铸造编钟的独门手艺，这还是让编钟成为乐器的基础步骤。每一口钟还要发出高低不一的声音，你知道编钟调音有多难吗？”

吉墨云也当了回认真的小学生，微微向前倾听着。

“现在的科技都这么发达了，有人曾经亲身试验过，也没有更好的办法调音。只能跟古人一样，用手工慢慢打磨来给编钟一点一点地调音，因为是一钟双音，所以打磨的地方还不止一个，正鼓音和侧鼓音都要调整到误差在五音分范围内。手工打磨这种调音方式是不可逆的，又不是打个金镯子，打坏了马上熔掉重新来。编钟打磨得稍微过一点，整个钟都得报废掉并重新铸造，这么个大家伙，工匠要完全凭借经验总结和时间累计才能把这一整套编钟制作完成。”

海疏雨的额头就快要贴在玻璃罩上了，她往后退了一小步：“吉老师，你看这整套口编钟，分上中下三层，六个铜铸的佩剑武士和八根圆柱承托起整套编钟，钟架间的横梁和铜人武士到现在还有彩绘的痕迹，每一个细节都精巧绝伦。你看那儿，”她指着，“武士的底座上还镶嵌着绿松石，编钟上面的挂件套环装饰是伺机而动的青铜铸虎，钟身上还有三千七百五十五字的错金铭文，刻的是先秦乐律的重要资料，古人想得真周到，传到后世还能有乐谱演奏，这就是中国最早的乐律史啊。”

吉墨云安静听着。

“你再看那边，有一口特殊的镈钟，没有调过音，也不能演奏，但上面有错金铭文。就是它告诉我们，楚惠王熊章在位的第五十六年接到了曾侯乙的讣告，并为曾侯乙制作了这一件镈钟。吉老师，你有什么感受，我看你半天都没吱声了。”

吉墨云轻轻点头：“大气都不敢出。”

海疏雨扑哧笑出声：“我们省博物馆是不是很厉害？”

“你为了今天给我讲解，下了不少工夫准备吧？”

小伎俩被揭穿，海疏雨有些脸热：“那我去海南的时候都是听你解说，你对你的家乡了解得那么深、那么多，我也要夸夸我的家乡，如果说不出个所以然来，多没面子啊。”

吉墨云难得看到她扭捏，凑到她耳边小声鼓励：“谢谢海医生的精彩解说，有心了。”

“唉，想让你夸一下湖北、夸一下武汉怎么这么难。”

“你想听我夸？”

“想啊，我认真着呢，你夸一夸，我听听。”

海疏雨等了一会儿，没听到回复，她扭头去看，见吉墨云正拿着一个手掌宽的小本子在画。“你在做什么？”她好奇地凑近看。

只见吉老师正握着一支签字笔唰唰地飞快地画着。

海疏雨看愣了。

这么一会儿的工夫，他画了一张曾侯乙编钟的速写，更神奇的是，编钟旁边还有一个扎马尾辫的女孩子。“这是我吗？”她一颗心乱蹦，既兴奋又激动。

吉墨云的笔触线条流畅，明暗面的起伏、阴影和中间过度色调都处理得十分克制，没有大面积的死灰调，整个画面明快鲜活，透着灵性。很快，马尾辫女孩儿身边又出现了一个男青年，他起形快，下笔自信，几笔下去，无论是人物还是物件都十分传神。女孩子脸上还有神采飞扬的俏皮劲，男青年微微躬身，像是虚心聆听的样子。

海疏雨看着画作完成，再看他时，眼睛里不仅有亮闪闪的光，还有一种无法言喻的崇拜：“我都不知道，你还会画画。”

吉墨云画完最后一笔，把笔帽一盖：“你没见过我的学生，性子急，也常有好勇斗狠的，一点儿小事都容易打架缠斗。但是我们重信重诺，答应的话一定会做。我经常跟他们打赌，只要我赢了，他们就会听我的。有的学生存心刁难，经常提些看起来不好实现的要求，我修炼这些技能，就是为了让我的学生们服气。其实也很好理解，谁喜欢被人管着，可一旦真心服了，就会特别好管教。看看，”他把小本子竖起来拿给她看，“自学的。”

海疏雨双手合十轻轻鼓掌，要不是周围人多，她真想抱住他蹦一蹦，自己怎么这么厉害，这么慧眼识珠，有个这么出类拔萃的男朋友呢！

人来人往，周围有人侧目。吉墨云靠近她耳边小声说：“海医生，有人看你呢。”

海疏雨脸红心跳地推开他，镇定地说：“走了，我们去看越王勾践剑，湖北省博物馆第二件镇馆之宝……”

从博物馆出来后，他们去首义广场看黄鹤楼。因为有崔颢那句“昔人已乘黄鹤去，此地空余黄鹤楼”而名扬天下的江山第一楼静静伫立在蛇山之上。最初的黄鹤楼古迹早已被焚毁，只剩下个楼顶在广场展示。他们远看重新仿建的黄鹤楼，谁都没有想要上去一趟的想法。海疏雨说：“一个武汉人不一定上过黄鹤楼，但一定是去过东湖的。吉老师，你看到黄鹤楼了，有什么感觉？”

“市井之中，民居深处，古今交错。”

海疏雨拿肩膀碰碰他："是不是又有穿越感了？"

"你可真皮。"

她拉着他去粮道街吃熊太婆原汤水饺，还问他好不好吃。她说："大成路那家小秋水饺开了四十年，本来想带你去吃那家，可是那家排队的人太多了，我们还是在这里吃吧，熊太婆家的也好吃，主要是汤头太好喝了。"汤确实鲜味浓，吉墨云虽然不常吃面食，也觉得这味道香醇。

这里的饺子个个皮薄馅大，在汤头里立着。两人边吃边聊，海疏雨把自己碗里的饺子多拨几个到他的碗里。吉墨云忙说："够了，我够吃。"

"你是男的，饭量怎么能没女的大，多吃点。"

好吃是好吃，可他毕竟是个吃米饭长大的海南人，他对面食的热情也没有很多。海疏雨却以为他非常喜欢，又喊老板加三两饺子。

吉墨云闷咳几声，差点呛到，连忙说："别加了，吃不完。"

海疏雨却说："也行，那等会儿我们走路上再买鱼糊汤粉吃。"

粮道街还有一家开了十几年的斌斌鲜鱼糊汤粉，店面极小，缩在别家店后面，稍不留意就走过去了。海疏雨轻车熟路地带他走进店里，还小声说："大成路那家李记是老武汉的味道，最是好吃，不过这家也不赖，汤头鲜美的程度保证让你惊艳。"

吉墨云左右看看，见这店只有一个过道的宽度，一排木凳贴着墙放，仅有一张L形的三合板长桌。店面逼仄，但人气是真旺，还有不少头发花白的老年人来吃。

海疏雨说："这是武汉小吃一绝，也是因码头文化而兴起的一道美食。最早期的糊汤粉是水产摊上卖不出去的鱼虾经过彻夜熬煮成的汤汁，店家为了遮盖腥臭味加了大量胡椒。又因为顾客多是码头上穷困的苦力，就把米粉加进汤汁里。现在的糊汤粉，汤头是用八九厘米长的野生鲫鱼加水熬成的，通常要熬个通宵，直到鱼肉熬得不见形，鱼骨也融化了才算是熬好了。这样鲫鱼的全部精髓都融进汤里，味鲜汁浓，回味还有清甜感。糊汤粉里的米粉就是传统的圆米粉，用籼稻米磨浆做成的，口感又爽又滑还有韧劲。你快吃啊。”

她说得眉飞色舞，吉墨云吃得有些痛苦。

他对武汉所有放胡椒的食物都有了一层心理阴影。

海疏雨吃得很高兴，店主人架起的油锅里传出滋滋噼啪的声音，不一会儿一根根半个拳头粗的金黄色油条被捞起来，放在沥油架上晾着。海疏雨又去买了油条，告诉吉墨云：“吃糊汤粉一定要配上一根炸得酥脆的油条，我跟你讲，在大武汉，油条和豆浆才不是最佳搭档，糊汤粉和油条才是真爱。你把油条掰一截放在糊汤里面，让汤汁把油条浸一下，再去吃，你的胃会特别舒服。”

舒服？吉墨云无奈，看她吃得高兴，他也陪着吃。但其实，他的胃快要烧起来了。

下午她带他去东湖落雁岛的时候，海疏雨拿着门票往里走，边走边说：“九曲桥那里时不时喷雾，水上森林就会变得仙气袅袅，有种西游记的感觉……”

她话还没说完，只听见身后传来扑通的一声，吓了她一跳。海疏雨回头，只见吉墨云已经栽倒在木栈道上。她大声惊呼，急忙打电话叫急救车。

吉墨云去了医院，医生诊断他得了急性肠胃炎。注射区人不少，还伴有孩子的哭闹声。他手背上扎着针，海疏雨挨着他，两人挤在输液瓶下面，头靠近头说话。

“可惜了，浪费了半天假期。”海疏雨叹气。

“不可惜，来日方长。”

“唉，我本来想带你去划船的。”

“你喜欢划船？”

“我喜欢水。”

“什么水？海水吗？”

她又咯咯地笑：“你知道我在武汉最遗憾的是什么吗？”

“说说看。”他想帮她实现。

“我喜欢瀑布，可是武汉没有。你知道吗？我打小就喜欢那种喷云泄雾一样的水雾，可是武汉没有，多遗憾。”

“下次你再去海南，我带你到琼中的百花岭看看。”

“百花岭？好玩吗？”

“嗯，我记得有四句话是这么说的，‘百花潭水泻千丈，夏起惊雷各奏琴。蓊郁层峦垂素绢，飞珠涤垢韵陶心’。你可以先感受一下。”

海疏雨拿眼角打量他：“吉老师，这不是你现编的吧？”

他笑了：“真不是，这是海南省第一任省委书记许士杰为百花岭瀑布题的赞美诗。早知道你喜欢看瀑布，我就该带你把海南的瀑布都走一遍。”

“说来说去都是遗憾。”

“不遗憾，人和山水泥土一样，本来就是要慢慢了解的。”

海疏雨撑着下巴有些憧憬：“海南有那么多瀑布吗？”

吉墨云觉得家乡被小瞧了，伸出手指给她数：“你上次只走了海南的一个小角落，”他比画了一个小拇指甲盖的大小，“海南还有好多地方等着你去走呢，吊罗山国家森林公园有枫果山瀑布、大里瀑布等，去吊罗山的盘山公路上，在半山腰就能看到石晴瀑布。琼中有百花岭瀑布，五指山市有太平山瀑布、龙凤瀑布，屯昌木色湖北面有鸡嘴岭瀑布，白沙有红坎岭瀑布，海口有白石溪瀑布。每个瀑布各有不同，风格迥异，有的绝壁横陈，险壑纵布，有的顺陡山而生，沿断崖而长，潇洒飘逸，有的似银蛇狂舞，有的像云霞柔曼，有的横冲直撞，有的是珍珠点翠，蹦蹦跳跳下九天。”

海疏雨望着他。

“你不想看吗?”他的声音好听，还透着蛊惑。

“想。”海疏雨不自觉咽了下口水。

“你愿意跟我回海南吗？我可以带你走进我的生活，我们村寨附近就有条河，我带你去钓鱼，山谷里有很多蝴蝶，还有蜻蜓，河边有大片大片的满江红和天南星，河岸边的垂叶榕树冠像一把铺开的大伞，你可以躺在河滩的巨石上，树荫就在头顶，石头又凉又滑，溪水声就在耳畔，‘叮叮咚咚’，像伴奏一样……”他给她描绘了一幅“何必丝与竹，山水有清音”的画面。

海疏雨心里痒痒，非常向往。

“你别这样。”她委屈地发牢骚，“你这样我会不想上班的，我会什么都不想做只想跟你去海南。”

“那就跟我回海南……”

海疏雨咬着唇抵抗：“不行，玩物丧志会变成废人的。”

“海南不好吗?”

海南当然好，最重要的是海南有你。“我只要看见你就不想上班了。”她喃喃着，把头轻轻靠在他肩膀上。

他故意逗她：“我有这么好?”

“有，对我而言你就是宝藏。”女孩子撒娇的语气软软糯糯，这个时候的海疏雨只是一个恋爱中的普通女子。她轻声说：“一个医学生五年本科三年临床，学了八年才能上岗，要成为主刀医师可能还要奋斗十年、二十年。我小时候聪明，小学初中都是跳级上的，等我硕士毕业的时候同龄的人还在上大学。我爸妈一直挺为我骄傲的……”

他明白她的意思，这么让父母省心的人，怎么能因为一场恋爱就放弃一切，伤父母的心。别人努力了那么久的东西，她好像唾手可得，可以说她运气好，也可以说她依仗了父母的助力，但根本原因还是她自己足够优秀。一个这样优秀的女孩子，凭什么要放弃一切窝在山区县城里？吉墨云双目发怔，他感到一种龌龊的自私。

海疏雨闷闷地说：“人一辈子要背负多少东西在身上，从出生起，我们就在做加法，背的东西越来越多，放不下的也越来越多，还乐此不疲。如果是海羽书，她最痛苦的可能是一心要往外飞的自由和一直把她往回拽的亲情羁绊，二者互搏，把一颗心来回拉扯。我现在能体会到她的心情了，以前我体会不到，是因为我不用选择，我走了一条父母都满意的路，自然地上学，毕业，择业，几乎是百分之百按照父母期望和安排的那样去走。没经历过选择的难，就体会不到那种拉扯的疼。吉老师，我不知道以后会怎样，我想和你在一起，可我也舍不得爸爸妈妈……”

吉墨云感到惆怅，未来就像一条蒙着雾的大河，他们都在摸着石头过河，一切不可知。

“假期快结束了……”海疏雨握住他的手，两只手的指骨关节相错，硌得有些疼。她握得更用力些，像是在这种疼痛中寻找真实感，给惴惴不安的惶惑一丝安慰。

“明天晚上我就回去了。”他低语，“夜里的飞机。”

“怎么办，我现在就开始想你了……”她眼底有了湿意。

夜里下起雨来。

武汉深秋的雨细细密密，天地间被一层灰扑扑的尘雾笼罩，远近都看不真切。

吉墨云从梦中惊醒。一个不大好的梦，不，是很糟糕的梦。梦里的人对他说：“你那么好，可我不需要了……”

他感到害怕，是那种一脚踏空的失重感，一瞬间天旋地转。他对着窗外的雨雾发怔，仿佛天破晓之后能恢复清明。可惜天亮后，一切仍在灰白中面目模糊。

第比利斯也在下雨。

这个城市一旦下雨就冷得让人瑟瑟发抖，尤其是海羽书这种畏寒的人。今天她盛装打扮，临出门前又照照镜子，镜中的女郎妆容精致，她的手抚过暗紫色露肩礼服的一字领，又整理过细腰上的丝带蝴蝶结，这才套上大衣出门。路过餐厅时她与房东太太落落大方地打招呼，房东太太夸赞她今天美得不同往日，海羽书心情很好地与她道别。

石板路在细雨下泛着湿漉的冷光，路灯陆续亮起，从西伯利亚吹来的冷风让人想把脖子缩进毛领中去。海羽书的羊绒大衣、毛领和头发上都沾了细密的雨珠，她伸手拦车，前往市中心。

第比利斯歌剧院坐落在Rhike公园内，由两个不同的软质造型元素组成，在转角处以挡土墙为连接，构成了一处独特的建筑风景。每个区域都有不同的功能，分为音乐剧场和展览馆。

展览大厅的入口通过坡道连接花园，人流从这里涌入。音乐厅则由醒目的挑高圆形巨窗组成，若从城市上空俯视，它就像望远镜一样面朝城市，也正对着静默的河流。

海羽书拾级而上进入音乐厅，服务员走过来帮她将大衣脱去，寄存后递给她一个精致的小牌子。周围陆续入场的观众也和海羽书一样，褪去厚重的大衣后，个个精致得像从中世纪油画中走出来一样，男士西装革履，女士身穿晚礼服，当地人对高雅艺术的尊重体现在一丝不苟的细节里。海羽书万万没想到，在这里会再次遇见胡歌。更不凑巧的是，他俩的座位还一前一后。

她有些哭笑不得，心里想骂脏话，面上还维持着优雅。

胡歌看到海羽书难掩惊喜，傻傻地晃着手打招呼。

海羽书看他一眼，沉默地落座。

她今天很不一样，与她平时的穿衣风格大相径庭，像一束立于崖峭上的风信子，周身散发着神秘、幽暗又吸引人的气质。

胡歌很想跟她说话，海羽书连头都没偏一下，好像不认识他似的。随着观众陆续入座，胡歌感觉到了自己和旁人的不同。满座的男女都穿着庄重的正装礼服，唯有他，穿着粗扭花棒针毛衣，显得格格不入。演出尚未开始，周围有窸窸窣窣的交流声，也有人侧目。胡歌觉得热，伸手拽了拽毛衣的高领，指腹沾到脖子皮肤上渗出的汗珠。等待的每一秒都被无限拉长，他如坐针毡。

大厅灯光变暗，演出幕布缓慢升起，观众席上逐渐安静。

台上正在演出芭蕾舞剧《天鹅湖》，柴可夫斯基的音乐响起时，胡歌看到前排的海羽书抖如筛糠，抖的原因肯定不是因为冷，音乐厅里供暖充足。

她在笑。真难为她了，憋得这么辛苦。

胡歌朝天花板翻白眼，尴尬的脚指头简直要把地板抠穿。

不过她只笑了一会儿就把注意力集中到了舞台，当齐格费里德王子击败恶魔，将白天鹅变回奥杰塔公主时，演出达到高潮。

演出结束后，演员们踮起脚尖再次登台，优雅谢幕。观众席上掌声此起彼伏，胡歌也跟着人群一同起立鼓掌。在一群端庄的礼服中有这么一个扎眼的毛衣存在，想不吸睛都难。

演出散场后，雨也停了。

胡歌跟在海羽书身后，不紧不慢地走在音乐厅外的广场上。

“你想笑就笑。”

海羽书手捂着腮帮，感觉脸笑得有点儿抽筋：“你不知道去音乐厅要穿正装吗？”

“我又不是常看芭蕾舞。”

“没事儿，谁都有第一次。”

“你会嫌弃我吗？”

“我为什么嫌弃你？”海羽书心想，我们又不熟。

胡歌喜滋滋地说：“那就好。”

两人沉默走了一会儿。

胡歌在酝酿勇气，见她心情好，不怕死地凑上去问：“你上次为什么突然生气了？”

“上次？”

“就是，餐厅，上次碰见你的时候，我们一起吃了晚饭，然后你突然就翻脸了，你忘了吗？”

“哦。”她好像在认真回忆。

“才过了没几天，你记性这么不好吗？”

她只是没想好怎么回答，也不想回溯过去。

胡歌有些得寸进尺："上次我说了什么惹到你吗？我就问能不能路上搭伴儿走，你就突然翻脸了。我妈说女人翻脸比翻书还快，我真见识到了。可我到底哪儿得罪你了？你也没说，我怎么会知道。你告诉我哪儿错了，我才知道雷区在哪儿，以后尽量不踩线。"

海羽书斜眼瞪他。

胡歌一捧胸口："嘻，我中弹了。你的眼刀还可以做暗器啊，就刚才那一眼，我感觉有个兵刃把我刺了个对穿。"

海羽书不想理这个戏精，大步朝前走。

"哎，别别，"胡歌三两步追上她，"别这样，你看不出来我在哄你开心吗？别动不动就生气，女人气性大容易长皱纹。"

海羽书裹紧大衣加快脚步，马丁靴哒哒地拍击着湿漉漉的石板路，她冲上一辆正在叮铃铃地驶过的有轨电车，如一只轻盈的蝴蝶闪身进去。电铃声铛铛地划过，车门缓缓关上。

路的拐弯处，胡歌没赶上电车，对着她的背影喊："喂！好歹告诉我你叫什么名字！"声音在清冷的夜里扩散，沿着街灯行走的格鲁吉亚人频频回头朝这边看来。

电车没有停下，懊丧的年轻人双手抱着后脑勺来回地走，那个不愿告诉他姓名的姑娘头也不回一下就消失在了夜色里……

武昌白云机场内。

吉墨云只有一个双肩包，连个托运行李也没有，弄得好像无事可做，他们已经有十几分钟没有开口说话了。

终于，他先打破沉默："下次假期，我还来看你。"

“下次？学校放寒假吗？还有两个月。”

“两个月后又见面了，不值得期待吗？”

“我现在很舍不得，高兴不起来。”

他想了想，用胳膊将她一圈，问她：“你读过苏东坡的《赤壁赋》吗？”

“干吗？”她都要哭了，“吉老师一天不上课就难受是吗？”

“读过没有？”

“怎么没读过，上学的时候不是都要背吗？”

“你知道我为什么喜欢苏东坡吗？”

“知道，你说过，苏大胡子是个大文豪，还是美食家，跟海南岛有渊源。”

“我喜欢苏东坡，是因为他豁达乐观的人生态度。你看《赤壁赋》，苏东坡的朋友在感伤‘寄蜉蝣于天地，渺沧海之一粟。哀吾生之须臾，羡长江之无穷’。他觉得人类太渺小，人生太短暂。可苏东坡却说：‘逝者如斯，而未尝往也；盈虚者如彼，而卒莫消长也。盖将自其变者而观之，则天地曾不能以一瞬；自其不变者而观之，则物与我皆无尽也。而又何羡乎！且夫天地之间，物各有主，苟非吾之所有，虽一毫而莫取。惟江上之清风，与山间之明月，耳得之而为声，目遇之而成色，取之无禁，用之不竭。是造物者之无尽藏也，而吾与子之所共适。’你看，时间流逝就像江水一样，你看它在流逝，但流逝的始终是一小段的水，而整个江水依旧长流不绝。你再看，月亮有阴晴圆缺，但月亮始终是月亮，它一直都在那里。《心经》里说，色即是空，空即是色。万物万事都在不断变换，可是苏东坡看到了一体两面，如果从事物易变的一面来看，我们的确是在变换。但是从事物不变的一面来看，万物对于我们来说都是永恒的。天地之间万物皆有主宰，不属于我们的外物，我一点都留不住。但我能拥有什么呢？江上之清风，山间之明月，耳朵听到了，就有了声音，万物进入眼帘，就有了形色，这些声音和景色是治愈我们的，是大自然恩赐的宝藏。我们可以无尽地享受，这就够了。苏大胡子看见了人生的须臾变幻，也看见了超越个体生命的永恒。他说你不要因为吾生之须臾而羡慕天地之无穷，你应该把无穷的天地万物拿来为吾生所享受。”他探到她的手，十指紧握，“谁都无法让时间停下来，可是我们有记忆，回忆留在心里，就能成为永恒。”

海疏雨点头，眼角还是湿的。

吉墨云给她擦掉眼泪，从背包的夹层里取出那本巴掌大小的手账本，放在她手里：“一会儿等我进安检后你再打开看。”

海疏雨乖乖点头：“苏大胡子真了不起，一个人怎么能这样豁达自在？在经历了人生的起起伏伏后还能保有这种质朴和天真，真难得。”

“你也喜欢他？”

“你喜欢的我都喜欢。”简而言之，我喜欢你。

当机场播报员的声音从广播里传出时，吉墨云不得不站起身，揉揉她的发顶：“我走了。”

一个人的饮食基因刻着家乡带来的烙印，吃不到一口锅里去的婚姻能走多远？

第十五章 留　守

飞机落地海口是凌晨，吉墨云回到琼中已近中午。

他回家先换了身干净的亚麻衣裤去给母亲的牌位上香，又去自家的木薯地里除了遍草。整村搬迁前，这个村子里家家户户都有菜地，就在房前房后。现在村民们住进新村，新房前后都铺着水泥，路面干净不少，遇着下雨也不愁淤泥积水毁路，就是少了菜园子。村民们学着城里人，用废弃的搪瓷盆子种些蒜苗、韭菜和小葱，一些爱美的姑娘家还喜欢种些太阳花和福寿菊。吉墨云拔了几棵葱，摘了些蒜苗，洗净手后，去厨房做饭。

门口传来闷闷的摩擦地面的声音，吉墨云不回头也知道，是父亲回来了。

吉墨云的父亲腋窝下架着副拐杖，他早些年去县城的建筑工地打工，被高坠的模板砸到腰椎，伤到了脊柱神经。吉墨云的父亲听到厨房里有响动就朝这边问："阿墨吗?"

"是我。"

"你什么时候回来的?"

"才回，"吉墨云扒了一段蒜苗扔进洗菜盆里，"你在廖阿公家聊天的时候。"

"怎么不去叫我?"

"叫你干吗?"

"你该提前打个电话给我，我先做饭，你回来就能吃了。"

"不用，我做饭挺快的。"吉墨云说，"廖阿公那儿能唠嗑，能下棋，有个乐子，你高兴就好。"

吉墨云的父亲挪到沙发上坐，拐杖搭在扶手上："你不回学校吗?"

"明天回。"吉墨云把剥好的蒜瓣放在砧板上，拿刀背拍开，热油下锅。

吉墨云的父亲看着儿子做饭的动作，捶了捶自己当摆设的两条腿。

吉墨云说："我坐飞机回来的，又不累，您别多想。"

"琼中又没机场，你就算飞到海口也得坐长途汽车回来，我是心疼你。"

"行了，阿爸，您就是想得太多，少想点儿，活得轻快些。"

"我倒是想轻快，可我还有一堆事放不下。"

"您有什么放不下的？现在日子越来越好了，村里搞整村推进，家家户户都搬了新屋。镇上又搞定点建设，弄民宿、发展旅游业。我毕业了、工作了，收入也稳定，您还操心什么啊?"

"我操心的你不知道啊？这眼看着你都奔三十了，村里像你一般大的小伙子早当爹了，你不着急吗？我知道，是我拖累你了，我要不是个残疾，凭我儿子这么优秀，一定有大把的姑娘抢破头要嫁。”

吉墨云听笑了：“阿爸，我又不是明星，怎么会抢破头呢？”

“你比明星好，我的儿子，我最知道。”

吉墨云麻溜地洗菜择菜，烧开水，炝锅。再一转身时，差点撞到老父亲，他“啧”一声，说：“阿爸，您站我后面干吗？也不出声。”

吉墨云的父亲端着老父亲慈爱的目光看他：“阿墨，那姑娘中意你吧？”

吉墨云端着碗碟往外走：“您一把年纪了，还这么八卦。”

“哎呀，这是八卦吗？我是关心，要八卦也是八卦我儿子的终身大事，又没八卦别人。”

“阿爸，我再炒个苦瓜吧？”

“哎，臭小子！”吉墨云的父亲瞪眼，“我不吃苦瓜，你自己吃去。”人老了就跟老小孩儿一样，吉墨云的父亲最怕吃苦，倒是爱吃糖，可是年纪大了，腿又不利落，吉墨云严格控制他吃糖，生怕他得糖尿病。还有酒，因为担心他伤肾伤肝，酒也不给他随便喝。今天倒是破例，吉墨云把碗筷摆好，问他：“喝点儿？”

吉墨云的父亲高兴：“家里还有山兰酒，我去拿。”

吉墨云按了下阿爸肩膀，解了围裙说：“我去拿。”

阿清骑着单车像风一样穿过乡道，蝉鸣声盖过车轮声，也压过了坐在后座的穆勒的惊叫声。

“你慢点儿，慢点儿！”穆勒用力扯着阿清的后背衣襟，“我快要掉下去了。”

阿清非但没有慢下来，反而将脚蹬子踩得愈加使劲儿，那车轮滚得像两个风火轮一样。耳边的风声呼呼的，穆勒忙用一只手按住头上的草帽，生怕飞了去。

父子二人对桌坐着，吉墨云倒酒。清亮的米酒近乎透明，在午后折射进屋的光线下泛着一层浅金的米黄色。山兰酒不比酱香型白酒浓厚，它的口感是一种温和的绵长，柔和中带着微酸的甜，没有涩感，是这里人最喜欢的家酿米酒。吉墨云的父亲是极爱这种酒的，菜还未吃，山兰酒已经下肚两杯。吉墨云不让他喝得那么急："阿爸您等等，还有一道菜。"

他回身去厨房，从电饭煲里拿出一个瓷海碗，里面盛着切成豆腐状的一块一块白色的吃食。吉墨云的父亲问："这是啥?"

"鱼糕，你试试。"吉墨云夹了一块放父亲碗里，"临走的时候她塞我包里的，从冰柜里拿出来时还滴水，多缠了几层塑料袋。她那边的特产，是她家里人亲手做的，你尝尝。"

他说的那个她，吉墨云的父亲心领神会知道是谁，笑得眼角的褶子又深了几分："还惦着我呢？真是个好姑娘。"说着，他夹起一片鱼糕就要去蘸酱油。

吉墨云忙阻止："别，会咸，鱼糕在制作的时候都放好佐料了，再蘸酱油就齁了。"

"齁了?"老父学他说话。

"海疏雨经常这么说。他们的菜都不用蘸酱油。"

老汉脸上表情微妙，他朝儿子后背拍了一掌："才去几天，就学人家的话，吃惯了人家的饭菜，回家来还吃得香吗?"

吉墨云拿起酒杯碰了下阿爸的："我是黎族的儿，吃咱家的饭长大的，您担心什么呢?"

老父亲一仰脖子干完一杯酒，嘴里嘶嘶地吸气："我担心什么，我这不是……唉……”

吉墨云忙拍他肩膀：“又多想了是不是？我保证，给您带个儿媳妇回来，好吗？”

“光带回来不行，得是你喜欢的。”

“行行，我喜欢的，我保证。”

“阿墨，”吉墨云的父亲一张褐黄色的老脸布满沟壑，嘴唇嗫嚅着，“都怪我，我对不住你，要不是我……”他用力拍着双腿，“要不是我不中用，总拖你后腿，兴许你都远走高飞，去寻个好发展了，说不定媳妇也有了，事业更上一层楼了。”

“阿爸您说这些干什么，我不爱听。”吉墨云也仰头干完一杯酒，马上又斟满。

“我知道，阿爸都知道，你虽然从来都不说，你心里的委屈，我都看着呢。要不是为了陪我，你毕业那年就去了省城，说不定还能去大城市发展。你回到咱们这个小地方，一辈子也就这样了。”

“哪儿样了，咱们这儿挺好的。绿水青山就是金山银山，以后县里要把黎村打造成有少数民族特色的旅游村寨，让寨子里的年轻人不用出去打工也能在家乡挣到钱，还能为家乡发展出份力，地里的稻田、药田、经济林都有人侍弄，也不至于荒废。挺好的。”

“是挺好的。”吉墨云的父亲红着眼眶，心里泛酸，“我知道挺好的，可那说的是没一技之长的农民，干这个合适。我儿子，我儿子可是高材生，学习那么好，脑子那么聪明，应该用在更好的刀刃上。是我耽误你了，不然你能去更好的地方，干出一番大事业。山村再好，也还是山里啊，这地方，是龙也得盘着。”

中午吉墨云的父亲喝得多了，人微醺，吉墨云把摇摇晃晃的阿爸扶进屋里去午休，再回身去收拾碗筷。他不由得想起，临分别时海疏雨问他的话：“吉老师，要是让你留在武汉工作生活，你觉得怎么样？”

吉墨云抬头，视线落在窗外那盆长得茂盛的蒜薹上面，窗外的风是和煦的风，满眼绿意盎然，却让他空叹一声。

下午吉墨云的父亲听到有人咚咚地敲门，他喊了几声“阿墨”，屋里没人应声，这才拄拐来开门，见是邻居王大森的媳妇儿。

王大森的媳妇儿来借秤，说是儿子买回来的肥料缺斤两，她要称一称。王大森的媳妇儿曾经是这个村子里少见的美人，如今年纪大了，腮上不挂肉，瘦削的下巴越拉越长，就显得人面相刻薄起来。其实最刻薄的不是她的长相，倒是她那张嘴，人们常说的碎嘴就是讲她这样的人。谁家床头床尾的事她都恨不得听了去，再嚼舌根传得更远。

吉墨云的父亲不喜她，碍于面子，也不能把不喜写在脸上。他错身让开说：“铁秤在客房放着。”

王大森的媳妇儿往屋里走，一边走一边眼睛乱转，把别人家里扫了一圈问：“你家阿墨还没回来吗？”

吉墨云的父亲说：“回来了。”

王大森的媳妇儿又问：“国庆假期去哪儿玩了？”

“上武汉去了。”吉墨云的父亲有些自豪，“看女朋友去了。”

“哟，找个湖北婆娘？”王大森的媳妇儿嘴里没好话，“我可听说了，湖北女人可厉害了。”

吉墨云的父亲压着脾气，心说，你知道个啥。

王大森的媳妇儿也没察觉到他不高兴，自顾说：“要我说，找个什么样的不好，干吗非要找外地的？可惜咱们村寨里的适婚年龄的姑娘差不多都嫁了，要是早些时候，阿墨这么好的条件，我怎么着也要给他说一门好亲事的。不过阿墨爸，你可别因为着急催着孩子结婚，他头脑一热找个不好相处的带回来。俗话说鱼找鱼虾找虾，蛤蟆的儿子找青蛙……”

呸！吉墨云的父亲心想，你才蛤蟆，你才青蛙。他真想找块抹布把这张烦人的嘴堵上。可偏偏嘴碎的人最没眼色，她越说越起劲，吉墨云的父亲的脸色就越难看。王大森的媳妇儿还要唾沫横飞地说下去，吉墨云的父亲已经把大门打开，拿拐杖磕磕门框，一副送客的架势。

诺丽不在村寨，她到别的乡参加同学的婚礼去了。

阿清送穆勒回家，自己在村里闲逛了一会儿，倍感无聊。虽然什寒村风景旖旎，村口还立着硕大的碑，上面刻着“天上广寒，地上什寒”的红字，乡里镇上也都宣传什寒村是中国最美乡村，可他并没觉得有什么新鲜。毕竟什寒村的名气早就打出去了，近些年慕名来旅游的人很多，村里还多了好些外地人在这里开客栈，建汽车旅馆、露营基地。

阿清经常来这儿，觉得既熟悉又陌生。熟悉的是建筑还是以往的石头房屋，瓦顶院落都没变，连穆勒家门前菜架子上的丝瓜藤子都没变。陌生是越来越多的外地人来这里，连穆勒家都辟出一间临街的房屋改成了店铺，专门兜售山里的特产。穆勒说，她还帮不熟悉网络的阿爸阿妈弄了个农村淘宝的网店，只要学校放假，她和阿妹都会在店铺里帮忙，石斛、灵芝和土蜂蜜是卖得最好的，也有些特别的客人会特意上山来买药酒。

这个时节，村口的荷塘早已没了莲蓬和花，却还有满塘的荷叶。阿清走到村路口，看到一家新建的客栈，用木质栅栏围着，显得古香古色。他忍不住好奇走进去，顺着栅栏围成的小路做指引，一直走到客栈门厅里去。店主是个四十岁上下的中年男人，问阿清找谁。阿清支支吾吾地问：“我能来这儿打工吗？”

“打什么工？”

“就……寒暑假那种，帮忙的，做兼职。”

老板上下打量他：“小伙子，你多大了？”

阿清马上说：“十七岁，马上就十八岁了。”

老板只是笑笑，客气地送他出去。

阿清觉得没意思，去村委会的篮球场取了自行车就往外走，临走他还往文化广场看了一眼，舞台上搭着红绸子，上一场戏的布景还没拆完。

穆勒赶来追他，紧赶慢赶赶上了，往车把上挂了一袋自己家做的酸豆角，叮嘱他：“你要下山啊？得慢点儿。路不好走你就下来推，别耍帅，容易跌跟头。”

阿清觉得她絮叨：“你比我奶奶还啰嗦。”

穆勒朝他车屁股踹一脚，他正用劲儿踩出去，穆勒踢了个空，叉着腰喊：“听着没？下山慢着骑！”

阿清咧嘴笑。

主村道铺着青砖大小的石板路，车轮在上面并不好骑。他就慢慢骑，朝路两边看，所有的房屋墙壁上都画着黎族和苗族群众生活的画面，舂米的、跳竹竿舞的、酿酒的、摘槟榔的，个个都在咧嘴笑。什寒村是个黎族、苗族混居的村子，墙上画的人都穿着鲜艳的黎族衣裳、苗族裙子。看到那些色彩鲜艳的绣花裙，阿清又想起了诺丽，想着想着，车轮碾过一块翘起的石头，整个人差点跌出去。阿清觉得丢脸，忙左右张望，发现没人看到，便使劲踩踏板冲出村寨。

他骑到山脚时，风正从山谷里吹过，稻子齐刷刷地朝一个方向歪着头。什寒村的山脚就是赫赫有名的白沙起义策源地共建村，村头屋舍之间旌旗猎猎，椰树连绵。山坳里有种恬淡的静谧，他骑车冲向不远处的石桥，眼角瞥见共建村的村委会，几个鹤发鸡皮的老人正坐在红砖长廊前含饴弄孙。阿清摇着车铃叮铃铃地冲过去，几个老人频频回头看。

在阿清的视线里，山脚的稻海在阳光下摇晃，像月光下的海浪，镀着一层金色的流光，温和而柔软，摇着摇着，他就沿蜿蜒的乡道冲进了下一个路口。

阿清的车骑到合老村村口时，正好与去镇上买鸡鸭回来的吉墨云碰上。

“吉老师，”少年跳下车喊，“您什么时候回来的?”

“今天刚到。”吉墨云抬手扬了下菜篮子，“要不要去我家坐坐?”

“好啊。”阿清求之不得。

吉墨云带他回家，跟阿爸打过招呼后就去厨房忙活晚饭，他对阿清说：“我看出来了，你就不爱在家待着。”

“在家待着我总有砸东西的冲动。”阿清走过门口自来熟地抓了一把葵瓜子嗑，“我也知道这样不对，可我忍不住。每次我奶奶絮絮叨叨没完没了的时候，我就想把屋顶掀了。我也怕我控制不住自己这脾气，您也知道，人气急的时候说话也难听，虽然是无心的，但说出去的话泼出去的水，奶奶听了会伤心。事后我也后悔，可话赶话，我就是憋不住。奶奶现在身体也不好，我不敢气她。所以我就往外跑，尽量不待在家里……”说到这里，他音量渐小，“吉老师，您会讨厌我吗?”

吉墨云认真想了想，说：“我像你这个年纪，也没比你现在好多少。”

“真的？”

“嗯。陶渊明有句诗是这样说的，‘昔闻长者言，掩耳每不喜’。我也常常犯这个毛病，不论我阿爸有多疼我，我都不愿听他唠叨。我接受他的慈爱，却不想接受他的训诲。这是大多数人的通病，尤其是孩子，更不喜欢家长挂在嘴边的‘听话’两字。”

“我不是孩子。”阿清负气地踮起脚尖，好像这样就显得他立刻高大起来。

吉墨云拍拍他的头，把他双肩按下。

“吉老师，我顶撞奶奶都是不得已的，我也不是天生就这样。有时候，我觉得家里空得慌，我又闷得紧。你明白我吗？”

吉墨云点点头，大多数留守儿童都有这样的情绪，觉得心里闷，无人诉说，那种空落落的感觉像天上断线的风筝，没有依托。如果父母在身边，能给他们一份完整的童年时光和家庭生活，或许苦闷能消减大半。

阿清是闲不住的，看到吉老师一边做饭一边拿手机搜索黄焖鸡的做法，忍不住伸长脖子边看边抱怨：“老师，我们平时都吃白斩鸡，你为什么要学黄焖鸡？看着就很复杂的样子……”

吉墨云的嘴角微抿了起来：“因为老师喜欢的人是湖北人，她喜欢吃黄焖鸡，不喜欢吃白斩鸡。”

“她不喜欢可以不吃，我们喜欢就行了。”阿清不服气起来。

“可我想学这道菜，以后有机会做给她吃，让她开心些。”

“喜欢一个人，要做这么多吗？”阿清懵懵懂懂。

“一个人喜欢另一个人，并不是喜欢就够了。我能为她做的事情很少，就想在能力范围内多做一些，哪怕只有一点点，只要她能感受到我的诚意，我也是开心的。”

阿清似懂非懂，有些恍然：“这就是努力朝另一个人靠近的意思吗？”

“嗯？”吉墨云抬眼看这半大孩子。

少年挠头，双颊微红起来：“穆勒跟我说过，如果我喜欢的人特别优秀，优秀到常常让我感到自卑，那我就要多努力，这样才能让她注意到我，让她看到我在进步。老师，你现在做的事情，是不是也是为了这样？”

“差不多吧，意思相近。”

“可是做吃食比学习容易多了。”阿清嘟囔着，“学做一顿饭，也许几个时辰几天就能学会，可我要是把每个学科都学到名列前茅，那得多长时间。”这样想着，阿清的头低垂下去，丧气起来。他觉得这是永远也不可能办到的。

“长风破浪会有时，直挂云帆济沧海。你连尝试的勇气都没有，又有什么资格去靠近喜欢的人？”吉墨云停下手中切菜的刀，再看看阿清，眼中多了份了然。

阿清若有所思。

“八角两个、桂皮一块、香叶两片、豆瓣酱两汤匙、小米椒四个……”吉墨云在准备佐料。

阿清在一旁念叨：“我们的手指糖、炸球、黑豆饭、椰子饭、津爹嘛、黑猪肉粽、炸包、酸凉粉、三色饭……都是好吃的，你怎么不让对方学一学你爱吃的菜？”

吉墨云笑了：“如果那么计较得失，就不是真的喜欢了。”

阿清撇嘴：“老师，我们黎寨里的姑娘不好吗？您为什么非要喜欢一个外地的？”

“外地的？”

“嗯，就那个……汉族的，我听寨子里婶婶们八卦过，说你喜欢上了个外地的汉家女，她不是我们黎族……”阿清的声音弱了下去，因为看到吉老师目光变得严厉冷沉，不似以往柔和。

吉墨云将切好的鸡肉拢起并倒进铁锅，佐料一并撒下去，加水，盖好锅盖。然后擦了擦手，面对阿清竖起十根手指：“你看，这是什么？”

“这……不是手吗？”阿清疑惑，猜不透吉老师的用意。

“不，这是黎族，”吉墨云收起大拇指，“这是苗族，”接着收起食指，“这是汉族，”然后是中指、无名指、小拇指……“这是回族、藏族、维吾尔族、水族、土家族、白族……”他对五十六个民族如数家珍，“我们之间是紧密联系的，都长在同个手掌上，一荣俱荣，一损俱损，不可分割。明白吗？”

阿清难得看到吉老师这样严肃的神情，不自觉地吞咽下口水：“懂了。”

吉老师满意了，摸摸阿清的发顶，继续淘米煮饭：“阿清，下次想发脾气的时候，想一想诺丽。”

“想诺丽干吗？”阿清的嗓音陡然拔高，急于掩饰，“我干吗要想她？我……我才不要哩……”

吉墨云淡笑着，把电饭煲开关按下：“奶奶讲话的时候你嫌唠叨，听不下去了你就想想诺丽。想一下，诺丽平时对病人的耐心。你看，诺丽什么时候乱发过脾气？”

阿清的脸像熟透的苹果，连耳根也红起来：“那倒是，诺丽姐脾气最好，我还从没见她胡乱发过脾气。”

“你喜欢这样的诺丽吧？”

“我是喜欢不乱发脾气的人……比我强多了。”阿清还是嘴硬，他尴尬地胡乱揉两下鼻尖，不自然地别过脸去。

吉墨云空拳虚顶了他的肩膀一下：“就是，诺丽那么多优点，学着点儿，先把你的坏脾气改掉。”

阿清若有所思：“对哦，诺丽姐那么温柔，肯定也喜欢不乱发脾气的人，我是得改改……”

吉墨云的父亲拄拐杖出现在厨房门口的时候，就听到吉墨云正跟阿清说：“喜欢一个人并不可耻，尤其是你这个年纪，一份纯真的喜欢特别可贵……”

吉墨云的父亲假咳，打断了儿子的话。

二人齐齐回头看向吉墨云的父亲。

“饭好了吗？”吉墨云的父亲掩唇问。

“您感冒了吗？”吉墨云担心地走过来想要搀扶父亲，被对方挡开。

“没感冒，就是问你饭好了没有。”

“再有二十分钟开饭。”吉墨云回到灶台边麻利地收拾砧板，“您别往这儿站，万一滑倒就不好了。”又示意阿清陪老父亲下棋去。

吉墨云的父亲担心地看一眼儿子，又看看阿清，欲言又止。

三人吃过饭后，阿清离开。

吉墨云的父亲责怪吉墨云：“你跟学生说什么喜欢不喜欢的？你看你说的那些话，哪里像个老师该说的？这要是让别有用心的人听到，该说你不务正业、误人子弟了。”

吉墨云低着头，边洗碗边笑。

“我说你呢，你还笑。这么大人了，还得我操心。”吉墨云的父亲埋怨，“一个搞不好，学生要是早恋了，你当老师，不得担责任吗？”

“阿清不会的。”

“你又说不会，你哪里知道别人是怎么想的。小孩子年纪小是非观不稳定，教的时候还都怕惹火烧身，你倒是好，一点老师的威严都不立起来，还跟他们交朋友。他们跟你处得关系好，分数就能往上拔了？你的业绩就有加分了？升学率有保障了？你真是……”

“干吗要想那么势利的东西，升学率和成绩单都是结果，我希望我的学生能在他们的高中生涯留下更美好的东西，这个过程我觉得更重要。成长、感悟、快乐，这些本源的东西不是比成绩单更有价值吗？引导得好，他们可以受用一生。”

“你啊你，你就是太理想主义了。你看看现在哪个学校不重视升学率？旁的都不是正题，升学率才是硬杠杠！哪个老师不指望学生提分然后自己升职加薪？你对你的学生掏心掏肺，再好又怎么样，短短三年，送走一拨又来一拨，铁打的学校流水的学生，有几个走了后还能记得山窝窝里有个吉老师的？”

“不记得也没关系，我在他们心里留下一颗善意的种子，以后能不能开花结果全靠他们自己。但我相信将心比心，这和凭功利心去对待，还是会有很大不同的。现在也许看不到，兴许十几年几十年之后，会有大的改善。”

“唉，怎么说你都不听。”

吉墨云端着一盘洗好的苹果出来，坐在父亲对面削果皮：“阿爸，您也说了，学生们现在年纪还小，是非观不稳定。我希望我的学生，在学书本知识之前，先学做人。首先做个善良、正直的人，这样，无论他们以后从事什么职业，都不容易入歧途。”

“你这愿景是好的，可世上的事，并不能全凭你的期望发展下去。”

吉墨云把削好的苹果递过去：“阿爸，您不用担心，我有分寸的。”

“分寸分寸，分寸是最难把握的。阿清才十七岁，正是血气方刚的年纪，太容易把持不住自己。你今天同他讲的话，一百个人来理解就有一百种意思，你是真不怕被人抓小辫子啊？要是这个学生搞早恋，再被人传出去是你教化他什么‘这个年纪喜欢一个人并不可耻’，你是真不怕问题闹大。”

“阿爸，您多虑了。”

“你啊，无论多大都让我有操不完的心，谨言慎行，总是没错的。”

吉墨云摇头：“阿清是个嘴硬心软的孩子。他父母常年不在家，没有适当的家长监督督促，又跟阿窦这样的孤寡老人一起住，很容易性格变得偏执孤僻。他能有诺丽这样可以给他带来正面影响的朋友，是很难得的。你别看他平时生猛得很，可要是诺丽站在他面前，他手脚都不知道往哪儿放。这样一个孩子，你觉得他会主动去跟诺丽说喜欢，主动去追求人家吗？不会的。但是阿清看得到诺丽的优秀，因为喜欢的人很优秀，自己也会想要变得优秀，这个倒是有可能……”

国庆假期结束后，医院正常排班。

海疏雨总在休息时间看一本手掌大小的手账本，后来这事连病人都知道了。有一次她查房，路过李巍的病房时，连李巍的母亲都打趣她：“海医生，心情这么好，吉老师真应该多来看看你。”

海疏雨有些不好意思，倒也不扭捏，她把那本手账本拿给李巍和李巍的母亲看：“这是吉老师画的。”

“哟，画得真漂亮。”李巍和母亲都惊呼起来。

手账本上是吉墨云画的海疏雨和他相识相知的过程，不仅有来武汉后的种种，还有他们在海南的游山玩水、玩漂流、穿越雨林，那一幅幅速写就像一帧帧真实的镜头在记录。李巍的脊柱经过二次手术改善了一部分，头可以稍稍抬起来看画本，却不能仰高。李巍的母亲一直拿着本子配合着他的眼球转动。

当本子翻到最后一页时，李巍和母亲同时怔住了。那个画面里，穿着病号服的李巍离开了病床，双脚站立，挺直着背向母亲伸出双臂。吉老师给了她的病人一个完美的遐想画面，他让李巍直立着站起来了，这是吉墨云在借画祝愿李巍能早日康复。

李巍捧着手账本呜呜地哭起来，李巍的母亲也扶着儿子的脊背咬唇抽气。

海疏雨把那一页纸从手账本上撕下来，交给李巍的母亲：“要有信心，李巍一定能直立起来走路。我们一起加油。”

李巍和母亲哭着点头，连声说“谢谢”。

海疏雨下了夜班已经深夜，她心力交瘁：“吉老师，我很累，现在除了身体疲惫还有心累，我心情很不好，你快安慰安慰我。”她说的是实话，一上手术台连站几个小时，外科同事没有几个不得静脉曲张的，还有人憋尿成习惯累出膀胱炎的。“医生也是人，我不是在抱怨。”她说道。

“我知道，”他柔声细语地哄着，“你只是太累了，我允许你撒娇。”

“吉老师，你真好。”

“海医生，辛苦了。”

“唉，要是人人都能理解医生的辛苦就好了。”她走到路边招手叫计程车，上车后向椅背歪头靠着，懒懒地说：“我这几天调休，同事告诉我，三天前介入科的一台手术出现了术后并发症，病人家属情绪很不好。”

“疏雨，”吉墨云很担心，“你一定要注意安全。”

“我知道。”

我知道，这三个字很轻地从她口中说出，却没让吉墨云安心。以前他从不知道牵肠挂肚是这种感觉，可有多少苦涩，就掺着多少甜蜜。人生那么长，只有看见那个对的人，才想把彼此最好的时光拿来陪对方挥霍。

这世上有一些人，甘愿或者不甘愿都在为别人画地为牢。人与人之间的联系，总有一笔赊账在轮回……

第十六章／羁　绊

海羽书在玻璃上哈出一口气，拿手指在形成的雾面上随意涂画。

胡歌在一旁安静看着，视线不自觉停在她的手指上。

她的手指生得很漂亮，纤细的，像骨瓷一样白皙，没骨头似的微微蜷着，指甲上没有什么乱七八糟的甲油色，透着一种细腻的珍珠光泽，看起来很乖。他的视线再挪到她的脸上，一时挪不开眼。

缆车速度很快，只用两拉里（格鲁吉亚货币）就能到达母亲堡垒，可以俯瞰整个第比利斯全景。海羽书的脸一直侧着面对他，她在看轿厢玻璃外的风景，睫毛始终低垂着，整张脸映在金红的夕阳里，有种极具张力的古典美，就像萨金特笔下的油画。

“看够了吗？”海羽书头都没抬。

她知道他在看自己。在如此逼仄的空间里，一个人的视线停留在另一个人身上，不可能感觉不到。

“咳咳……”胡歌掩着口鼻假咳起来，“那个，谢谢你。”

海羽书的眼珠转过来，看着他。

“我是说，谢谢你陪我来看Nariqala要塞，毕竟我曾经求了你几次，你都拒绝了。”

海羽书再次把眼珠转去看窗外：“只是不想欠你的。陪你来看Nariqala要塞之后，我们应该不会再见面了。”

“你为什么这么固执呢？多个朋友多条路，多个仇人多堵墙。你妈没教过你这些吗？何必拒人于千里之外，我又不是什么坏人，只是都在国外，既然已经认识了，相互有个照应不好吗？”

“我知道你不是坏人。”海羽书淡淡地说，“不过也仅此而已了，我不喜欢交朋友。你还是尽早找别人搭伴儿的好。”

“为什么啊？你这人怎么这么轴啊？人在世上不交朋友怎么活，多孤单哪。”

海羽书嫌他聒噪，干脆头顶着玻璃，闭上眼睛假寐。

如果这世上真有阴魂不散的人，大概就是说胡歌这种的。几天前海羽书已经做好了跟他老死不相往来的准备，没想到很快又见面了。

她这人是这样，去音乐厅放松一下当作沉浸式体验生活后马上又开始没日没夜地剪片子做后期，累到身体虚脱才发觉是饿的，空腹低血糖的后果是她脚步发虚、手抖眼花，决定出门觅食。她在下山坡道那家她经常光顾的面包店前晕了过去，有个人冲过马路来扶起她，紧张地大喊：“喂！你怎么了？你睁开眼睛看看我！你说话啊！你别死！你还没告诉我你叫什么名字呢！”

海羽书眼皮沉重，又饿又疲倦只想昏睡过去，偏还有个高音喇叭样的声音不停地在耳边吵。

后来，她在路边的长椅上醒来，身上裹着他的羽绒服，太阳晒得人睁不开眼，身上暖融融的。他把一杯热可可塞进她手里：“以为你多厉害，还不是把自己照顾得一团糟。”

“人是不能没有朋友的。”缆车轿厢里有小小的回壁音，胡歌还在她耳边唠叨，“你知道吗？我老家有个表姨，我表姨夫去世后她就变得特别孤僻，跟谁都不说话，她也没孩子，最后一个人在家里去世了，都没人发现。一个星期了才有邻居喊警察来把门撬开，人在屋里都臭了，你说多可怜。人哪能孤零零地活在这个世界上呢，总得有朋友的……”

海羽书倏地站了起来。

胡歌吓一跳，以为她要打他，还往后靠了靠：“你干吗？”

海羽书拿围巾围了围脖子和嘴巴，嗡嗡地说：“到了。”

缆车果然进站了，玻璃门吱呀一声打开，海羽书最先跳下去，胡歌也紧跟着下车。

太阳正沿着远处山脊的曲线向下滑落。胡歌举起手中的单反相机拍照，嘴里一个劲儿地说：“哇，太美了！好壮观！”

海羽书拽着他跟着人群的方向走，他仍在一旁说个不停：“时间早了点儿，要是黄昏时分来坐缆车，正好能看到华灯初上，整个第比利斯的夜景都在我脚下，简直爽爆了。”

海羽书克制着想翻白眼的冲动：“以后你随时都可以来，多来几次总会赶上华灯初上的。”现在他们慢慢朝前走，所见便是格鲁吉亚最古老的防御要塞Nariqala，虽然已是残垣旧壁，但仍能感觉沧桑和庄严。巨大的十字架俯视全城，四周是萧瑟的青灰色基调的山脉，一种悲凉雄浑的威严感笼罩着他们。

再远处可见的母亲堡垒，是格鲁吉亚之母的雕像，女神右手持剑守护着格鲁吉亚人。胡歌一直举着相机到处取景拍照，海羽书就安安静静地坐在岩石边，她的背影也与四周的山景融于一体，显得十分落寞。

胡歌在她背后偷拍了一张，关上相机，他也坐到她身边去。

“从这个角度看，还挺浪漫的。”他为了活跃气氛没话找话说。

俯视角度的第比利斯街道和建筑的确有种梦幻感，不管是古老的欧罗巴风格还是流线感的现代建筑，都在起伏的地势上错落有致，一半古典，一半魔幻。

海羽书始终微垂着眼睫毛，给人一种距离感。

胡歌觉得这人真是浑身带刺儿，可又偏偏不想错过。他讨好地问：“哎，你都说了，我不是坏人，为啥还防贼一样防着我?”

海羽书斜他一眼，实在觉得这人脑子有毛病，我几时拿你当过贼?

胡歌见她没说话，开始在她的忍耐边缘疯狂试探：“那你告诉我呗，我们都见过几次面了，你也看过我的身份证，我连你姓什么叫什么都不知道，有失公允。”

海羽书挤出一个笑容：“说了以后不必再见，知道名字有什么用。”

“那不一样，说不定以后哪天，或者是我老了以后的哪天突然回忆起，有这么一个下午，有个同胞姑娘和我一起坐在Nariqala要塞看日落，这么美好的回忆，怎么能连你的名字都不知道，那这份记忆是不完整的，我会留下遗憾。”

“你还真够执着的。”

胡歌看着她，就是等着她说名字。

海羽书无奈：“海羽书。大海的海，羽毛的羽，书本的书。”

胡歌眼睛发亮：“是真名吧？”

海羽书挑眉看他，那架势真想把他推下去。

胡歌拱手告饶：“我错了，女侠，与人为善，待人真诚，我叫胡歌，很高兴认识你。”他伸出一只手，等着她相握。

海羽书皱眉看看他的手，屁股一抹调个方向从岩石上跳下去走了。

她还是不想理他。

胡歌自个高兴，冬天即将过去，春天还会远吗？知道了名字，就算是交朋友的第一步，接下来，他有信心能再靠近她。

都已经十月的天了，琼中还是这么热，蝉鸣的鼓噪声比火车鸣笛声还要激烈。当这蝉鸣声停歇的时候，人们忽然觉察出山里的静来。

阿清拿着火钳子从灶肚里往外掏一个个烤得焦黑的红薯，火光映红了他的脸，铁钩子从灶洞口带出一串细小的火星子。

奶奶坐在灶台边的小木墩上，眼睛里有摇晃模糊的火光在闪烁。她的眼睛越来越不好使了，看什么东西都像是蒙着一层油污，牙齿也脱落得厉害，只能吃些稀烂的东西。不久之前，阿清还在挑剔奶奶做的饭，嫌奶奶炒的菜是猪食。如今，他也学着奶奶那样，把菜叶炒到烂熟。

“奶奶，吃地瓜。”阿清把焦黑的红薯皮揭掉，露出黄澄澄的心来，香气扑鼻。奶奶的嘴皮子蠕动着，紧眯着眼。她在努力端详阿清的脸，怎么看都看不清，阿清的五官模糊成了一片。

“你吃。”奶奶往外推。

“我还有，多着呢。”

奶奶接过去，嘬一口糖稀一样的红薯芯，苍老的脸上显出孩子般的笑容，她说：“甜。”

“好吃吧？”阿清也笑起来，门牙鼓鼓的，嘴角几乎要咧到耳根去。

奶奶说：“阿清，你长大了。”

阿清挠着后脑勺不好意思起来：“人总得长大的。”

奶奶又问：“你怎么想明白的？”

“穆勒说的。”

“穆勒是谁？”

“我们班学习委员。”

“哦，奶奶想起来了，就是那个挺漂亮的小姑娘，上次来过我们家。”

“漂亮？”阿清觉得奶奶的眼神儿不好，诺丽那样的女孩子才是真正的漂亮。

奶奶捂着嘴和豁牙呵呵笑起来：“我们阿清真的长大了。”

阿清后知后觉：“奶奶，那就是我们班的一个同学，不过她说话挺像吉老师的，我觉得有点道理。”

“她都说了什么？”

“她说，每个人都对一些事情有着无能为力的痛苦和遗憾，那为什么不努力减少这些遗憾。总而言之，尽量少做让自己将来会懊悔的事情。”

“什么时候说的？”

“就上次您摔了，在医院等CT结果的时候她说的。”

奶奶点点头，又怜爱地摸摸阿清的头发："阿清，别怕，奶奶不会那么容易死的。"

阿清的心像被刀捅了一下似的，猛地挥开奶奶的手："您别胡说，什么死不死的……"

自从上次两个人一起游览过Nariqala要塞之后，胡歌就把自己划拉到海羽书自己人那一拨中去了。那天从山上下来时，天已经黑透，他坚持要送她回出租屋，并且礼貌地表示自己只送到楼下，绝不上去。

海羽书完全没想到，隔天他又来了。

她的出租屋位于靠近库拉河的一个半坡之上，她住的那间就在这栋四层木质结构小楼的第三层。房东太太的英文发音很慢，带着白俄罗斯人的口音，胡歌跟在头发花白的老太太身后。他们走在嘎吱嘎吱的老式旋转楼梯上，房东太太还在慢悠悠地介绍这栋老房子的历史。

海羽书的房间两面皆有窗，视野开阔，与餐厅仅一墙之隔，还有个自带的小露台能晾晒衣服。房东太太敲门进来的时候她正趴在露台上往下看楼下的街巷，阳光照着她的头顶，眼睛正眯成半弧的缝，一副闲散的慵懒模样。

海羽书回头时，身子还趴在栏杆上没起来。

房东太太笑眯眯地指了指身后的小伙子，胡歌举起手中拎着的袋子，冲她摆手打招呼。

海羽书吃了一惊："你怎么找上来的？"她脸上的表情既不耐烦又很抗拒。

房东太太见他们确实熟识，便笑眯眯地下楼去了。

胡歌打量她的房间，普通的家庭旅馆特色，布置得很随意。

“你别拒人于千里之外，好歹我们算是朋友吧。”

“谁跟你是朋友？”

“一个桌上吃过饭，我还帮过你呢，要是没我，你那天就拥抱大地了。”

海羽书拿手掌揉脑门，送客的话就在嘴边上。

“别赶我走，我一个人闲逛实在无聊。你吃饭了吗？”

海羽书剪辑片子，吃饭时间不固定，一般都是饿了才吃几口，不饿就连轴干活。她刚刚是去露台上活动下脖子喘口气，没想到这不速之客就乘虚而入了，还不把自己当外人。

不速之客坐在屋里唯一一张凳子上，要把他拎在手里的袋子往桌上放。

桌子窄，上面放着她的电脑、移动硬盘和各种资料，海羽书大叫：“不许放桌上。”

胡歌的手悬在半空：“那我放哪儿？”

“你爱放哪儿放哪儿，反正不许放桌上。”她生怕宝贝作业被碰坏了。

胡歌脖子转了转，扫视一圈，除了那张看着像炒锅里的菜一样乱的床，实在没别的地方可以放东西：“哎，你一个姑娘家，日子过得真糙。”

“谁让你不请自来的，你一个男的，随便跑到一个女人房间里你不觉得不合适吗？”

“我是给你送吃的来了……”胡歌抖了抖手上的袋子。

海羽书把他拽起来：“你起开，我这儿都是数据资料，你弄乱了我就白忙活了。”

胡歌看到她噼里啪啦地一通操作，问她：“你在剪片子？”

海羽书不想理他。

“我不乱动你的东西，我就是来看看你。”

“看完了，你走吧。”

偏这人油盐不进：“你肚子饿吗？”

平心而论，海羽书的五脏庙空着。可她不想跟他搅和在一起，她睨他一眼：“你不是带吃的了吗？”

“是啊。”胡歌手里的塑料袋发出哗啦啦的声响，“有鲮鱼饭团、排骨饭团，你这儿有微波炉吗？加热一下就能吃，我还买了薯片和啤酒，你想喝两杯吗？”

海羽书站起身一把接过袋子，把胡歌推出了房门：“谢谢你来看我，不送。”

胡歌一脸蒙，被推出门的瞬间感觉到自己手心里多了点儿东西，他低头一看，是几张拉里：“哎，你这样我会抑郁的，我真是好心来看你。”

“看完了，你走吧。”屋内的人像个毫无感情的机器，把不请自来的客人当垃圾轰扫出去。

胡歌觉得自尊有点儿受伤，但转念一想，如果不这样似乎又不是她了。她不就是这种强按头喝水偏不喝的主吗？要是个“顺毛驴”那就不是她了。

隔天，胡歌又来了。

之后胡歌天天来，而且回回都不空着手，总往她那儿送东西，有时是一袋水果，有时是一个手掌大小的花盆，里面长着一棵像草一样细瘦的植物。胡歌有礼貌，见到房东太太总是先点头打招呼，还给房东太太带伏特加和白兰地，或者薄煎饼、香肠、酸黄瓜和淡奶油，糖衣炮弹不管在哪儿都好使，房东太太很快就把胡歌当成了自己人，对待他如春风般亲切。

海羽书觉得不胜其扰，尤其是她要偶尔直播的时候，他的擅自闯入简直让她差点儿破口大骂。

“你能不能别来了?”她拉下脸来。

胡歌才不管她的脸色，只管把旧报纸铺在地板上，盆盆碗碗地摆上一堆：“我不来你又不按时吃饭，老是这么搞不把胃搞坏才怪。”

“你能不能不要像我妈一样干涉我?”

“我没干涉你啊，”胡歌吸了下手指上沾的菜汤，“我只是关心一下朋友，你看你一个人在异国他乡，万一因为不按时吃饭搞出个胃肠炎胃穿孔什么的，疼死你都没人发现，隔天报纸上说不定还得上个头条，说一个中国姑娘自个儿把自个儿饿死了。你瞅瞅，多给祖国丢份儿啊！人家房东太太也没跟你结仇，干吗跟人家过不去，你要是嗝屁了人家这房子还租得出去吗?”他一个人叽里呱啦说了一通，还举着筷子等她来接，“愣着干吗?吃饭。”

海羽书简直要七窍生烟：“我不吃，你出去。”

“别这样，我都摆好碗筷了，饭要趁热吃，凉了对胃不好。”他用温言哄着。

海羽书这辈子就怕遇见厚脸皮的，偏偏这人脸皮不比城墙薄，她连续吐纳几个深呼吸，脸上写着“认命”二字过来接筷子。

“这就对了。”胡歌喜笑颜开，他盘腿儿坐在厚垫子上，拿起一个格鲁吉亚奶酪面包吃起来。海羽书在他对面的垫子上坐下，他把去餐馆里打包的菜推到她面前，“你吃这个，这个我试过，挺好吃的。”格鲁吉亚人喜欢把厚厚的黄油和芝士放在蘑菇的菌盖里一起烤熟了吃，就像法国人喜欢把各种口味浓厚的芝士放在一口锅里做芝士火锅，再用放了几天的面包块蘸着吃一样，虽然看着腻，但吃起来很香。

海羽书看着面前这厚脸皮的人，心想他真是把死猪不怕开水烫的精神发挥到了极致。两人吃完饭，胡歌收拾好垃圾，将袋子拎到门口处，自己又折回来，把刚才坐过的那张厚垫子拖到露台。他坐上去伸着大大的懒腰，阳光斜斜地铺在他身上。

“你怎么还不走？”海羽书在桌子前做了半套青少年广播体操，打算开始剪片子。

“我是好心来投喂你的，人家吃水还不忘打井人呢，哪有自己刚吃饱就赶人走的道理。”胡歌寻了个舒服的姿势靠着栏杆，抱着双臂闭眼打盹，“吃饱了晒着深秋的太阳好舒服，我睡会儿，你干你的活。我也没有打呼噜的毛病，不打搅你。”

第比利斯深秋的暖阳是橙色的，有别于西格纳吉的红，很温暖，也让人犯懒。海羽书看了他一会儿，见这家伙当真睡着了。她无奈，反正这牛皮膏药赶也赶不走，只好随他去。

太阳渐渐西斜，阳光在屋里照亮的弧影在变换，在移位，在削弱。海羽书披着一张毛毯坐在桌前，眼睛里映射着屏幕上的蓝光，一会儿闪烁，一会儿晶亮，她聚精会神，一丝不苟。胡歌早就醒了，他连动都没动，就这么安安静静地看着这样的她，仿佛在看一幅隽永的帛画，若不是屋里的光影在流动，这幅画面仿佛地老天荒了。

海羽书调好最后一帧的后期数据，敲下保存键，扯了一下肩膀上的毯子。她准备起身去倒水喝，视线落在露台上，看见胡歌正一动不动盯着自己看：“你醒了怎么不出声啊，吓我一跳。”

他难得安静不聒噪，只是看着她微笑。

房东太太的猫迈着猫步跨进了房门，像水一样无声无息地走到露台。胡歌的一只手摊在地上，他勾勾手指，那只灰色的安哥拉猫立刻探头踱过去。他用五指给它梳理毛发，猫咪舒服地喵几声，那双黄金一样透亮的单色眸子眯起来，下巴搭在青年的膝盖上。

海羽书更觉得无奈："连房东太太的猫都被你收买了。"

"你知道为什么有那么多人愿意做铲屎官吗？"

"因为无聊、寂寞。"她没好气。

"因为撸猫特别解压，你就是给自己压力太大了，来，你撸一撸猫试试，你会感觉很神奇的。"

海羽书站着没动。

胡歌却不依不饶，见她不过来，他干脆站起来抱着猫走近她。

海羽书吓一跳，本能地后退半步。

胡歌根本没给她拒绝的机会，把猫屁股和软和的猫肚皮直接压在她手上。接东西的动作出于本能，海羽书突然感觉到一种抱孩子的柔软触感。人对于比自己弱小温驯的生物易起怜悯之心，这只猫还特别乖顺，几乎趴在她手心一动不动。

"这样多好。"胡歌笑眯眯地看着。

"好什么？"

"有烟火气。"

"抱猫就有烟火气了？"

胡歌规规矩矩地站着，他忽然拘谨起来。若不是此时的气氛太好，让他忘乎所以地想要靠近，刚刚鼓起的勇气几乎要瞬间溜走，他说："我喜欢你。"声若蚊蝇。

海羽书没抬头，她的注意力还在猫身上。

胡歌破釜沉舟般又说一遍："海羽书，我喜欢你。"这次他说得慢，字字清晰可辨。

空气忽然凝住了。

静了几秒后，海羽书猛抬头。

胡歌心如擂鼓，忐忑拘谨不安把他逼到视死如归的地步，他睁圆了眼睛笃定地说：“不是开玩笑，我是真的喜欢你。”

海羽书愣愣地看着他，青年眼睛里仿佛有两束小火苗在簌簌地烧。她蹲下身，把猫放走。

那生灵仿佛通灵性，喵了一声抬起猫爪轻飘飘溜走。

一室寂静。

时间仿佛被按下暂停键，两人良久地沉默着。

当事人有些尴尬。胡歌绞尽脑汁，心想我要不要再说点儿什么？说什么好呢？那些感性的词句就在嗓子眼里跳跃，他却一个字也抓不住。他听到自己因紧张而吞咽口水的声音，脑袋嗡嗡作响，嘴里干干的，特别想喝水。要是有酒也行啊，酒壮怂人胆。

海羽书垂着眼睑声音低低的：“你喜欢我什么？”

胡歌被问住了。似乎喜欢是一个感性的认知，而任何语言的表达都显苍白：“我也不知道……”也许我被你某一个瞬间流露的苍凉和孤独打动了，也许是你身上那股不羁和洒脱让我着迷，你有善意的热情虽然你表现得高冷，你看起来什么都不在乎，你随性却又敏感，与人接触时爽朗自信却透着不能触碰内心的小心翼翼。你身上有很多谜，让你看起来神秘又遥远，我为这些矛盾深深着迷。尽管你总是把我往外推，我却拼了命想要挤进你灵魂偏安一隅的角落。我那么孤注一掷义无反顾，不管你说什么，你怎么赶我走，我都不会走。这种文艺调调的酸话胡歌说不出来，但某一刻他内心确实是这样想的，他就定定地看着她：“反正我确定，我喜欢你，这个我非常肯定。”

海羽书嘴角扯出一个冷淡的弧度，她甚至想笑，然后她就真的笑了出来，却是一种叫人感到虚妄的冷笑。她扯了扯肩上的毛毯，挨着墙坐下。

时间一分一秒地过去。

屋里的阳光所剩无几时，她终于缓缓开口：“你想听我的故事吗？”

胡歌凑近了，也挨着墙坐下：“只要你愿意说，我一直都在。”一直陪着你。

海羽书蹙着眉头，眼睛死盯着空空的墙面，但她看的却不是墙，而是另一个时空里的自己……

“我大学毕业后，没听父母的话去找工作，而是一直在路上飘。我卖掉照片和视频，赚取稿费支撑旅行。我的父母始终认为我不务正业，我却甘之如饴。我喜欢独自上路的自己，喜欢那种无拘无束的自由感。在遇到他之前，我一直都认为自己是无畏的，好像无所不能……”

二十四岁那一年，海羽书去伊朗旅行，来到瓦尔扎内小镇。

那个镇子在沙漠边上，有五千年的历史，却无法在任何地图上找到它。她去那里是为了看伊朗独一无二的风光，她背着几十斤重的拍摄器材，想要记录这里的风土人情。瓦尔扎内小镇的平民热情好客，她和当地人交流无阻，纪录片也顺利完成。可当她离开镇子后，就与一场严酷的沙暴相逢了。

海羽书睁不开眼睛，也没办法呼救，一张嘴全是沙。黄沙铺天盖地，一片混沌。没有边际，看不到太阳，粗糙的沙子打在皮肤上，让她疼得想哭。她耳鸣得厉害，心里从没感觉到如此绝望。那一刻，她很害怕，感觉悲凉，感觉下一秒自己就会死在沙漠里，而家里人什么都不知道。

在最绝望的时候，她听到一个声音："我带你走出去。"海羽书睁不开眼，但她知道，这是个中国人。明明前一天她到十二公里外的Ghoortan Citadel古堡游览时，那里的人告诉她，这个地方已经好几年没有看到过中国游客了。她心里既疑惑又感激，毫不迟疑地抓住了他递过来的三脚架。她就这样拽着三脚架，跟着他走出了沙暴。他的租车司机看到他们狼狈的样子还在调侃："沙暴怎么没把你们卷上天去？"

她在旅途中还没与人搭伴儿走过，因为不喜欢离别，也怕出现纠纷。可他，是海羽书活了二十四年的例外。这个大男孩名叫司奇，比海羽书小三岁，是扬州大学的三年级学生，一头不服帖的自来卷短发随意地搭在眉毛上，看人时眼尾下垂，散漫不羁。他们租车跑了三个多小时山路后，抵达亚兹德。司奇说他要继续前往伊斯法罕，问她是怎么决定的。

海羽书心里有种很奇特的感觉，不想这么快跟他分道扬镳。也许是路上聊得投缘，也许是在看了他的INS之后，被他的拍摄作品勾起了兴趣。心里甚至在吐槽，难怪他这么拽，作品说明实力，他有傲的资本。

司奇也并不是高冷得完全像个木头人，面对海羽书时，他总是上一秒还在傲娇，下一秒却会默默帮她挡风沙、替她拿重得要死的行李箱，帮她扛设备，给她提有效的剪辑意见。

那之后，他们开始做搭档，一起拍摄素材，剪辑，做后期，配合度越来越高。

后来有一天，他们一起看一部片子，是BBC推出的一部非洲地理纪录片。航拍飞机把那片土地拍得如史诗般恢宏，从生命之圈到干枯的河床，再一个流畅的转场镜头，就是漫无边际的纳米比亚沙丘。之后一路延展到南大西洋。

海羽书从没见过这么棒的运镜，整个镜头一气呵成，荡气回肠。

司奇的眼睛也在发亮。从那一刻起，他心中的下一个拍摄目标就定在了纳米比亚。他用了三个月的时间做准备，买了必要的户外装备，订好所有的营地，租了一辆四轮驱动越野车。准备好一切后，他问海羽书，要不要跟他一起去。海羽书没多想就同意了，那时她只想跟他一起仗剑天涯，心中豪气干云。

因为没有直达的飞机，所以他俩先飞去南非，再转机去纳米比亚。落地后首先映入眼帘的是令人难以想象的萧索，机场外是无边无际的沙漠，荒凉得好似另一个星球。

司奇去取车，海羽书看行李。顺利驶出首都机场一小时后进入无人区，很久了，面前也未出现过一个人、一辆车。纳米比亚没有火车，这个国家除几个大城市，偏远的村庄几乎与世隔绝，几片瓦棚和破布包一下就是一个家。这里的人只会说几个简单的单词，手脚并用咿咿呀呀地比划。

海羽书依然处在旅行的新鲜和亢奋中，在路上遇见骆驼刺以及树下落满的豆荚。司奇告诉她，被风干后的豆荚坚硬无比，却是骆驼和长颈鹿珍贵的食物。海羽书捡了几个豆荚夹进书本里留作纪念，拿钢笔为它们写下遇见的日期。

此时她年轻俏丽的面庞上没有烦恼，他们一起看传说中倒沙入海的史诗级景观，疾驰过搓衣板一样的石子路，来回颠五个小时后再爬上沙丘顶。海羽书张开双臂迎着从大西洋吹来的狂风奔跑，她的头发被吹乱了，可这蓬勃的生命力仿佛能媲美初生的朝阳。清晨的光晕停留在她晒黑了的脸庞上，连细小的绒毛都清晰可辨。然后常常数个小时的徒步，两人都被晒得发晕，但都不知疲倦。司奇跟在她身后不停按下快门，为她拍下无数个生命里不可复制的瞬间。她的快乐都写在脸上，在笑弯的眼角眉梢里，在司奇柔和下来的眼睑弧度里。

海羽书想，真希望时间能就此停下来，就停在最幸福的这一刻。

后来，他们跟着地图指示去了纳米比亚沙丘，那是一个河流干涸后形成的天然大裂谷。独特的地理标识是沙漠被拦腰截成两段，沙丘安安静静地躺在裂谷两侧。他们开车沿着那条笔直的公路进入沙漠深处，越开越远。这里白天气温有四十五摄氏度，热得人嗓子冒烟。到了夜晚，温度骤降至几摄氏度。海羽书冷得发抖，司奇把车暖开到最大，她还是不停地打颤。

司奇把带来的外套都穿在海羽书身上，把她抱得很紧，像是对待世间最珍贵的宝贝。而后是等待漫漫长夜过去。他呼吸灼烫，喷洒在她发顶。海羽书抬头就能看到他利落的下颚线，直挺的鼻梁。他这个年纪，苹果肌上不缺胶原蛋白，但并没有婴儿肥。长期户外运动的影响，他的肤色是健康的麦色，即使仰视角度，也很耐看。司奇有种美式老电影里的阳刚青年气质，就像一九九四年上映的电影《燃情岁月》里的年轻皮特，有点狂，有点痞，满身都是阳光味儿。

穿过空谷的风肆意拍打着玻璃。四野空旷，万籁俱寂。

这里只有她和他。

仿佛整个宇宙，只剩他俩。

海羽书仰着脖子，轻轻咬了他的喉结。

司奇的胳膊轻颤了一下，低头看她。

两人呼吸交缠，眼睛里湿润润的，似流光闪烁。

那三个字在唇齿间萦绕，仿佛不用说出口，就已跃然心间。

海羽书觉得，老天真是眷顾自己。这世间唯一一个仿佛为她而生的人，那么契合灵魂的存在，终于还是落到她面前了。

“你笑什么?”司奇在昏黄的车灯下看到她微微翘起的唇弧。

“笑孙猴子，终究还是逃不出如来佛的手掌心……”

“我是悟空？那你是什么？盘丝大仙?”

她跟他说《西游记》，他想的是《大话西游》，很快司奇又改口：“不，紫霞仙子的结局一点儿也不好，我要是至尊宝，肯定不会放手，没老婆要取经何用?”

他一本正经的语气配上那张不羁含笑的眼，怎么就这么招人呢？海羽书感觉自己被蛊惑了，多年未蹦的小鹿快要撞死了。

第一个吻是海羽书主动的。从小她就被母亲告诫：“女孩子要矜持，即使很喜欢，也不可以表现出来。”可是怎么忍得了呢？喜欢就是喜欢，即使闭上眼睛，这个人闯入自己生命里的画面也会不停地出现在眼前，没有暂停键。目光会不自觉跟着他走，看不见他时会忍不住去想他在做什么，就好像魔怔了，身不由己。想起他，就会很开心，嘴角会不自觉上翘，像吃了蜜瓜一样甜。

睁开眼睛时，她看到司奇在笑，熟悉的痞痞的坏笑：“亲了就得负责，你可不能不要我。”

海羽书伸手捏他的腮肉：“你说好好个人，怎么偏长了张嘴。”

两人厮闹一会儿，熄了车灯，头枕着手臂仰躺着，听彼此的呼吸声，仿佛也听得到心跳，就在触手可及的地方……

如果，时间能停下来多好……

海羽书皱眉捶打着自己的头，此时的回忆有多美好，后来的发生就有多悔恨。她痛苦得几乎要扯掉自己的头发，仿佛有无数只手在绞碎她的神经。

胡歌想要制止，她已经深呼吸平复了下来。

太阳从纳米比亚沙丘升起时，他们开车走过狭长的河床，四周寂寥无声，只有那些孤独的古树凝视着他们。司奇下车，走到副驾驶位拉开车门，他替海羽书戴好帽子、墨镜，伸手牵她下车：“带上水，咱们得遛腿儿了。”

离开河床后他们要往沙漠东边的无人区走，因为司奇曾有过徒步撒哈拉沙漠的经历，所以海羽书自然相信他也能把自己带出来。跟司奇在一起，她仿佛从没有顾虑过。事实上，司奇也的确是值得信赖的伙伴。他们携手去看五百年前死去却依然屹立在干涸盐碱地上的骆驼刺树，看漆黑的枯木枝干与白色土层、铁红色沙丘交织的绝美画面，为这人迹罕至的风景拍下心仪的照片。即使没有请沙漠向导，他还是带海羽书成功地走出了无人区，走回河床。

回到车上时，俩人连捶打小腿肚的力气也没了，只互相看着傻笑，这近乎自虐双腿的旅程是他们彼此相爱的见证。

“我是想……”司奇的呼吸有些喘，笑得邪气又灿烂，“等我们走出来，我就把昨天没干完的事干了。”

海羽书的心跳乱了，等着他下文。

司奇的手背挡在眼皮上，笑得轻咳起来：“就是腿抽筋了……”

海羽书笑得呛到了口水，背过身去咳嗽不止。

司奇给她拍背顺气：“我知道你急，咱也不急于这一时……”

海羽书又气又恼去捂他的嘴，被他抓住手腕，屏住了呼吸。

他们在银河下亲吻，头顶是漫天璀璨的星星。

回到沙漠营地休整之后，隔天他们继续出发，去寻找生命之圈。那是司奇一直想拍的地方。那样神奇的画面曾经出现在纪录片上，在沙漠里有无数个直径约十二米的大圆圈，星罗棋布。每个圆圈里都承满黄沙，不长任何植物，荒草却在圆圈之外肆意生长。看起来神秘又蛊惑，就像是不知名的外星生物留在地球的印记。

当他们几经周折找到目的地后，司奇放飞无人机，他和海羽书正站在这些巨大的生命之圈中间。虽然借上帝视角顺利完成了拍摄，而这些荒诞的圆圈看上去就像上帝之手开的玩笑，它们没有拱门星空出片，也没有死亡谷的视觉效果震撼，但这是真实存在于地球上的神奇一幕。司奇像个猎奇心很重的孩子，欢喜得不得了。

完成拍摄后，他们需要驱车六个小时，赶回营地。

在荒漠里开车，视线里的空气似乎都被热浪翻烤，地平线时而扭曲，时而恢复直线。道路仿佛永远没有尽头，眼皮已经有些疲倦了。为了不犯困，海羽书掐着大腿讲笑话给司奇听。

两人不知怎么就说到了对婚姻的看法，司奇随口问海羽书喜欢什么样的婚礼，中式还是西式。

海羽书沉吟："我没想过结婚。"

"你是不婚主义？"

"也不算。我只是没有家的归属感。"海羽书揉揉眼皮，"我有个双胞胎姐姐，家里有两个孩子，其中一个太优秀了，或者说，其中一个太符合大人们的心意，父母就有了偏爱，可惜我不是被偏爱的那一个。"

司奇扭头看了她一眼，觉得她突然就不开心了，捏捏她的手背："你不喜欢你姐姐？"

“不是，我很爱姐姐，但同时，我也特别嫉妒她……”

海羽书的话没说完，那一个瞬间，压根没反应过来怎么回事，轮胎打滑方向盘失控，惯力让车身像个失重的滚筒被抛起、翻滚……

哐——哐——哐——

直到落地。

铁皮刮地的摩擦声刺耳尖锐，仿佛大地在剧颤。

海羽书耳鸣不止，口鼻有温热的液体涌出。车子被完全砸压在地面，天地颠倒。她感觉自己像是失了重力头朝下砸在地上，甚至觉得产生了幻觉，周围的一切变得混沌扭曲，铁皮残破的嘎吱声变慢传递过来。她缓慢地吃力扭头，看到司奇英俊的脸上血肉模糊，一边的颅骨塌陷下去一大块。

海羽书惊恐得发不出声音来，下一秒，挣扎的尖叫冲破喉咙，带出一口血沫。

“司奇！司奇！你醒醒！醒醒啊！”她想去拽他，想知道他是不是还活着。

司奇被血污糊住的眼皮费力睁开，一张嘴，血沫喷得满嘴都是。海羽书看到他似乎是在笑，用力地发出几个颤声。

他说：“别怕，还活着。”

他还活着。海羽书想哭又想笑。剧烈的情绪在胸腔里闷胀，冲击，她的太阳穴也鼓鼓的，仿佛下一刻，血液就会撑破鼓胀的血管。海羽书活动手臂，发现双腿被卡住，稍一动就痛得上不来气。她两眼发黑，狼狈得失禁，还咬牙强忍着，不许自己哭出来。

她得救他，救自己。

只要还有一线希望，就不能放弃。

可是空茫茫的大地上只有他们这一辆车，天地广阔，人太渺小，她被巨大的孤独与恐惧笼罩着。

他们被卡在座位上，头顶着地面完全动弹不得。司奇的状况更不好，海羽书还能转动上半身，他却连头都无法扭动。

好半晌，司奇呼吸粗重地对海羽书说："能走，你就走，别管我。"

海羽书发指眦裂："不许你说这样的话，要不是看在你是伤员，我要揍得你妈都不认识。"

司奇有些想笑，牵动了伤口咳喘不止。他无限眷恋地想拿眼角看海羽书，眼珠转到了极限仍是看不到。他眼里有懊悔和愧疚："对不起羽书，我不该带你来纳米比亚的……如果在瓦尔扎涅，你没遇到过我，也许你就不会……"他的话说得断断续续，仿佛下一刻就会停止呼吸。

海羽书泪流满面："你别说了，保存体力。"

"现在不说，我怕没机会了……"司奇眼睛里的光在逐渐暗淡。

海羽书害怕极了，她努力伸直脖子，想亲一亲身旁这个血葫芦，可无论怎么努力，都够不到他。眼泪涌出来，伤口更疼了。更糟的是，在猛烈撞击的发蒙之后，知觉慢慢回归。头痛，腹痛，倒置的脑充血，所有感知都在提醒着她，死亡正在接近。

烈日烘烤下，每分每秒都疼痛难忍。海羽书想，她可能坚持不下去了。心里有许多不甘，却又有那么一丝庆幸。这个时候，是自己喜欢的人陪在身边。

司奇的声音混着吞咽声，嘴里都是土沙混合的血。海羽书感觉他的气息在变弱，却仍在鼓励她。

司奇说："别放弃，一定会有人来的。"

海羽书手指抠着滚烫的座椅："你别说话了，我求求你，别说了。"

他说："羽书，其实我第一眼看到你，就觉得，你是个小可怜……你有多缺爱，要一个人假装坚强。你跟我不一样，我是满世界找激情、找刺激，你是满世界去找家。你就像我捡到的那只小野猫，要是没人带你回家，你就无家可归……"

海羽书流着泪，心里钝钝地疼。

"羽书，我喜欢你……但是我希望，你能更爱你自己。每个人来到世上都是不完整的……也许我们都在苦苦寻找能让自己完整的东西……"

他的声音已经有些模糊了，就在海羽书以为，他们都要在这里把血流干的时候，真的有人来了。海羽书听到有脚步声靠近他们的车子，司奇却在这时候突然用尽力气喊："退后！别过来！"

空气里弥漫着刺鼻的汽油味儿，他们出发时满载的油箱破了。司奇被卡得头动弹不得，仍用断了的手腕使劲去撞钥匙，"我不能……不能连累别人的性命……"

他用尽全力去撞了几次，终于关上引擎。

路过的游客朝他们跑过来，先去司奇那边拉变形的车门，拉不开。

海羽书听见司奇飘在风里的破碎声音："别管我，先救我女朋友，求你们，先救她。"

那一刻，眼泪倒着流出来，再次模糊了视线。海羽书想，这世上除了父母和姐姐，大概只有他会这样爱我，胜过他自己的生命。

颅内压太大，眼睛已经看不清东西。有一对墨西哥夫妇，好不容易拿指甲刀剪断了海羽书被压住的头发，男人们合力拉开车门，把她拖抱出去。不知过了多久，司奇也被抬了出来。他奄奄一息躺在海羽书旁边的地上，那张年轻帅气的脸已经辨认不出，胳膊以一种诡异的姿态扭曲着，腿和脚上还有几个黑乎乎的洞。太阳晒得地面发烫，阳光那么刺眼，海羽书的眼泪淌过脸上的伤口，她想叫司奇的名字，肺却像被水泥堵住一样，发不出任何声音。

地面被晒得火一样滚烫，游客们拿衣服垫在地上，海羽书被几双手抬起，又轻轻放下。有个欧洲女人脱下外套替她遮挡刺眼的阳光，海羽书听到对方说："姑娘你坚持住，你的爱人还活着。营地旁边有一个诊所，救护车就要赶来了。"

当地人办事效率拖沓，车祸发生后，警察和交通局的人都来了。施以援手的游客们讨论后觉得，当地警察是不会主动请求飞机支援的。

那个欧洲女人自愿留下来陪着海羽书和司奇，没有立即离开。如果没有这个人，也许海羽书和司奇会待在营地诊所里等待死亡。司奇的情况很不好，海羽书在半梦半醒间听到诊所里的人对欧洲女人说一定要在两三个小时内把他送去医院，否则就没有活的希望了。

海羽书觉得自己陷入一场梦魇里，怎么也醒不过来。她拼命地想要挣脱，想大声喊："求你们救救他！只要他能活着，让我残废了、瘫痪了我都认！只要他能活着！"

可她一个音也发不出来。

营地旁的诊所只能做外伤紧急处理，司奇伤得太重，必须马上做手术，但车子开去首都要七个小时，他等不了。混乱中海羽书还听到欧洲女人的声音，似乎在大声对着司奇喊："营地旁有跑道，我已经向首都请求飞机支援。你要坚持住，你和你的女朋友都要坚持住！”

那之后，海羽书彻底陷入昏迷，再醒来时听到螺旋桨的巨大噪音，她发现自己在直升机上，身边没有司奇。海羽书双眼充血，护士按住了她在虚空里胡乱挥舞的手。

“司奇呢？我男朋友呢？那个亚裔男孩呢？他在哪儿？”

医生很抱歉：“飞机一次只能载一个担架，你男朋友失去意识前坚决要求先送你走。”

海羽书疯了般去扯身上的输液管，冲医生毫无理智地大喊：“不！你们要救他！他比我伤得重，先救他啊！”声音尽数被哽咽填满，她被按回担架上。

医生劝她冷静：“再有十分钟飞机就要降落了，我们申请的第二架飞机已经去接他了。”

海羽书癫狂地大喊大叫，感觉肺里的空气都要被抽空了，心脏疼得像要撕裂，整个人不受控制地痉挛。医生无奈只好注射吗啡让她镇静……

数日后的首都医院。

一个白人医生拿着海羽书的脑CT片子走进病房，对她说：“你右边的大脑有一部分从头骨上脱落下来，左右完全不对称。这是严重脑震荡，里面充满了组织液，你会觉得恶心很正常……”

海羽书看着医生的唇一张一合，完全听不进任何话，她的灵魂仿佛随着那个人飘远了。

“我们可以在你的头骨上钻个洞，把液体抽出来，让你缓解压力。但开颅手术有风险，需要你的家属亲人在场。”

海羽书双眼空洞地望着窗外，这次事故她没有通知任何人。

医生看着她浑浑噩噩的样子叹口气：“也可以采取保守治

疗，让它自然吸收，就是恢复缓慢，你会长时间没完没了地恶心。”

海羽书的耳鸣还是很严重，她很长一段时间觉得精神恍惚。

直到某天早上，当她看到镜子里如枯槁般憔悴的自己，真真切切意识到，那个年轻自信、无所不能，笑起来比太阳还要灿烂的人永远也回不来了。司奇，他才二十一岁……

她趴在洗手台上哭到昏厥。

骨科医生在她断掉的骨头上打了六颗钢钉，缝了几十针，劝告她好好休养，甚至建议她去看心理医生，他们担心她患有严重的创伤后遗症，毕竟对许多人来说，车祸后遗症不仅留在身体上，有的人甚至会被精神折磨毁掉下半生。

一个实习护士安慰她：“你已经很幸运了，那个营地周围原本是没有诊所的。几年前一对白人夫妇到那里旅行也是遭遇了车祸，太太去世了，幸存下来的先生很难过，回去就捐款修建了诊所，还在旁边开了一条跑道。如果没有他们，你根本活不下来。你应该感谢上帝，你是多么幸运……”

海羽书麻木地看着营养针剂注入自己的手臂，她知道周围人劝告的声音是好意，包括那位为她耽误旅程一直等到她手术成功才离开的欧洲女人，她们都在鼓励她好好活下去。

可是太难了。

无数个夜晚，她睁着双眼失眠到天亮。只要一闭上眼，就是天翻地覆的翻车画面。她更害怕睡着，梦魇会让她一次次看到司奇在她面前破碎、消失，而她无能为力，只能一个人崩溃流泪到天亮……人太渺小了，什么也做不了，只有追悔莫及。太痛了！神经撕裂的痛、断骨的痛、都不及失去他的万分之一心痛。

如果人与人不会相遇，是不是就不用经历这些不能承受的痛苦？海羽书想起小时候看过的电影《胭脂扣》，那时不能理解李碧华。现在却懂了，“这便是人生，即便使出浑身解数，结果也是由天定”。

“可我舍不得，舍不得忘了他……”海羽书把脸埋在双手间，无助地抽噎着，“我一辈子都不会忘了他……”

房间里彻底没有了阳光，愈加阴冷。

听完了她的故事，胡歌无法言语，他像是受到了巨大的打击，颓败地拖着空洞的躯壳走出了这个小小的房间。他想，自己大概再也不会来了。

这次是真的，不会再见她了。

所爱隔山海，山海皆可平。我太想你了。

第十七章／雅拉米

转眼到了十一月。

飞机舷窗被抬起的时候，海疏雨克制不住激动的心情看向窗外，万米高空下的绿色与蓝色交织，平原、山峦和海洋，怎样看来都觉着可爱，因为她想念的人在这方水土。

当机舱里传来熟悉的广播声，舱门打开，人们纷纷站起身取行李架上的行李，狭窄的甬道被堵得水泄不通。海疏雨也体会到了那种急不可耐的心情。当人群开始松动时，她甚至有种飞过去的冲动。

机舱外的阳光刺得人睁不开眼，海疏雨手搭在眼皮上适应了一会儿，三步并作两步地跑上摆渡车。她心中雀跃，看着人群里相拥的情侣觉得欢喜，看到花花绿绿的海岛衫也觉得快乐，就连热气扑面的海风也是好闻的。

吉墨云站在接机口等她，远远地看到一身短袖T

恤牛仔裤的海疏雨，他也激动地高举手臂挥舞。绕过无数的人和行李箱，两人来到近在咫尺的对方面前，有一瞬间的羞涩和克制。“你没带行李箱吗？”吉墨云伸手接过她背上的双肩包。

“没带，就开一天会，只带了换洗衣服。”

他一手拎着双肩包，一手牵着她往出口去。

“武汉已经冷了吧？”

“十月底就一件一件加衣服了，我来的时候还穿着冲锋衣，下了飞机就脱了。海南还是这么热。”果然，她额头上又沁出汗了，吉墨云伸手给她抹掉。

“吉老师，我只有半天时间。”海疏雨局促地说，“本来这次三亚交流会不该我来的，可是我太想你了，跟主任求了好久才求得这一次机会。晚上我就得回三亚，明天开一天交流会，然后就得坐飞机回武汉了，后天还有台手术。”

吉墨云看着她不知是热的还是羞的红彤彤的脸庞：“你再说一遍。”

“明天一天会，后天还有台手术。”

“不是这句。”

“啊？”

“前面，跟主任求了好久前面那句。”

海疏雨脸更红了，她小声嘟囔：“我太想你了。”

他握着她的手，将她拉向自己：“我也很想你。”

吉墨云是骑摩托车来的，从琼中到三亚要经过蜿蜒的山路，穿隧道，经万宁过陵水，他感觉两人有点跋山涉水穿越云海来相见的意思。他领着她来到停车场取车，递给她一顶女士头盔，白色的，看起来很酷。

“你新买的啊？”海疏雨很喜欢。

"嗯。"吉墨云又从后车座里取出一件长袖亚麻衫，"把这个穿上。"

海疏雨红着脸看他："为什么要穿你的衣服？"

"听话。"吉墨云给她戴好头盔，调整好搭扣，轻轻拍了一下她的头。

摩托车跑在路上风驰电掣，风把长衫吹鼓起来像个气球，如果没有这层保护，她的胳膊大概会被晒爆皮。穿山越海的愉悦让人心情舒畅，海疏雨想张开双臂去拥抱这海岛的风。她刚要松开抱着他腰的手，吉老师就往她的手背上按了按，不让她松开。

车子驶进合老村。

村寨坐落在一处高坡地上，海疏雨仰着脖子，看见一片明黄色的联排别墅，全是二层小洋楼，墙上绘着大力神图案，屋檐都是崭新的。

海疏雨很惊讶："这是你们村寨？"

可看着一点儿也不像农村，比许多乡镇都漂亮。

吉墨云带着她往坡上走："当时琼乐高速公路在施工，我们村子的老地址就在高速路上，前年集体搬迁，整个村寨都移过来了。"

"大工程啊，"海疏雨有些兴奋，"那是不是有政府补贴？"

"有。新房也是集体规划的，之前的村寨都比较相似，有大片的水稻田在村子后面，现在后面是山，前面远望也是山。"他指着村子入口处的一个小广场，那里立着巨大的雕塑，从绕村小路一直走上去，可以站到广场上方的观景台，对望群山，"那里有个观景台，站在那儿可以望到对面的五指山。"

海疏雨瞪大眼睛左看右看："村子修得真好，地理位置也好，好好发展，说不定能带火乡村旅游。”

“村委会主任也有这个意思，合老村有个传说是关于月老的，据说来过我们村子的人，都有天赐良缘。”

吉老师意有所指，海疏雨红着脸顾左右言他：“既然要搞旅游业，那服务产业得支撑起来啊，像餐饮啊、旅行纪念品商店啊，是吧？”

吉墨云在上坡路尽头的一座联排别墅前停下，支好摩托车。海疏雨跳下来，两人也不急着进屋，一起往旁边的观景台走。

吉墨云说：“现在我们村寨里已经有人在做民宿了，乡政府挺支持的，这样可以把人留在乡里，在家就能创业，也不用去外地打工了。”

“民宿？”海疏雨回头看看身后的一排排别墅，“想法是很好，就是看房屋面积……我觉得面积不会大，顶多一户人家留两三个房间出来做客房。那要是以后来的客人多了呢，住不下怎么办？”

“整村搬迁的时候还没有想这么远，不过我们村村支书说，这次整村建房用了二十多亩地，还留了二十多亩，以后要用剩下的土地入股旅游公司，做精品民宿开发，还要在村寨顶部建一个五指山瞭望塔，让游客到我们寨子里来，能住得好，还能感受黎族的美食和婚恋文化。”

海疏雨给他竖大拇指：“这里的绿化和生态保护做得这么好，很适合让人暂时逃离城市的喧嚣、生活的压力。我觉得每个人心里都有一个田园梦，清晨醒来有鸟鸣，夜晚山风伴星辰，在山水田园间收获心灵上的安宁。”

“海医生，你是在说你自己吗？”

“是啊，我就是有这种想法，在乡下有个房子有块地，种种菜养养花，晚上观星瞻月，人生不要太惬意。”

吉墨云眼睛亮了亮，觉得看到了希望。

海疏雨探头朝观景台下方看，那里是一个桃心形状的广场：“这个位置挺好的，是个剧场吗？看起来像演出的场地。”

“爱情广场。‘三月三’的时候，这里有黎族、苗族婚庆，还有相亲大会。”

海疏雨笑个不停。

“你笑什么，这名字也不是我取的。在黎语里，合老是被河水包围成圈圈的意思，以前村寨经常被大水淹没，一九九七年的时候我们整村搬到红毛镇西边的半山坡上，摆脱了大水，但生活还是挺难的，贫困户也多。这次是第三次搬迁，变化太大了，现在合老村的‘合老’两字有着白头偕老、百年好合的意思。你看，广场上有永结同心的心锁雕像，六根图腾柱，都是爱情主题的，你知道这里人怎么谈恋爱的吗？”

海疏雨猜：“对歌？”

他点头：“‘三月三’的时候，这个广场上都是人，男的站一边，女的站另一边。黎族人谈恋爱就是要唱歌，比如说一个小伙子唱了一段歌，如果姑娘喜欢他，就会截他的歌过来唱，如果不喜欢就不跟他唱。”

海疏雨故意逗他：“我怎么知道你是不是瞎编的。”

吉老师一本正经：“这可不是编的。四百多年前咱们国家的戏剧大师汤显祖到海南岛来游历的时候，就写过一首《黎女歌》。”

海疏雨挑眉，有些不信：“我知道汤显祖的《牡丹亭》。你看山也清，水也清，人在山阴道上行。春云处处生。正是官也清，吏也清，村民无事到公庭。农歌三两声。”

“那你也应该听听《黎女歌》。‘黎女豪家笄有岁，如期置酒属亲至’写的是黎族女性成年时，家里人会邀请亲朋来吃酒庆祝。‘歌中答意自心知，但许昏家箭为誓’写的是就我们对爱情的海誓山盟。”

海疏雨眼珠转了转，灵机一动：“吉老师，这首诗能唱出来吗？用黎语唱。”

吉墨云没想到她会这么考验他，揉揉鼻子：“没试过。”

“试试呗，我想听。”她忽闪着一双水汪汪的大眼睛望着他，让人不忍拒绝。

吉老师只好试试：

黎女豪家笄有岁如期置酒属亲至
自持针笔向肌理刺涅分明极微细
点侧虫蛾摺花卉淡粟青纹绕余地
便坐纺织黎锦单拆杂吴人彩丝致
珠崖嫁娶须八月黎人春作踏歌戏
女儿竞戴小花笠簪两银篦加雉翠
半锦短衫花襈裙白足女奴绛包髻
少年男子竹弓弦花幔缠头束腰际
藤帽斜珠双耳环缬锦垂裙赤文臂
文臂郎君绣面女并上秋千两摇曳
分头携手簇遨游殷山沓地蛮声气
歌中答意自心知但许昏家箭为誓
椎牛击鼓会金钗为欢那复知年岁

黎语没有文字，有些字面是发不出音的，但吉老师还是用强大的理解能力把这首黎歌唱了出来，意思表达得酣畅婉转，大有春风拂面的豪情和雅致。海疏雨听不懂词，但爱极了他的声音："真好听。"她捧着脸呆呆地看着他，就像小狗盯着肉骨头，充满爱意。

吉墨云被她看得整个人要烧起来："你喜欢就好。"

"因为是你唱的，所以特别喜欢。"

他迎着她炽烈的目光，身后是万丈巍峨的五指山，山脊笔挺，云雾广散，而她就站在这方天地之间，坦坦荡荡地表达着喜欢。他一直觉得海疏雨是特别的，勇敢、浓烈、聪慧，这么好的姑娘，错过了一辈子再也遇不到了。

偶尔经过的鸟鸣声显得此处无比空旷寂静，海疏雨舒展双臂，仰头迎接山风："这里人口少，要把外面的游客吸引进来，不容易吧？"

"嗯，整体规划的房型都一样，村民基本上都把一楼做家用，二楼就收拾出来做民宿。现在是淡季，到了冬天，一般会有三个月时间是客满的，收入还不错。"

"三个月？"这倒是出乎她的意料。

"新村的地理位置靠近海榆线，离最近的一个服务站还不到三百米，不少自驾游的人会在这里停留，就给家庭民宿留了开发的条件。对黎寨里的农民来说，已经相当不错了，以前大家是没有这种创收意识的，只把收入看向农耕土地和畜牧业。"

"你们也搞畜牧业吗？"海疏雨嗅嗅鼻子，"没闻到什么味儿啊？"

"我们养猪。"吉墨云指了指山顶，"不在村子里饲养，味儿太大怕吓跑游客，饲养地都在山上。"

"养猪？"海疏雨乐不可支。

“怎么了？”

“没什么，就是想象一下那个画面，挺带感的，好像每头猪脑门上都写着钱、钱、钱。”

吉墨云也跟着笑了：“农民能挣钱是好事啊，如果黎寨里的村民能在家门口挣到钱，就不用离开家乡去外地打工了，也能用闲暇时间照顾土地和家人，避免田地荒废。我记得曾经看到一份调查报表，一九九九年底，咱们国家的常住人口城镇化率是百分之三十点八九，到今年的时候，常住人口城镇化率已经达到了百分之六十点六。在短短二十年间，有几亿人从农村搬进了城市，咱们国家的城市化进程快得惊人。但是因为地理位置的限制，琼中处于海南中部的山区，很长一段时间都是贫困县。”

“我记得是一九八六年国务院成立了贫困地区经济开发领导小组，当时中国可是有一点二五亿的贫困人口，那时候大家都很穷。”

“是的，我也记得，二十世纪九十年代，我们还住在旧瓦房里。”

“那现在呢？”

“一九七八年改革开放和一九九八年大学扩招以后，许多寒门学子和农村人通过求学和经商改变了自己的命运。我的家乡也一直在日新月异，今年四月份我们已经脱贫了。村里的贫困户有政府扶持的产业资金，我们拿去买山鸡种苗，建立合作社，不农忙的时候就去鸡场打工。等山鸡出售后，大家预留种苗款作为下一批扩大生产的资金，其他的利润再按照比例分红，县里还派了技术员分批到村寨里帮忙做技术指导。我亲眼见证着村寨里的变化，村民的日子一天一天好起来。”

“吉老师，你的自豪都写在脸上了。”

“是，作为亲历者，因为有对比，更明白家乡的改变多么不容易。”

“吉老师，我有没有夸过你？以前我就觉得，你跟许多人不一样。有的人自己过得好，就不再关注别人好不好了。你不一样，你有一颗赤子之心，时时刻刻都在关注自己的家乡，关心家乡的人。这种质朴的情感，就是双脚扎根故土的情怀。”

“这种情怀很朴素，我希望以后外出打工的人能慢慢回流，留在村寨建设家乡，这样留守儿童和留守老人的问题也能慢慢缓解。绳子上缠的疙瘩总要慢慢解开的，我们需要时间。农村的经济面貌是滞后，可我总觉得，有一天农村和城市的差别会慢慢缩小。不仅是经济，还有人们头脑里那些根深蒂固的认知，会改观的。”比如，让一些城市姑娘的父母少一些门第之见。

“城市有城市的便利，乡村有乡村的宁静。城市的发展很快，但是人才和资源也一直在倾轧。你说乡村的教育和医疗都没法和城市相比，可在城市生活的人精神压力却比乡村人大得多。我们每天一睁眼就面临堵车，心情很糟糕，从早上就开始焦虑了，然后忙忙碌碌的打工人要面临抢客户、抢业务。城市资源丰富，市场庞大，同时竞争力也一样增长，会压得人喘不过气来。我觉得城里人才应该羡慕乡下人，你们住在青山绿水间，和大自然亲密无间，养猪也好，种甘蔗也好，我感觉你们才是和黄土地息息相关的人，吸雾霾和二氧化碳的机会少之又少。所以你看，到底是城里人幸福，还是乡下人幸福呢？”

他们边聊边往家里去。

小楼外观修建得很漂亮，内部也很温馨。一户一百四十多平方米，已经不见了传统的低矮木窗，全是高大玻璃窗。屋里明亮宽敞，除了房屋外墙上装饰的黎锦图案，几乎与城市住宅无异。海疏雨背着手在屋里参观："其实来之前，我还以为你们会住船型屋。"

"时代在前进，族人也不可能永远过巢居的生活。晋朝的张华写过一部《博物志》，说'南越巢居，北朔穴居，避寒暑也'。古越一族的后人，大部分都住干栏式的房屋。你知道什么是干栏吗？"

海疏雨虚心讨教："不知道。"

"南方很多少数民族都有这样的干栏房屋，但只有海南岛的黎族用船型做屋顶，这里有个传说故事，你想不想听？"

"吉老师小课堂开课了。"她打趣他。

吉墨云拍拍她的头："传说大禹坐天下的时候，南海有个俚国。国王有个雅丹公主，嫁了三个丈夫，可惜三个丈夫先后都死了。这时候就有流言说，公主是个扫把星，克夫克亲人，还败国运。人言可畏，说的声音多了，就好像真的似的。民众要求处死公主，国王不忍心，而且公主还有了身孕，于是国王就把公主放在一条没有舵也没有桨的小船上，放逐公主在海上漂流。船上有一些水和食物，还有一把山刀、三斤谷种和一只小狗，船就在海上漫无目的地漂泊，直到在一个荒岛岸边搁浅。"

"我知道了，后来就是大家都知道的事情，公主在岛上定居，为了抵挡野兽，她把船拖上了岸，拆了船上的木头盖房子，把船头竖起做了屋顶，所以就有了船型屋。"

"你怎么这么聪明？"吉墨云逗她。

"几乎所有关于海的传说故事，基本上都这个套路。"

"雅丹公主应该是上岸后发现有野兽，她为了避开猛兽，把船身翻过来扣在自己身上，躲过了劫难。所以后来用竹子和茅草盖的房屋都做成了船的形状，那个船看起来像个护身符……”

“嗯，”海疏雨勾唇，十分想笑，“这雅丹公主是秦叔宝、尉迟恭那类型吧？肱二头肌发达的大力士，还能把船翻过来扣在身上躲避猛兽……我又不是没去过海边，一把普通的船木椅子都重过铁砣，就算李逵再世也搬不动，何况是船，吉老师想象力很丰富嘛……”

吉墨云也跟着笑：“不过船型屋的形状确实很像倒扣的船，东方市有个白查村，还保留有八十多个船型屋，以后有机会，你可以去看看。”

“哦？那我很期待。”

“感觉我欠了你很多东西，之前还答应要带你去百花岭，还要带你走遍海南的山林，带你去看瀑布。”

“是啊，我心里有个小本本，都记着呢，以后吉老师要帮我一样一样实现它。”

“一言为定。”

海疏雨的肚子咕咕叫起来，吉墨云听见了：“你饿了？”

“嗯，今天飞机上没餐食，是挺饿的。”

“你等一会儿，我做给你吃。”

“你会做饭？”

“我会做黄焖鸡了，你想吃吗？”

“你特意学的？”

“为你学的。”

“这么贤惠？”

“可是家里没有鸡，我去镇上买，你在家等我。”

海疏雨拽住他：“不用了，太麻烦了。”

“不麻烦，你去沙发上歇会儿，要不去客房睡会儿，我一会儿就回来。”

他拿起摩托车钥匙要出门，海疏雨从后面一把抱住他的腰：“别去。咱们从三亚过来，路上花了近两个小时，我只有半天时间，回去三亚还得两个小时。吉老师，我们相处的时间少得可怜。要不别做黄焖鸡了，你给我煮碗面吧，挂面就行，我不想就这么会儿工夫还看不到你。”

吉墨云叹口气，放下车钥匙进厨房：“珠江面可以吗？”

海疏雨调皮地歪着头：“可以啊，能做出康师傅的味道吗？”

“吉老师味道。”

“那就吃吉老师。”

水煮开后，他往沸水里放面条，打算再打两个鸡蛋进去。

海疏雨看着清汤寡水的面条问：“你们煮面都是这样吗？”

吉墨云不解：“不对吗？”

“这样没味道的。”海疏雨去拿墙上挂的锅铲，“炒菜锅是哪个？我先煎个荷包蛋，这样面条才有油腥，煮面的时候再丢几片菜叶进去。你家里有青菜吗？”

“有。五指山野菜。”他从旁边架子上的筐里捞出一大捧野菜来。

“不用那么多，抓两把就行。”

吉老师听话地抓了两把，洗干净放在一旁沥水。

海疏雨教他：“煎蛋的时候，再拿个小碗旁边备着，酱油蚝油勾个芡，调味用。”

吉墨云被她挤在一旁，看着她手脚麻利地煮面。

“要是煮面之前拿葱姜蒜炝一下锅就更香了，面快熟的时候再把荷包蛋放进去，面条出锅时，菜叶还是绿油油的。怎么样，是不是看着就很有食欲？”厨房窗玻璃上蒙着白汽，屋里有种过日子的味道。

吉墨云点头。

海疏雨拿胳膊肘捣他："煮好了，快去拿碗。"

"两碗?"

"你不吃吗?"

"我不饿。"

"我饿，你陪我吃点儿。"

海疏雨盛了两碗色香味俱全的海医生味道的面条，两个人就像老夫老妻一样，围坐一桌吃面。吃着吃着，海疏雨问："你不是说，你跟父亲一直住在一起吗?"

"是，他现在没在家，平时喜欢串门，可能到邻居家下棋去了。"

两个人简简单单地吃面，稀松平常地聊天。他说："以前建船型屋通常都是就地取材，用树干做梁柱，用树杈做托，茅草覆盖。屋子中间一般会立三根柱，黎语叫'戈额'，象征男人；房屋两边会立六根矮柱，黎语叫'戈定'，象征女人。"

海疏雨吸溜地吃着面条，腮帮子咀嚼着，回头看屋里。现在当然是看不到三根柱了，家具都是现代款式的，卧室是浅蓝色基调，干净温馨，床上铺着浅紫色的床单，有淡淡的橘子皮味儿。

屋外骄阳似火，屋里清凉安逸，耳边是他比播音员还要动听的声音："宋朝范成大的《桂海虞衡志》说，'居处架木两重，上以自居，下以畜牧'。明朝顾岕的《海槎余录》也提到过黎族的栏房，后来叫'寮房'，基本上就是古时候说的黎族原始公寓。"

海疏雨"啧"一声，说："你们故意的吧？两层楼，楼上自居，楼下畜牧用，这要是拿过去的老屋做客栈，是不是让住客居住体验不够好。”

“你怎么这么皮？”吉墨云笑着拿筷子头点她的头，“其实少数民族的房屋有许多相似的地方，比如苗族的吊脚楼，异曲同工。但那都是过去了，现在大家都住现代化楼房，过去的记忆能传承下来的越来越少。就连白查村也已经没人居住了，政府把原来的居民迁移出来，原先的船型屋只做保留文物观赏用。”

“还是有很多保留的，”海疏雨指着墙上挂着的那幅黎锦，繁复优美的图案上，一排小人儿正手拉着手，“就像这黎锦，不是一代代传下来了？你们没有文字记载，可是祖先们很聪明，还是用织锦、刺绣、唱山歌的方式把黎语传了下来。”

“是啊，我们还有陶艺、龙被、乐器、大力神的传说，”吉墨云抽了张纸巾给她擦嘴，“还有你这种，对民族文化孜孜不倦的人。”

“民族美是世界美嘛，要有自信，吉老师。”

“嗯。你当真是不寻常，我还是第一次见一个外乡人对黎族这么感兴趣的。”

海医生把小嘴一噘：“我是爱屋及乌，因为喜欢你。”

吉墨云心里暖融融的，又被羞涩弄得不好意思。

海疏雨还想逗他：“吉老师，你教我说黎族话好吗？”

“你想学什么？”

“比如，明天？”

吉墨云很认真地教她：“白后。”

海疏雨一字一字地学，发音很难完全印证在拼音上，没有文字记录的少数民族真是很有神秘感。当她念得非常接近了，又问：“爸爸怎么说？”

“趴屋。只能教你谐音，都是第一声。”

她跟着念，一本正经地重复发音。忽然她问：“我爱你怎么说?”

“雅拉米。”他想也没想。

海疏雨没有马上跟读，狡黠地冲他眨眼睛。

吉老师以为她没听明白，放慢速度重复：“雅，拉，米。”

她不接话，双手托腮望着他，脸蛋像是染了霞光的胭脂，眼睛湿漉漉的，直望到人的灵魂深处去。

吉墨云被这炽烈的眼神烫到了，他微张着嘴，那三个字仿佛也深深烙在心底。两人目光相接，就像有无数的烟花在身边噼里啪啦地炸开，而他们置身其中，时光定格。

山不来就我，我亦不能就山。

第十八章 面对现实

咣的一声。

身后的门开了。

吉墨云的父亲拄着拐杖出现在家门口，嘴里嚷着：“阿墨，你快看看，大森的儿子……”

屋里的二人像被带电的藤蔓抽到一样，迅速站起身。

海疏雨尴尬地打招呼：“叔叔好。”就连一向镇定的吉老师也惊慌了一把：“阿爸。”

吉墨云的父亲自己也吓一跳，身子差点往后仰倒，吉墨云赶紧上前扶住他。

海疏雨愣了愣，忽然意识到，吉老师的父亲是个残疾人。

来不及多说，吉墨云的父亲领着儿子和海医生往邻居大森家去。吉墨云的父亲说：“大森的儿子前几天跟朋友去三亚玩，不小心划伤了腿，开始只是浅浅的一道外伤，他没当回事，现在都过去几天了，伤口不但没愈合，那腿还肿得越来越吓人。大森问他疼不疼，他说疼。”

海疏雨和吉墨云匆匆跟着吉墨云的父亲进了邻居家的门，大森媳妇儿正在屋里抹眼泪，她劝儿子阿瓦上医院看看。阿瓦说：“上什么医院啊，就划了一道，这点小伤还要去医院，让哥们知道了还不得笑话我。阿妈，你去镇上帮我买点儿退烧药和止疼药就行了。”

屋里忽然出现一道年轻的女声，海疏雨问：“你为什么觉得去医院没面子呢？”

大森媳妇儿说：“他是嫌去医院贵，不如自己买药吃划算。”

阿瓦一眼瞥过来，见家里来了个生面孔，还是个年轻姑娘，他马上坐直了问：“这是谁啊？”

吉墨云说：“我女朋友。”

阿瓦没有继承母亲的容貌，却继承了母亲泼辣外向的性格，说话的时候两根眉毛就像弹簧一样抖动，眼睛大，欧式双眼皮往里凹陷，眼神犀利，下巴瘦削，脸色蜡黄，还泛着浮肿。他看看吉墨云，心里既羡慕又嫉妒，不大情愿地冲海疏雨喊了一声：“嫂子好。”

海疏雨觉得还没到受用这个称呼的时候，脸又涨红几分。但她看过阿瓦的伤腿后，神情肃穆，几乎是严厉地询问：“你这伤口有几天了？”

阿瓦吞吞吐吐：“没几天呢。”

“到底几天？”他受伤的左腿明显比右腿粗了一大圈，人又处于发烧状态，海疏雨凭着一个外科医生的敏感和直觉，判断他这伤情况十分不好。

“三天了。”

“没去医院？”

“就是不愿意去医院，自己上了点儿碘伏。”大森媳妇儿有些焦急，“他这伤口一直没见愈合，我今天一看，怎么还化脓了？人也发烧，脑袋烫得很。”

海疏雨忙问：“你是不是受伤后下海了？”

阿瓦说：“我朋友好不容易来一趟三亚，我不带人家下海玩，哪里算是到了海南嘛。”

“我是问，你碰海水没有？”

“我肯定下海了。琼中又没海，到海边了谁忍得住不下海，我自己也想玩一玩。”

“你有什么病史？”

阿瓦不想说。

海疏雨又问：“你是不是经常酗酒？”

“就……喝着玩儿的。”

“有肝病吗？”

阿瓦惊诧：“你怎么知道？”

海疏雨对大森媳妇儿正色道：“他情况不好，不能拖了，你们马上送他去医院，不要去乡镇诊所，去县城医院，如果有车，最好是马上去省医院。”

大森媳妇儿吓一跳：“这么严重吗？我家那口子卖橡胶去了不在家，要不等他回来……”

“不能等。”海疏雨打断她，“拖一刻就是要命的事，我觉得是海洋创伤弧菌感染。”

“什么玩意儿？”大森媳妇儿自然是没听过这医学名词。

海疏雨严肃地说：“阿姨，我不是危言耸听，你一定要重视，赶紧联系车送他去大医院，晚了就来不及了。”

大森媳妇儿听她这样说，一面不可置信一面心急火燎，她望向站在一旁的吉家父子。

吉墨云说："阿姨，她是外科医生，信得过。"

几个人着急忙慌地联系了车送阿瓦去了三亚的大医院，当天阿瓦就走不了路了。医生要给他上呼吸机，接着他发烧到三十九点五摄氏度，心衰指标超二十倍，伴随着肾衰竭。医生根本没给大森媳妇儿选择的余地："我们讨论的方案是马上给病人进行左腿截肢手术。"

大森媳妇儿倒抽一口气晕了过去，吉墨云的父亲忙掐她的人中把她唤醒。大森媳妇儿哭着说："不能截肢，不能截肢！他还没娶媳妇呢，缺了腿还怎么找老婆，哪个姑娘愿意嫁他。"

医生冷静地劝她："我们理解病人家属的心情，但是手术刻不容缓，你们要庆幸今天把他送来了，要是再拖延一天来医院的话，就是要命了。我见过这样的先例，去年有个二十来岁的小厨师，在处理一条海鱼的时候不小心被鱼刺划伤了手指，有两毫米的创口。他当时没在意，只用清水进行了简单处理，结果不久后伤口就变成了紫黑色，八小时内出现感染性休克。他的同事把他送来我们这里，医生确诊他是感染了海洋创伤弧菌，马上手术截肢左臂才保住一条命。大姐，截肢是没办法的办法，感染海洋创伤弧菌病程很快，致死率高，非常凶险。他目前这种情况，是要腿还是要命，你们要马上做决定，可耽误不得。"

大森媳妇儿哭得死去活来，说她做不了决定，得等丈夫来了。

晚上的三亚湾闹中取静，海边的椰子树摇曳生姿，风穿过树林刷刷作响，幽暗的灯光照在石径小路上。海疏雨赤脚踩着沙滩，吉墨云手里拎着她的凉鞋。她回头问他："你的邻居怎么样了？”

“阿爸说，阿瓦自己决定了要做手术，等手术结束，他应该会后反劲儿难受。”

“唉，”海疏雨叹气，“这种感染虽然凶险，但海洋创伤弧菌对大多数抗生素都敏感，只要就医及时，大部分都能避免严重并发症。他大意了，为什么那么抗拒去医院呢，还那么年轻，父母太难受了。”

“乡镇医疗水平有限，即使他受伤当天就去镇上的诊所就医，也未必能被及时救治，你能看出情况不好，是你的经验和见地。”他征询她的意见，“海医生，如果……如果让你到乡镇医院上班，你……”他迎上她的目光，在月亮之下，那双黑白分明的眼睛里有诧异和不安。他忽然就说不下去了。

气氛僵了下来，月光拉长影子。

他听见她沉沉的一声叹息。

“你离开武汉前，我问过你，能不能到武汉工作。你没有回答我。”她低着头，望着被灰白色沙子掩埋的双脚，那沙凉凉的，有些像她此刻的心情。

吉墨云说：“你看到我家的情况了，阿爸的腰椎受过伤，要拄拐行走。”

“叔叔这样的情况多久了？”

“十几年了。”

“当年……他受伤的时候……”她话说得有些艰难，想起他刚刚才说过乡镇医疗水平有限，即使当年事故发生时进行了积极的治疗，是不是也有很多不可控的因素影响了站起来的可能性。

“粉碎性骨折和严重错位，最糟糕的一种，关节面都碎了，还伤了神经。”话题一下子沉重下来，谁也没有心情再去欣赏月亮和这一隅幽静的海滩了。他和她在椰子树下的长椅上坐下来，任潮湿的海风吹乱头发，也吹乱了心。

海疏雨喉咙里有些干涩，她努力平了平嗓音，开口试探征询：“你……可以接你阿爸出来吗？我跟你说过，武汉的医疗水平居全国第四。”

“我记得。可是他的情况……”吉墨云叹气，“他不会离开家乡的。阿爸对他在乎的东西特别执着，我阿公、阿窦、阿妈的坟都埋在这里，他哪儿都不会去的。”

李巍要出院了，经过第四次髋关节置换手术的成功，在坚持不懈的复健后，他终于能站起来了。

回想之前的手术现场依然像打仗一样紧张凝重，海疏雨配合李主任，整个团队通力合作七个小时才完成一场胸腰椎手术。李巍终于可以不再弓着背，像个正常人一样平躺着睡觉，这一天他等待了太久，实现时，他哭得像个孩子一样。

海疏雨从三亚回来，正赶上送他出院，李巍和母亲站在医院门口，李巍说着感谢医生们的话，脖子缓慢地挪动着。李巍的母亲想要对医生们鞠躬，被李主任拦住了：“医生应该做的。”

海疏雨笑盈盈地看着李巍：“去吧，回家也要坚持复健，好好过日子。”

“对，好好复健。等我完全康复了，我就去打工赚钱，把这些年看病欠亲戚的钱都还了，然后盖个房子，孝敬妈妈，再娶个媳妇，生个娃娃。”李巍说着，看向每一个为了救治他全力以赴的医生，同他们紧紧握手，跟他们告别。

李巍和母亲的背影消失在大门拐角，海疏雨望着天空绚烂的色彩用力呼吸：“生命多美好啊，每个人都平凡而充满希望地活着。”李主任拍拍她的肩膀：“走吧，没时间感慨，还有更多病人等着我们。”

下午，海疏雨上了台手术，给一个四十三岁的病人进行肝挫裂伤修补术后回到科室休息。小护士卓玲帮她冲了一杯红糖水：“生理期上手术最累了，腰疼吗？”海疏雨拍拍对方的肩膀，道声谢：“腰疼也得忍，一会儿我拿粗盐袋子热敷一下。”

卓玲盯着她的脸色看：“海医生，你这次从海南回来好像不大高兴。”

“你这大眼睛比CT扫描仪还厉害。”

“唉，”小护士一副过来人的口吻，“异地恋最熬精气神，见不上摸不着全凭脑补和瞎猜，可你不是才去见了面，为啥还一副闷闷不乐的样子？吵架了？”

“没有。”海疏雨捧着热水杯摇头，“就是……”要她怎么说呢，被未来的渺茫和不可预见刺激了，胆怯、彷徨，像浮萍一样飘忽不定的心情。以前觉得喜欢一个人是很简单的事情，喜欢了就去追逐，缘分这种事该来的时候接着就是，她是绝不会躲的人。可未来要怎样，谁都说不清。她现在清晰地认识到了，他不能来武汉工作生活，而她……要为了他放弃熟悉的一切去山区县城生活工作吗？父母为海羽书的任性已经忧虑了很久，她也要做另一个任性的女儿吗？海疏雨望着水杯上冒出的雾气，再一次羡慕起海羽书来。“能狠得下心任性的人，内心的挣扎一定是需要莫大勇气的。海羽书不是不想负责任，要挣脱风筝线去孤注一掷，她的内心一定也常常被彷徨孤独侵蚀。”

卓玲不明白：“不是说你男朋友的事吗？怎么一下子绕到你妹妹身上了？”

“没事儿，我就是感慨一下。”

他们不算冷战，只是暂时冷静。晚上她下了班回到家，依旧习惯性戴上耳机听他的有声书。吉墨云今天诵读的是加西亚·马尔克斯的《苦妓回忆录》，他用大提琴般低沉的声音读着“我们这一代人年轻的时候对生活都太贪婪，以致身体和灵魂都忘记了对未来的期盼，直到现实告诉我们未来和我们曾经的梦想不一样，便又开始怀念旧日……”

她心里忽然涌上酸楚，转个身，把身体缩进被子里去，眼泪不知不觉淌到了枕头上。感觉到枕头下手机在震动，海疏雨把手机拿出来看，是海羽书的视频请求。海疏雨不想让妹妹看到自己哭过的眼睛，转了语音通话。

海羽书在举头望月亮，今天第比利斯的云层很高很厚，月光朦朦胧胧的，月亮时隐时现。她对海疏雨说：“我在这边再待两个月，争取年前回家。”

海疏雨“嗯”了一声。

海羽书听出她声音不对劲：“团团，你哭了？”

“没有。”

“别骗我，你哭没哭我一准知道。为什么哭？”

“就是忽然有点难过。”

“你的吉老师惹你生气了？”

“没有。”

“我看有。”

“你还能掐会算？”

“到底因为什么？你有话还不能跟我说吗？小时候你什么都不会瞒我。”

“真的没事，只是有点害怕，对未来感到害怕。”

“是因为异地吗？”海羽书很聪明。

“我不会为了他去琼中，他也不能为了我来武汉。”海疏雨苦笑，“难怪人们总说爱情是风花雪月，现实是铜墙铁壁。之前妈妈的闺蜜介绍了一个男的让我相相看，我想也没想就拒绝了。妈还说，对方是知根知底的人，至少人家家在武汉，一个人成家不单是考虑自己，也要考虑家人，考虑未来现实和孩子上学，我觉得这些离我好远，根本不愿意想。现在信了妈妈说的人无远虑必有近忧，所以感情开始时都很美好，一撞进现实就会头破血流。不听老人言，果然要碰壁。”

“姐，你现在的状态不对，这么灰心丧气的腔调，你不应该这样。”

“我是不该这样，我自己也知道这样不是一个好现象，可我控制不住，我现在一想到刚刚开始的感情就要被冷水浇灭，心里就钝痛，好像我顷刻间就要失去他了。”

“你这次去海南出差见到他了吗？”

“见到了，去了他家里，也见到他的父亲……”她对海羽书描述了吉老师的父亲，也理解为什么他不会来武汉工作生活，换做是她，应该也不会违背父亲的意愿到一个离家乡那样远的地方去，人不能自私到什么都不顾。这不是爱情和亲情的博弈，人的一颗心可以剖成两半分给不同的人，却不能把身为儿子和丈夫的两个角色剥离开。她为此惶惶，也愿意谅解却同时不甘心。

海羽书在电话另一头叹气：“我明白了。你离开时他送你了吗？”

“他送我回到三亚，当天我就劝他离开了。第二天我开一天会，晚上离开海南。”

“他送你上飞机吗？”

“没有。我没让他来。”

“为什么?”

“不想看他恋恋不舍又不知道该怎么办的样子。我们的关系好像陷入一种不远不近的距离，只能这么礼貌而克制地两两对望。我无法走近他，他也不能走近我。圆圆，我不知道该怎么办了。”

海羽书明白她说的那种僵持的距离，是心理上的拉锯。“姐，你知道吗?我有一种阿Q精神，就是什么事儿没到眼前，我都可以装作视而不见。你说我自欺欺人也好，但我看不见那些问题砸过来的时候，至少我还是快乐的。我真讨厌人无远虑必有近忧这句话，我就想活得自在些，为什么一定要叫醒我?一个人一个活法，如果爸妈听到我说这些话一定又要摇头叹气。可是姐，你想活成什么样，你自己说了算，虽然要顾虑的东西很多，首先爸妈就是两座大山，你不能不考虑，但考虑的前提是，我希望你多为自己想一点，我希望你快乐。现在解决不了的难题先放一放，交给时间吧，也许时间能给你答案。人活得越清醒越痛苦，你就当醉一场，管它明天怎样后天怎样，先认认真真谈一场恋爱，哪怕能有一刻痛快也好。”

“就这么不管不顾的?”

“不要说我看问题简单，没有办法的时候，没办法就是办法。”

海疏雨以为自己会失眠，可她意外睡得很香，连海羽书的电话是什么时候挂断的都迷迷糊糊。

近日来阴雨连连，小区楼下的桦树早就掉光了叶子。海疏雨下楼来，看到物业工作人员在给树底座刷石灰水，熟识的人互相打过招呼，她在小区门口小店买了早餐后，边吃边赶去上班。

还没进科室，她就跟护士卓玲擦肩而过，大玲子捂着嘴笑："海医生好福气。"

什么意思？

海疏雨正纳闷，一脚跨进科室就听见李主任正跟一个背对着自己的人谈笑风生。李主任看到她招招手，让她过来："疏雨啊，来，给你介绍一下。"

海疏雨走过去，看清楚李主任对面的人是个清俊的小伙子。

这男的谁啊？见缝插针那个“针”？

第十九章 来了个男徒弟

“来，这孩子叫窦应松，南方医科大学临床医学毕业，成绩是这个，”李主任边说边竖了个大拇指，“他们导师给我通过电话，这是个好苗子，我现在把他交给你，你好好带他。”说完李主任又转头对窦应松说：“这是海疏雨，我们外科最年轻的二把刀，以后就是你师父了，你跟着她好好学，别看她年轻，手术做得可漂亮了，有时候连我都嫉妒。年轻人有优势，我们这些老家伙迟早是要退下来的，只要你们努力，未来可期。”

窦应松冲海疏雨点头，脆生生喊了声“师父”。

海疏雨耳朵一嗡：“别，可别这么叫，我受不起。”

“您别谦虚，”窦应松说，“刚才李主任可是把您的丰功伟绩都跟我说了，临县地震的时候您还带队去过救灾一线，听说当时废墟里埋着病人的一条腿病人出不来，您一边等着挖掘支援一边就把胸腔闭式引流术做了，您真是好样的，临危不惧。”

海疏雨最怕听人当面夸奖，她低着头回自己座位：“那是没办法，被逼到那个份上任何医生都会做，没什么了不起，你也别说丰功伟绩，我听着怎么像歌颂先烈……”

窦应松笑得阳光灿烂：“师父，我是在对您表达敬仰之情，我听说当时病人是个孩子，连经验丰富的护士长都没找到静脉，是您当机立断给病人做穿刺施救，不然形成气胸就危险了。我学校的老师也常跟我说，做医生不但要冷静还要脑子反应快，应急措施要准还要稳，您当然有资格做我师父，以后我都得这么叫，您先适应适应。”

甭管海疏雨适应不适应，她的工作中确实多出一个跟班徒弟来，这个大小伙子当徒弟非常尽责且有眼色。海疏雨的每台手术他都跟进观摩，医院的先例从来都是老带新，她也从没有捂着技术不教的心思。能独当一面的主刀太少了，遇到紧急情况的时候能拉出来救急的医生都是救命的人。

可是下了手术台后，窦应松的徒弟角色也做得非常用心。海疏雨的水杯刚空，马上就有一杯水蓄满，加班到饥肠辘辘时，窦应松准备的夜宵一定是她喜欢吃的。海疏雨甚至有种错觉，这小孩儿真不错，可他把男朋友该干的事儿全都干了。

晚上直播结束后，吉墨云跟海疏雨视频聊天，她跟他说了窦应松的表现，吉墨云沉默半晌。海疏雨故意逗他：“你是不是吃醋了?”

吉墨云无奈：“我不是吃醋，我是觉得内疚，因为我现在没法待在你身边，眼看着别人对你好，我应该感激。如果我因为嫉妒就无理取闹，那才是得不偿失。”

到了白天，医院又开始忙碌。

病人被送来急诊，海疏雨忙得脚不沾地。“血压六十……四十，口唇结膜苍白，可能内脏有出血情况，要马上补液……”她一边说着一边在病人手背上拍打寻找血管，窦应松已经眼疾手快拿来补液包，再去拿导管和引流瓶了。有时候她找不到病人手背上的静脉血管，窦应松已经去病人脚背上寻找血管了。海疏雨刚要给病人静脉穿刺，窦应松就找来了穿刺包。有时是在手术室，海疏雨正在给病人做剖腹探查术，手术刀划开病人腹部皮肤，腹腔压力过大，一开腹，血像火山岩浆一样喷涌而出。窦应松是新人难免惊惶，海疏雨镇定地指挥：“我先阻断脾动静脉，再看其他部位有没有血。”闻言，窦应松马上取来纱布等待着。“血压五十……三十！”他喊着。“赶紧输血，快抽吸！”她双眼瞪大，额头沁汗。病人休克，血压降得太快，海疏雨大喊：“纱布！快！”窦应松是她身边配合抢救反应最迅速的人。“腹主动脉瘤破了，血止不住。”“纱布，赶紧！”窦应松火速递上纱布，海疏雨马上把纱布按进病人腹腔。“血压十七、十五、十……太快了……”“心跳停了。”“按压心脏。”“肾上腺素。”“要快！”他们争分夺秒，配合默契，有时不用她说话，一个眼神他就懂了。在手术台上，他成为她最信任的副手，这份默契十分难得。

休息时，科室里就有小护士打趣：“哎，我觉得窦医生对海医生有意思。”“可是海医生好像有男朋友的。”“又没见过。”“异地恋吗？”“那不好说，自古异地多劈腿，谁知道能不能走长远。”

“背后议论人不好。”不知什么时候，窦应松出现在护士站，一只大手把记录本从傻愣住的小护士手里拿走。

一群叽叽喳喳的人瞠目结舌。有胆大的人试探着问："窦医生，你觉得海医生怎么样？"

"我师父当然好。"窦应松眼皮都没掀，手在本子上唰唰地签着字。

"就只是师父？"小护士不怕死地继续试探，眼里燃烧着八卦之火。

窦应松合上本子，在小护士头顶拍了一下："上班别开小差，瞎议论什么。"

小护士揉着脑袋嘟嘴："调节一下气氛嘛。窦医生，我觉得你最棒，如果你要追海医生的话，我们都站你这边。"

窦应松嘴角微微上挑，不说话离开。

小护士们还在后面握紧小拳头单臂挥舞："加油，窦医生！我们都看好你。"

见他走远，一个怅惘的小护士说："唉，我也想找个外科医生做男朋友。"一旁的护士又亢奋地叽叽喳喳起来："外科医生的手就是艺术品，能把一台手术做到完美，连缝线都美到天衣无缝。""快收起你的花痴脸，口水都流出来了。""关键是，找个外科医生做男朋友，他连出轨的时间都没有。""唉，再帅的小伙子一旦做了外科医生，就没几个不静脉曲张的，一台手术站下来，那腿粗得跟大萝卜一样，还有尿道炎，不到三十岁就秃顶的……"

这些话传进海疏雨耳朵里，她不禁失笑，世上哪有轻松的工作，不做医生也同样有静脉曲张的风险，比如吉老师，做老师的不也是要一站小半日吗？

站了小半日的吉老师在给学生上自习课。教室里一片安静，有人在默默地刷错题册，有人在默读，也有人……

吉墨云走下讲台，吧嗒一声关了教室灯。

教室里随即嘈杂声四起，大家都感到莫名其妙。可在室内一片昏暗中，唯一一个人满脸被屏幕的蓝光照亮。吉墨云点名：“阿清，出来。”

阿清垂头丧气地合上书本，书本里夹的手机还亮着屏幕。

两人站在走廊上，阿清先低头认错：“我错了，吉老师。”

“上次你把手机拿回去的时候怎么答应我的？你说绝不会在课堂上拿出来。”

“这不是自习嘛……”

“自习就不是课堂吗？你在学校里，有老师的监督，还这么不自觉，放学后更不会自觉了。”吉墨云伸出手，“拿来。”

这是又要没收手机了？阿清嘴巴一张一合，哽了一会儿说：“我错了，我真的错了，吉老师，我深刻地认识到错误，我再也不在课堂上玩手机了。”

“你现在是惯犯，你说的话有可信度吗？”吉墨云从阿清课本里抽走手机。

阿清抓耳挠腮，脸色涨红。

吉墨云看他那样子叹口气：“阿清。人力终有穷，天道终有定。壮老坚一节，始终持一心。”

阿清呆愣愣地看着他。

“不明白？”

阿清摇头：“你知道我语文底子差。”

“你回去把南宋谢枋得的《与李养吾书》抄十遍，当作自勉。”吉墨云沉下脸来，“阿清，你的责任在哪里？你现在这个年纪，不读书，未来的几十年是要吃大亏的。”

“吉老师你不用吓唬我。”

“我吓唬你，对我有什么好处呢？你去参加高考，考得好，去个好学校，以后能做轻松点的工作挣个好前程，对我有什么好处呢？你不读书，如果以后在家务农，看着别的同龄人去享受生活，你却要付出更多才能实现你想要的，对我又有什么坏处呢？你将来的路，走得好与不好，都碍不着我。可我却巴望着你好，我希望你将来不那么辛苦。”

阿清把头低下，吉老师的话就像鞭子一样抽打在身上，让他疼，也让他清醒。只要不是个不识好歹的人，都知道吉老师是对的。阿清缩回了索要手机的手，耷拉着肩膀回到教室。

已经是十一月下旬了，武汉更加阴冷，尤其是夜晚，这几日断断续续小雨，天空阴郁，空气湿冷。

“那还是个孩子，你这么直白地说出来，他承受得住吗？”海疏雨在值班室搓着手跟吉墨云语音聊天，“我还记得高考之前的紧张，虽然我不怕考试，但我们班上有个女同学就是因为高考压力太大，得了癔症。她说她脑子里总是出现声音，会无意识地默读，总嘀嘀咕咕的，别的同学嫌她吵，又不能去堵她的嘴。她说她不是故意的，就是没办法克制自己不发出声音。后来她的父母把她领回家了。那个女同学休学一年后继续参加高考，还是落了榜。其实她挺可怜的，她也不想考砸，也不想生病，但她控制不了自己的身体。”

“我也理解他们的压力和逆反心，可是现在这个阶段，不逼一逼，就真得往下出溜了。”吉墨云说，“高考本身就是千军万马过独木桥，我们都知道淘汰制很残忍，但优胜劣汰是自然法则，谁都没法逃避。再说就算不考虑学历这些东西，我希望他至少在有学习机会的时候不要荒废时光。退一万步讲，他将来真的要回家务农，我也希望他是个有文化的农民。何况高考也只是爬坡的起始点，我不能让他连爬到山顶看一看终点的机会都没尝试就放弃。”

“爬坡？”

“不是吗？人这一生谁不在爬坡？好走的路都是下坡路，他才十几岁，现在不努力，等到几十岁后醒过味儿来再想爬，会不会怨恨当年的老师没拉他一把？”

“吉老师，你尽力了。”

他叹气：“做男朋友却没尽力。”

海疏雨拢了拢新烫的头发，羊毛小卷软软地披在肩上：“我也希望。不过作为男朋友的吉老师，你可能真的出现了一个潜在敌人。”

“窦应松？”

“嗯，他今天跟我表白了。我就说，徒弟太殷勤了不是好事。”她揉揉太阳穴，“而且就是因为太乖顺了，我今天拒绝的时候都觉得自己挺残忍的。”

“海医生，你的同理心总是让你容易心软，这是你的优点，也是你的缺点。你对病人富有同情心所以你有医者仁心，但对徒弟大可不必。首先他是个男的，他能照顾好自己，再者他是个成年人，成年人更能照顾好自己。你只要顾好你就行。”

“吉老师口才太好，总是把我绕进去。”

吉墨云听到她撒娇放软的口气，心痒痒的：“真想马上出现在海医生身边。”

海疏雨控制不住嘴角向上弯：“那怎么办？隔着一万五千公里抱一下。”她的手指在玻璃窗上画了两个小人儿，用一个桃心圈在一起。

这时，值班室的电话骤然响起。

“不跟你说了，我有急诊电话。”海疏雨匆匆挂断。

这一夜，吉墨云睡得不踏实，总觉得像是有什么事儿要发生。

果然，后半夜阿清的电话声把他叫起来：“吉老师，我奶奶不大好。”少年的声音发抖。

半夜里动用了村支书的关系借到车，阿清的奶奶被连夜送往县城医院。“是脑干出血。”吉墨云站在楼梯上给海疏雨打电话，“老人的情况不好。”

“这种病发病率不高，但是起病急，很凶险。”海疏雨说，“出血量达到二十毫升也有可能致命，脑干的延髓部分下连脊髓，关系到上下行的传导束和神经纤维，如果预后较差，就是所有脑卒中里病死率最高的。现在没有别的办法，只能积极配合医院治疗。另外病人年纪确实大了，我建议你通知阿清的父母，这种时候，怕孩子承受不住。”

阿清抱着膝盖坐在医院走廊的椅子上，他有些头晕目眩，摸摸自己的额头，冰冰凉一片。身体感到困乏，脑子却清醒到亢奋。这种上不着天下不着地的感觉让他不知所措，肩膀也垮塌着。直到有人轻轻拍了拍他的肩，阿清抬起头，诺丽那张温和的脸映入眼帘。

“诺丽姐？”少年的眼睛像星星一样闪烁了一下，出力坐直身体。

诺丽用手背试探阿清的额头，还好，没发烧。

“我看你蔫蔫的，怕你也倒了。”诺丽把一瓶牛奶和一袋饼干塞进他手里：“饿不饿？吃点儿东西。”

阿清摇头，他确实饿，但没食欲。

诺丽在他身边坐下来，扭了扭脖子。

阿清看得出来，她也很累。

“诺丽姐，你今天值夜班？”

“嗯。我只能陪你一会儿。”她后脑枕着墙壁，微微合眼。

“诺丽姐……”阿清低喃着。

诺丽歪头看他：“小家伙有心事啊？”

“我不是小家伙。”少年别扭地再挺一挺腰板，怕她把自己小瞧了。

诺丽温柔地笑了。

阿清问：“诺丽姐，你当初为什么要考医学院啊？”

诺丽打了个哈欠：“我爷爷是生病去世的，当时我年纪还小，总觉得是医生没有用尽全力救爷爷，所以想学医。”

“可你后来还是选择了护理学做护士，没做医生。”

“因为我发现，很多病人在术后并发症和后遗症影响下很痛苦，所以最终选择了做护士。现在离我当初的梦想依然很近，我挺高兴的。”

“可是做医护那么累，你不会厌烦吗？”

“我不知道，但是看到一个个经手的病人从危难到恢复健康，我就觉得很有成就感。病人的一句感谢，就让我心头暖暖的，觉得一切都值得。”

阿清看着她：“如果我奶奶能好起来，别说是一句感谢了，你让我磕头我也愿意。”

诺丽无奈地揉揉阿清又短又粗硬的头发：“阿清，你要有思想准备，我们都希望奶奶能好起来，但医生是人，不是神，医学是有最多不确定性的科学。医生一定是想要用尽全力去救助病人的，我们希望每一个都能救得回来……”

十一月底，飞机穿越积厚的云层，从阳光丰沛的海南飞达武汉阴霾的上空。吉墨云挤出周末时间过来看女朋友。出站口接机的人里三层外三层，他一眼就看到了踮着脚往第一排挤的姑娘。

“这里！这里!”姑娘白嫩的小手像雨刮器一样用力地朝他挥舞。

吉老师加快了脚步，笑着露出两排整齐的白牙。

绕开阻隔的人和行李箱，她就像只归巢的燕子飞扑进他怀里。

“换发型了?”他摸摸她的头发，贪婪地看着她离开自己这段时间的变化。

“好看吗?”海医生也有娇态，故意翘起手指把羊毛卷似的发尾向后撩去。

“美。”他用磁性的嗓音夸她，夸得她脸颊迅速升温。

他们肩并肩往巴士站走，海疏雨问：“你又没带行李箱。”

“时间短，周日下午我就得回去了，到海口还要转车。”

“唉，异地恋太难了，你是打个飞的来过周末啊。”

吉墨云点头：“我能不能去你们医院看看。”

“医院有什么好看的？不生病谁会去医院啊。”

“宣示主权。”

海疏雨忽然想起，她跟他提起过窦应松向她表白的事，顿时俏脸一窘：“没想到啊，吉老师还是个有城府的人。”

“赶走一个窦应松，可能明天后天还会冒出别的张应松李应松，女朋友太优秀了，我总觉得有人想挖墙脚。”

她朝他后背拍了一下，吉墨云拉过她的小手在大掌里攥紧。

下午两人真去医院转了一圈，海疏雨坦坦荡荡地把男朋友介绍给同事们。窦应松借口查房躲开了。未婚的女护士们一半欢呼一半惆怅，想找外科医生做男朋友的人蠢蠢欲动，八卦海医生和窦医生能成的吃瓜群众心碎一地。

晚上他们去吃超辣小龙虾，吉墨云这才知道，原来凉面和小龙虾是绝配，他才吃一口小龙虾就被辣到双眼紧闭，一股火烧火燎的劲儿直往天灵盖冲。海疏雨让他赶紧往嘴里填几口凉面，吉老师照做，凉面还真能降温去辣，缓解刺激。他缓过来了，就一个劲儿吃凉面，却不敢再碰小龙虾。海疏雨问他怎么不吃小龙虾，吉老师说："还是凉面好吃。"海疏雨觉着，吉老师挺识货的。这碱水面做得地道，还有她最爱的芝麻酱，配上辣油和香葱，她又在大冬天里吃得冒了热汗。吉墨云依旧不动声色地准备好纸巾给她擦汗，自己却吃得很少。

从餐馆出来后，海疏雨挽着他的胳膊："明天早上我们去吃热干面、酒蛋汤，保证让你上头。"吉墨云默默地想，异地恋最难的不是打飞的才能见一面，而是饮食习惯的融合啊。慢慢来吧……

十一月底的江畔已经冷了，这时又飘起细雨来，他们没带伞，但好在都穿着连帽外套。把帽子套在头上，海疏雨问他："你冷吗？"

吉老师摇头："海南热的时间久，难得冷一下，挺好的。"何况江畔的空气是清冽沁脾的，挺舒服，他并不反感。

他们在江边踱步消食，像所有普通恋人一样，手挽着手，说着鸡毛蒜皮的日常。仿佛只有恋人的臂弯可以取暖，只有彼此的心跳和声音能够交流。可冬日里的江风实在是冷，"一下雨，江边就没人了。太冷了，我们也回去吧。"海疏雨要带他回家。

吉墨云脸上的表情是愕然和惊吓。

海疏雨说："你这么紧张干什么？我爸妈不在家，他们做技术交流去了，下周才回来。"

吉墨云觉得，他们不在家，更不合适。他想找个更恰当的时机去海疏雨的家，现在时机还没到。"你不怕你父母问吗？"

"怕什么？我妈妈知道你，她上次还说要我把你带回去给她看看。可惜不凑巧，不然她今天就能看到你。"

吉墨云略窘迫："我有点紧张。"

"知道你会紧张，所以今天先带你熟悉下环境。下次你再来的时候，要见的就不是我妈一个人了，我爸也会见你。"

吉墨云吞咽口水，脑袋有些发蒙。

"吉老师，你面对那么多学生讲课的时候都不紧张，做CV配音和直播的时候面对那么多粉丝你也可以滔滔不绝，为什么要见我爸妈就如此紧张呢？"

"那不一样。"

"我懂，所以今天不让你见，别紧张啊。"海疏雨又想逗他又不忍心，"我家里有我小时候的照片，想不想看？"

这个诱惑足够大，吉墨云点头。

海疏雨家的小区是老居民区，红砖房子，好些外墙还留着水泥毛坯，小区的大门并不大，却是个存户两千余、住户五千人的庞大住宅区。进小区的路横七竖八，建筑也是层层叠叠的像榫卯穿插一样。吉墨云抬头，借着清冷的月光和昏黄的灯光望去，各家各户的阳台上都晾着衣服，有只胖胖的橘猫趴在其中一个阳台扶手上盯着他看，窗户上贴着窗花和福字，屋里飘出各个电视台的节目声音，空气里还能闻到蒜薹炒腊肉的香气。

海疏雨说："我们这里是老小区，房子一个挨一个，楼挤楼。"

“挺好的，有烟火气。”吉墨云想起自己老家的房子，虽然地处偏僻，人烟稀少，但依山傍水，鲜有这种拥挤感。大城市的人口密度也是促进经济增长的硬件条件，不得不说，这一个小区的日消费能力可能就比他们那边一个乡的总和还要多。他甚至有点儿担心，如果海疏雨以后到黎寨里去生活，会不会觉得冷清。

“我们也不是买不起新房，但是我爸特别喜欢这种老居民楼。他很念旧，这里的街坊邻居都认识久了，小区外就是社区诊所、药店、早餐店、小超市，再拐个弯前面就是菜市场，生活很便利。”海疏雨带他进楼里，这里的声控灯也年月久了，要多跺几次脚才会亮起来。

海疏雨走到三楼停下，吉墨云看着她拿钥匙开门，还是有点紧张，他总觉得门里面随时会出现一个跟海疏雨长得有几分相像的阿姨或者叔叔，而他会出现一瞬间脑子卡壳的窘态。

“进来。”室内的浅橘色灯亮起，海疏雨开了门让他进门，又从鞋柜里拿出一双男士拖鞋来，“你先穿我爸的。”

拖鞋是厚厚的棉拖鞋，这东西在海南是完全用不上的，吉墨云觉得有几分新鲜。但屋内很冷，他们又刚从外面回来，身上裹挟着寒气，厚厚的棉拖鞋没有起到暖和的作用，倒像是把脚塞进了冻土层。吉墨云看到海疏雨把脚塞进拖鞋里的时候打了个哆嗦，他问：“家里有电吹风吗？”

“嗯，你头发湿了吗？”海疏雨问他。

“借我用一下。”

海疏雨拿了电吹风给他，自己去洗手间方便。

客厅里传来电吹风工作的声音，等她从洗手间出来的时候，吉墨云把海疏雨爸爸那双棉拖鞋放在她面前：“你先穿这双。”

海疏雨觉得很奇怪，把脚塞进去的一刹那，“哇，好暖和。”原来他要电吹风是为了给鞋子吹暖风。

“你过来。”他伸手拿起她的拖鞋，赤着脚把她牵到沙发前坐下，又开始吹她那双棉拖鞋。

等两双棉拖鞋都热起来的时候，海疏雨觉得心里有股暖流也在流淌着。吉墨云关了电吹风对她说：“以后冬天就把电吹风放在鞋柜附近，出门进门的时候都这样吹一吹，不冻脚。要是你不介意，我就把你的袜子也用暖风烘一烘。”

海疏雨当即脱袜子：“快烘。”

吉墨云拿起袜子就烘，烘好一只就套在她脚上，扶着她的脚踝塞进棉拖鞋，再去烘另一只。

海疏雨很感动：“吉老师，你总是这么细心吗？”

他难得地脸红了：“你不是说有小时候的照片给我看？”

“对。”她跑回卧室去拿了七本相册出来，“给你猜猜看，能不能一眼区分出我和羽书来。”

时钟滴滴答答地走，等到相册被全部翻完，也到了他要告辞的时候。海疏雨舍不得，送他到门口换鞋子。吉墨云出门前回身，轻轻托起她的脸。海疏雨那双水润的眸子望着他，两人目光相交既有羞涩也有热切，他的唇扫过她鸦羽般的睫毛，最终落在她的额头上。

“我走了。”他摸摸她的头发。

“明天见。”海疏雨含笑看着他，直到大门关闭。

她听到下楼的脚步声，跑到窗台前去看。不一会儿，他的身影出现在单元楼门前，果然抬头来看她的窗口。海疏雨对他挥手，他也挥手告别，嘴型说着“晚安”，眼睛留恋地张望着，直到走到围墙遮挡看不到的地方。

海疏雨摸了摸那块隐隐觉得发烫的额头，低喃着："你是找不着嘴吗？"

时间过得很快，一周后，阿清的奶奶出院了，但四肢已经不再听使唤。阿清的爸妈回来过一趟，商量着让阿清的妈妈把工辞了，回乡来照顾老母亲，只留阿清的爸爸一人在外继续打工挣钱。吉墨云拍拍阿清的头说："也好，好歹你妈妈回来了。"

就不能两个人都回来吗？阿清跑去橡胶林里拔草发泄。穆勒把他找回去时，看到他两只手上磨出了水泡，伤心地哭了。阿清问穆勒为什么哭，穆勒说："我也不知道，就是鼻子发酸，眼泪不受控制就掉下来了。"

台历上的纸撕掉一张又一张，时间像滚轴一样永不停歇地向前走。人们盼望着新年的到来，海疏雨也期盼着吉墨云的寒假早点到来。

这天，海疏雨上班换白大褂的时候听到科室的护士们在议论："我家亲戚在中西医结合医院当值，听说昨天收治的病人很严重。"

"有多严重？"

"当时送医的两个老人是两口子，检查的CT结果一出来，医生吓一跳，觉得跟以往见过的肺炎都不一样，送医的陪护是老人的儿子。医生就把病人的儿子抓住，强制他也做了检查。"

有人问："为什么啊？有传染现象吗？"

"下午五点钟采样，晚上十点钟出结果，病人体内未发现常见病毒。他们呼吸和危重症科的主任马上会诊讨论，得出的结果是家庭型病毒性肺炎，但是不知是什么原因引起的，可能存在传染源。"

这个信息在一些医护人员的微信群里传播得很快，因为大家都在各个兄弟医院有亲属和同学。在这一家三口确定同时染病之后，中西医结合医院马上又转来九名传染科病人。

隔天下班的时候，海疏雨去换衣服准备走，又听到护士站的小护士们在议论："肺泡灌洗，听说跟非典有关。"

马上有人小声问："这么吓人吗？二〇〇二年非典是我上大学时候的噩梦啊，我当时都觉得这个病毒不得了，可千万不要再来一次……"

"具体情况要等卫生健康委的通报，听说中西医结合医院已经上报了江汉区疾控中心，希望这次别来个什么新病毒，马上就快到过年了，千万别弄出什么疫病来……"

有人马上去堵说话人的嘴："呸呸呸，乌鸦嘴！你赶紧呸！"

"你一个学医的还这么迷信？"

"我不管，你赶紧呸，我下个月结婚呢，可千万别晦气。"

海疏雨听着这些议论声悄悄走出了医院大楼，外面北风萧瑟，她裹紧羽绒服，抬头看天，发现又下起了小雨。冬日里她最讨厌这种绵绵细雨，天空阴沉，人的心情也容易受影响。她今天难得下班早，还能赶上家里的晚饭。

饭桌上，虞音刚给海疏雨夹了一块黄花鱼，海疏雨的父亲便说："闺女，你们今天有没有遇到什么特别的病例？"

海疏雨摇头："没有，就是听到同事聊天时提起，她们有个亲戚在中西医那边当值的时候遇到了肺部感染的病人，似乎是家庭型病毒性肺炎，这个我听了一耳朵，有些印象。"

海疏雨的父亲略思索："我那个同学老魏也在中西医，他今天跟我说的也是这个家庭型病毒性肺炎的情况，从医这么多年，我这心里也是咯噔一下。"

虞音问："是不是想起了当年的非典？"

父女二人同点头。

海疏雨说："就怕出现人传人现象……"

"老魏说院里面收治了七个病人，其中五个查出新型病毒，这病毒很刁钻，一旦人的呼吸系统被感染，马上就会引发急性呼吸窘迫……"

桌上三人对视一眼，面色都凝重起来……

你是落入我梦境的眷恋，是遥不可及的奢望，是教堂钟声里的玫瑰，是万家灯火、软红十丈，是田野里清香的稻米，是黎寨上空的月亮，是教室外的蝉鸣，是醇美的山兰酒，是最好的雅拉米……

第二十章 同 战

接下来的两天，市里面有几家医院相继向区、市、省疾控中心反映，疑似一种新型病毒流行性疫病出现。

同时，卫生健康委反应迅速，立即派遣调查小组到各医院展开流行病学调查。

海疏雨在院里开会，获知一场新型病毒已经确认出现，而传染源尚不明确。

翌日早上出门时，海家三人相互叮嘱。

“口罩戴好，你们都要做好防护，别觉得自己是医生就麻痹大意。”海疏雨的父亲说。

虞音点头：“你也是，自己多注意，我今天下班的时候再去买些消毒水，家里也要备一些。”说完又嘱咐女儿一番。

海疏雨点头应着，急匆匆赶到医院。

入门处挂号的医患比平时多了几倍，门诊急诊和呼吸道、传染科的走廊上站满咳个不停的病人。

海疏雨心情沉重，似已预料到这是一场极凶险的硬仗。

护士们拿着一盒子温度计给病人们分发，海疏雨在做病况汇总。护士说："病人有不同程度的相似症状，呼吸困难、发热、全身疼痛无力……"

周围的咳嗽声越来越多，发热病人也在成倍激增。

随后几天里，又有一拨接一拨的发热病人涌向本市各个医院。有的老社区卫生站的消毒水已经悄悄变成了紧俏货，人们不知道具体发生了什么，但这座人口大城上空正被隐隐的不安笼罩。

北纬十八九度的海南岛，此时正是一年之中最舒适的时候。

吉墨云头戴草帽，卷着裤腿站在河滩边垂钓。四周微风和煦，茂林修竹，绿水环流，土丘和青山顶上积云缓缓飘散，满眼都是绝妙的恬静风光。

不远处，阿清和穆勒盘腿坐在树下的圆形大石上小声默书。阿清一边偷眼瞧吉墨云，一边问穆勒："吉老师有心事啊？"

穆勒斜眼瞪他一下："吉老师的女朋友在武汉的医院里工作，吉老师很担心呢。"

阿清不解："在武汉的医院里工作怎么了？"

"唉，"穆勒叹气，"你除了打游戏，还在意过什么啊？"

三天之后，国内的新闻中陆续出现了关于这次肺病感染性病毒的报道，人们起初还以为只是一场寻常的传染疾病，然而武汉的形势一天比一天严峻。

早上医院刚刚开门，病人们便像潮水一样涌进来，接待台的桌子硬是被人群冲击得后退了一米。

呼吸困难的病人紧拽着护士的手哀求："求求你，救救我，我不想死……"

小护士难过得涌出泪来："不是我们不收治，我也没有办法，一个床位都没有了，走廊的临时床位都满了……"

疫情初期来势凶猛，医院防备不足。

海疏雨的父亲给海疏雨打电话："现在形势危急，闺女，你一定要做好防护！保护好自己！才能救治更多人。"

海疏雨咬唇："爸爸，不是我们一家，兄弟医院也缺药品、床位、人手，呼吸机、防护服……大家都缺，我们这边一线的医生护士也只有口罩这一层防护，有的病人连口罩也没有……"

而这次的疫病，感染速度太快了。

海疏雨疲惫地扶着额头靠在值班室的椅上，话筒里传来吉墨云关切的声音："疏雨，你还好吗？"

"不好……"她抽抽鼻子，声音里情绪低落，"吉老师，我好累……"

吉墨云沉默了一瞬，勉强笑着说："我给你唱首歌听，好吗？"

海疏雨抹抹眼角，鼻腔里嗯出的声音已经有了哽咽，又被她忍下去："好。"

他用声音抚慰她，两人隔着千里路遥互诉衷肠。

海疏雨说："吉老师，我今天……眼睁睁看着病人在我面前倒下去了，我很难受……"

"我明白，"吉墨云声音很轻，像在哄女儿，"医生这个职业很特殊，尤其是危急的时刻，要跟死神抢人。你说，这么酷的职业，你选择了，后悔过吗？"

海疏雨认真想了一下："偶尔会有一点点……就像今天这种

情况发生时，那种无力感让人觉得做什么都没用。”

“怎么会没用呢？”他说，“我的海医生是个战士，特别勇敢。”

“勇敢有什么用。”

“当然有用，”吉墨云真心道，“疏雨，你知道你救人的时候在闪闪发光吗？我第一次看到你的时候，你就在救人。我当时心里就在想，世上怎么会有这么美好的人呢？有一身救人的本事，还有大无畏的勇气，你是个至善至美的仙女啊！我怎么这么幸运，能遇到你这么好的人，上辈子一定是拯救了银河系……”

海疏雨才抹掉眼角湿润，听他这么一夸忍不住扑哧一声笑出来，凉凉的手背贴在脸颊上散热：“哪有你说的这么好。”

吉墨云长吁口气，知道她心情沉重，想让她好受一些：“我可没夸你，吉老师教书育人，实事求是，就是特别会说实话……”

可惜这样轻松的时刻太短暂了，休息时间还没结束，海疏雨就被同事喊去帮忙。吉墨云看着手中挂断的电话，心也跟着浮浮沉沉。

武汉的各个社区都出现了重症病人，医院没有空余床位，只能由社区卫生站收治。寒冬料峭，许多体质弱的老人最先倒下。

整个门诊大厅都是唉声叹气的颓丧气息，人们感到无助又绝望，不仅仅是病人，医生也同样，焦灼又无可奈何。

七日后，因为武汉病毒所成功分离出了这种新型病毒毒株，本市的医护人员终于稍喘口气。

“能知道是什么病毒就好。”海疏雨的父亲已经忙得一周未回家了，今早回来匆匆洗澡换衣，出门时再次叮嘱海疏雨：“闺女，原先检测时间需要两天，现在通过核酸，比全基因比对快得多，但也仅仅是缩减了检验的压力。目前还没有特效药能针对这种病毒，这是场难打的硬仗，咱们要做好防护，也要有心理准备，扛住它！”

然而医院里的情况更加严峻了。

三日后，随着病人越来越多，武汉各个医院的收治容量不足。院长们要求紧急扩大病区，逐清空两个楼层作为传染病区。然而还是不够，继续一层一层地清空。

平时护士们布置一个病区的防护工作需要一个月，但情况紧急，不同科室的护士们自发来帮忙，三个小时内便完成了隔离病区，随后马上开科。

中午，海疏雨赶着时间往嘴里扒饭，紧张和疲累让吞咽都带出干呕的感觉，太阳穴像被针戳一样疼。她想休息一下，但没那个条件，吃完饭就要马上出去替换她的同事。这时手机响起，来电的是海羽书。

海疏雨立刻接听：“圆圆，你在哪儿？”

“姐，你别担心，我回国了。”海羽书的背景声音是机场的广播音，她才刚下飞机。

“回国了就好，什么时候回家？不，”海疏雨语气急促打了个突，“你还是暂时不要回来。”

海羽书愣住。

海疏雨用力掐着一边的太阳穴：“我不是不想让你回家，只是感觉不大好，这次的疫病，武汉是重灾区，我和爸妈也讨论过，你回国来，我们放心一点，但是不希望你现在就回家，最好是等疫情结束后你再回来。”

海羽书沉默了一下："行，我明白了。我先去珠海的同学那边待一段时间，你和爸妈都要注意身体，一定要保护好自己。"

通话结束，海疏雨长吁一口气，心里一块大石总算放下一些。

一月十二日，我国向世界卫生组织提交新型冠状病毒基因组序列信息，在全球流感共享数据库（GISAID）发布。

两天后，国家卫生健康委要求全国采取措施预防此次疫情传染。而武汉市内，所有的医院，呼吸科的人流如涨潮一般，一个病区接一个病区迅速收满，却没有片刻退潮的喘息。

海疏雨扶着同楼层的护士长，一边走一边将她的腰用力向上提。护士长本身就有心绞痛的毛病，因为压力太大，救治病人的时候她一直在流鼻血。海疏雨早上来时就发现，护士长脚边的垃圾篓子里已经有半桶纸巾，上面全是鼻血。她心里难过，却来不及感伤。

疫情来时如打仗，谁都没有时间停下来。护士吕一给各个科室打电话："只要不是产假和哺乳期，所有的医护全部抽调来呼吸科，要快！"

一周后，病毒蓄力反扑。

涌入医院求治的病人早已冲破医院承受力的极限。

呼吸科外长长的队伍中突然冲出一人，抓住身旁路过的医生就往下跪："大夫，我父亲已经呼吸困难了，能不能稍微给他救治一下，给他打点氧气。我求求你……"

"太难受了，"海疏雨给虞音打电话，"每天都有病人求我们多加一张病床，可我们无能为力……"她抽噎，觉得自己的肉体和精神从没感到这样疲累和绝望，"我也想让病人得到及时救助，可我办不到……"

凌晨，海疏雨在走廊上给吉墨云打电话，她流着泪，声带嘶哑，回头看了眼躺在医疗室过道上休息的同事们，“大家都已经几天没有回家了……”她们也没有防护服，只有自己买的一身像雨衣一样的工作服做暂时隔离使用。

此时，她悲伤地觉得，武汉的医疗资源已经支撑不住了。

珠海今天的早晨有雾，天亮得不真切，总像蒙着一层油布。

海羽书睁开眼睛，同时去摸枕头下的手机，查看今天的疫情确诊病例，刺目的红色数字又上涨了，心里沉甸甸的。

身边的大学室友米英也醒了，揉揉眼睛问她：“你怎么起这么早？”

“睡不着。”海羽书起来洗漱，拉开窗帘看外面，雾蒙蒙的。

吃过早饭后，雾气散去，天色正从混沌的苍青色变成逐渐清晰的湛蓝。

米英问她：“你今天怎么打算？是跟我去上班，还是在家里修图？”

海羽书只考虑了几秒钟：“跟你去上班吧，一个人在家里容易多想。”

“你都独处这么多年了，现在害怕一个人待着？”米英打趣她。

“现在不一样。”海羽书心中忐忑，“我爸、我妈、我姐，他们都在红区一线，我心里很慌，可我什么也不能为他们做。”

米英叹口气，理解地拍拍她的肩：“行，跟我去上班吧，见着海豚你能心情好点儿。”

两人一同去了海洋馆。

米英的工作是中华白海豚科普教育基地的解说员。海豚岛与海豚湾两处展区相连，海羽书来到海豚馆，站在大玻璃前，眼神怜悯地看着那几只游来游去的太平洋白边海豚。

穿着工作制服的米英正在给一群小学生做讲解："海豚妈妈的孕期比人类的还要漫长，一般需要十几个月才能诞下一个宝宝。刚出生的海豚宝宝身长接近一米，跟陆地生的哺乳动物相反，它们呢，是尾巴先从母体中露出来，最后是头部。这是大自然的进化规律，防止海豚宝宝出生过程中呛水。海豚宝宝出生后会跟着妈妈学习游泳，海豚妈妈的哺乳期是漫长的八个月到二十个月。通常整个哺乳过程，母子形影不离，保护周到，因此啊，海豚宝宝的成活率要比其他水生动物的高很多。"

她解说得绘声绘色，孩子们听得很认真。

水池里，一条漂亮的中华白海豚正巧游过来，当它将头露出水面时，立刻引起学生们大喊："快看，它在笑。"

中午，米英拉着海羽书到员工餐厅吃饭，把一块糖醋小排放到她碗里，"羽书，问你个问题，如果人和动物同在悬崖边，都有生命危险，你是去救动物还是救人类？"

"应该会去救动物。"海羽书不假思索回答。

"那如果这个人类是你认识的人呢，或者你的亲属？"

海羽书哑然。

"你看，你不能摒弃人类。哪怕人性懦弱残忍、自私伪善、猜疑嫉妒、煽风点火、人云亦云，但同时，人性中也有热情善良正义牺牲、众志成城、不屈不挠。"米英说着，从兜里拿出手机来打开新闻，里面正传来关于这次疫病的报道……

一月二十三日，为了阻止病毒输出，武汉"封城"了。

这个有着一千一百多万常住人口的巨型城市，华中交通枢纽，实行了严格的交通封闭管控。全市的城市公交、地铁、轮渡全部停止，离汉通道完全关闭。隔离是应对传染病最古老有效的方式，城外的人被保护起来，城内的人在联手战斗。

海疏雨觉得日子艰难，每天累到浑身疼，嗓子也总是嘶哑状态，吞口吐沫都疼，她不想浪费一句多余的话，跟吉老师的联系也尽量不讲话，只在微信上简短地发几个字，每天报一下平安。医护人员的休息时间一缩再缩，能睡上一会儿都很奢侈。

一位手拿吉他的大叔，戴着口罩坐在自家阳台上边弹边唱，淳朴的武汉方言和民谣旋律从他的口中指间流淌而出：

小时候的民主路
冇得那多人
外地人为了看大桥
才来到汉阳门
汉阳门的轮渡
可以坐船过汉口
汉阳门的花园
属于我们这些住家的人

海疏雨在重症监护室里照料确诊病患。因为资源紧缺，她号召同事们用透明塑料曲面板和静脉注射管自制防护面罩，能用上的法子，都尽量用上。

在又一次抢救回一位心脏骤停的病人后，海疏雨几乎瘫倒在病床边，她的防护服内衣衫尽湿，后背和小腿肚一个劲儿地痉挛。

“师父，你还好吗?”窦应松过来搀扶她。

海疏雨摆摆手，嗓子眼里发不出一个音。

她太疲惫了，神经紧张，身体困乏，双眼布满红丝。

红区的医护人员都穿着纸尿裤，为了尽可能节省紧缺的防护服，四个小时后才能出去一次，休息一下又马上进来。

窦应松感觉到她的动作迟缓下来：“师父，你需要休息，这里我来，你快去歇一歇。”

海疏雨缓慢摇头，她觉得自己不能卸力，一旦坐下就再也不想站起来了。

“我可以……”她费力摆手，感觉自己还可以再坚持一下，可浑身没力气，后背一直在发疼。

窦应松伸手虚扶她一下。

海疏雨拖着沉重的大腿挪到靠墙位置，手臂撑着墙，头抵在凉凉的墙面上，额头前薄薄的塑料壳防护罩被墙挡歪在一边。

窦应松刚要去拽她，就看到她直直地向后倒去。

“师父——”

一月二十五日，大年初一。

天晴了，阳光暖暖地洒在马路上，树杈的枝丫缓慢地拖拽着地上的影子。年轻的母亲抱着两岁的幼儿在窗台边来回踱步，他们只能透过一层泛黄的纱窗观望外面的世界。人们被圈在家里不能外出，社区的边缘都被一张张防护板连起一条长长的围栏隔绝着。这是个忧伤的新年，没有一丝一毫过年的欢乐气氛，只有楼栋口张贴的“疑似病例X名，确诊病例X名”的复印纸，时时提醒着人们，这场仗还远没有结束。

一月二十六日，大年初二。

这个没有爆竹声的新年里，被圈在家中的人们逐渐学习、适应，用乐观积极的心态去面对明天。有人学会了煲汤做饺子炸麻花，有人学会了刺绣，有人捡起了纸质印刷品重拾读书的爱好，有人耐下心来教蹒跚学步的幼子走路。

还有一些最平凡的人，在做着最不普通的事情。从大年三十起，武汉有四千多名志愿者自愿承担起接送医护人员的义务。无数的社区基层工作者，他们的防护工具只有一只口罩，每天坚持做着最细致、最微末、最繁杂的为人服务的工作。

晚上八九点钟，这个城市华灯闪烁，只是没有车水马龙。延伸的道路寂静悠长。忽然，一个人从窗户上探出头，他对着茫茫夜空唱起国歌来。嘹亮的声音冲破窗口的桎梏，在沉寂的街区飘荡。很快，一个窗口接一个窗口的窗户被拉开，人们纷纷探出头来，对着远处素不相识的窗户，对着满腔热血同甘共苦的同胞，用全部的热忱和勇气唱起来：

中华民族到了最危险的时候，
每个人被迫着发出最后的吼声。
起来！起来！起来！
我们万众一心，
冒着敌人的炮火前进！
冒着敌人的炮火前进！
前进！前进！进！

当人的意志力冲破对未知的恐惧时，凝聚的力量似乎能洞穿一切障碍。天上的月亮拨开云雾，对人类露出久违的微笑。

千里之外，吉墨云也站在窗前望月。

一轮当空，月光照满村寨，从坡顶往下看，一座座屋脊被月光闪耀于蓝瓦之上，不远处，荷香远溢，宿鸟幽明。这里依旧是一片宁静祥和，只是他心里惴惴不安。

吉墨云的父亲拄着拐杖去关了电视，回头问他：“还不睡啊?”

“阿爸先睡，我再等会儿。”

吉墨云的父亲摇摇头，径自回房。

窗外的清风朗月没能抚平他焦虑的心情，吉墨云看看手机，依旧没有消息，海疏雨的电话打不通，他们已经两天没有联系了。

也许是太忙了，忙不过来，没时间给手机充电。

吉墨云反复安慰自己。为了不再胡思乱想，他回到录音棚打开设备，开始诵读周国平的《人生哲思录》，“生命需要的，无非空气、阳光、健康、营养、繁衍，千古如斯，古老而平凡。但是，骄傲的人用虚荣和野心把简单醇美的生命享受浪费了……”

今天他实在不在状态，几次中断，几次因读错而反复，最终他关了录音设备，起身去了阳台。站在浩渺星空下，他感觉心情有种说不出的沉重，像个手足无措的婴孩儿，对这个世界产生了莫名的恐惧。

医院重症科监护室内，窦应松背着氧气管，隔着玻璃墙通过传呼机与外面对话：“一床的气切渗血严重……气道有活动性出血……”

海疏雨倒下了，他没有时间沉浸在悲伤里，只能迅速收拾心情继续扛起重担。

今天医院里最好的消息是到了一批ECMO（体外膜肺氧合），主任说全国几乎一半的ECMO都被运来武汉了。可窦应松一点儿也高兴不起来，现代医学能让重症病人依靠ECMO通过体外循环维持生命体征，可这也说明，病人已经无法自主呼吸了。

而他第一次启动的ECMO，面对的病人就是自己喜欢的女孩。

窦应松走出一区，奔涌而来的巨大悲怆压在心上，他喉头哽咽，难过却不能大哭。

另一间重症监护室里，海疏雨被剃光了头发，安安静静地躺在病床上，她身上插着管子。虞音站在她身边，悲伤地看着女儿。海疏雨已经完全不像她了，整张脸浮肿着，憔悴得不像个二十来岁的女子。

护士卓玲盯着旁边的呼吸机，对虞音说："虞主任，你去休息吧，我在这里。"

虞音摆摆手，她想再看看女儿。找不到感染源，她不知道海疏雨是怎么被感染，在哪里被感染的，但她知道，女儿太累了。她拿着毛巾为女儿擦洗，小心翼翼地擦她的手，擦她的脸，一遍一遍呼唤着她的名字："团团，这些年爸爸妈妈都忙工作，陪你的时间太少了，妈妈对不住你……"她泪流满面，吸着鼻子，鼻涕控制不住地流进嘴巴，不能摘防护罩，就任凭它们流，"医务人员感染，插了管子能活下来的，对别的病人是莫大的鼓舞。女儿，你要坚强，要坚持住！你不是为你自己活，你是为了更多人活着……"

她从医多年，一直敬畏生命，觉得自己不惧怕死亡，但这一刻，死亡离女儿如此靠近，她浑身都在发抖。还是稳住心神，努力镇定地协助卓玲和呼吸科的同事对旁边的病人进行急救，只能暂时将女儿的身影从视线里搁置。

虞音离开病区后给丈夫打电话，她声音发颤，痛苦地咬着唇："团团中招了，双肺典型毛玻璃影，血氧饱和度不到百分之九十三，重症。"说到这时，她嘴唇哆嗦，满脸是泪。

海疏雨的父亲这些天脑子里的那根弦一直绷得很紧，在接到妻子带来这个晴天霹雳的电话后，他站立不稳，险些眼前发黑栽倒过去。

虞音知道他的工作压力巨大，噙着泪说："这个事不能瞒你，孩子这边，我会关注，你先把你手头上的事都处理好。"

海疏雨的父亲用手掐太阳穴，用力地闭眼："你自己，也要保重。"

"嗯。"

虞音挂断电话，艰难地回到自己所在的妇产科，她这里，依然有严峻的挑战在等着她。

海疏雨的父亲整理好情绪，重新走回战场。他掐着太阳穴给自己暗示，不能垮！还有太多事要一件一件去做。

休息间隙，虞音边吃饭边找充电器，给海疏雨的手机充电后开机，里面传来无数的短消息和未接来电。

远在琼中的吉墨云，终于知道海疏雨这边发生了什么："阿姨，我要到疏雨身边去，我现在就订机票！"

虞音冷静地劝他："你来不了，武汉'封城'，即使你来了也进不来。谁都进不来。你能在家待着，就是不给国家添乱，我代武汉人民感谢你。"

"阿姨……"吉墨云瞬间哽咽，"我求您，让她听到我的声音。"

二月十五日，琼中首批支援湖北医疗队员出发。

阿清守着电视，目光没从新闻上挪开一下。

阿妈盛了饭出来问阿清吃不吃，阿清心不在焉地摇头。阿妈叹口气："我去给阿窦喂饭了，你等会儿饿了自己吃。"

阿清愣愣地点头，两眼发直地瞪着电视屏幕。

新闻里，全国各地的援鄂医疗队在镜头里一闪而过，阿清下意识地捏紧了拳头。

画面里全是一拨拨从全国各地奔赴武汉的医疗队，阿清在晃动的电视画面中寻找诺丽的身影，直到这条新闻播完，他也没看到想见的那个人。

不知不觉间，眼前的画面变得模糊不清。阿清用袖子胡乱地擦脸，很快又被眼泪模糊了视线，还是看不清楚。他粗重地呼气吸气，胸口像拉风箱一样起伏。

不知什么时候，一只温热的大手抚在他脑后。

阿清回头，看到吉墨云。

“吉老师，”他哽咽着，“为什么是诺丽，换别人去不行吗？”

吉墨云望着新闻镜头里再次出现的武汉医院，目光肃穆而坚定：“苟利国家生死以，岂因祸福避趋之。”

“什么意思？”阿清还在哭，鼻涕堵塞让他觉得脑袋里嗡嗡作响，什么都无法思考。

“林则徐说过的话，为国家利益，即使牺牲自己的生命也心甘情愿，绝不因自己可能受到祸害而躲避。阿清，诺丽是个女孩子，都有这样的胸襟抱负，你怎么能不理解她。”

阿清呜咽出声：“我知道，我不该拖后腿，可我就是不想让她去。吉老师，你放心海医生吗？”

吉墨云心里绞痛，眼眶发酸，缓缓摇头。

虞音拜托重症室的护士把海疏雨的手机放在病床上，让她能听到他的声音，却不让他和她视频。

虞音说：“我的团团最爱美了，因为身上插着管子不方便洗漱，头发都剃掉了，现在的形象不好看，她不想让你看到。”

吉墨云说：“看不到，听到也行，可为什么不让她跟我说话？”

虞音又说："她大部分时间都在昏睡，没有力气说话，但听得到你说话，你可以多说一些。"

吉墨云已经暂时关闭了直播室，每天录书的时候开着语音通话，让病床上的海疏雨也能听到他录书的声音。

声音对病床上的海疏雨有刺激作用，有几次，她已经陷入垂危了，又被吉墨云的声音拉回了意识，她的求生意志有时清醒，有时混沌。

夜里，飞机抵达武汉白云机场，诺丽顺着飞机舷窗往外看，整个机场只有他们这一架飞机降落。走下飞机的那一刻，她能明显感觉到与平常的不同，机场里空空荡荡，沉寂荒凉。

她和同事们拎起行李包，跟着领队穿过冷冷清清的机场大厅。

工作人员对她们说，"你们走了以后，我们再关灯。"

那些寂静的、长长的走道，都提示着他们即将进入一个不寻常的战场。

阿清是被一种咚咚的钝响吵醒的。

他揉揉迷糊的眼睛，以为自己方才在做梦，于是重新躺好闭上眼睛。可过了不一会儿，那种咚咚的声音又响起来。阿清翻身下床，朝堂屋里走，迎面撞上母亲："阿妈？"

"你也听到了吧？"阿妈不耐烦地说，"一晚上闹几次。"说着她朝奶奶的床铺走。

阿清赶紧跟上去看。

奶奶像个失智的孩童一样无辜地眨巴着眼睛，她自从脑干出血后虽然抢回来一条命，身体却跟瘫了没多大区别，再也不能站起来了。阿清看到，刚才发出的声响正是奶奶拿手杖敲打床围发出的。

“奶奶你怎么了？”阿清探头问。奶奶思维不大清楚了，说话也像短了一截舌头似的说不清楚。阿清听到奶奶一直在哼哼，身体难耐地想要侧翻身。

阿妈伸手到奶奶身下的褥子上摸了摸，叹口气，对阿清说：“你帮我把你奶奶抱起来，她尿床了。”

阿清愣了愣，赶紧照办。

奶奶怎么这么轻？

奶奶干瘪的嘴抿着一条直线，两只瘦得像耙子一样的手紧紧抓着阿清的肩膀，生怕摔下去。

奶奶的白头发怎么这么多？奶奶嘴里都没几颗牙了，奶奶眼窝的皱纹深得像雨天里的湿泥沟一样……阿清心想，原来奶奶已经这么老了，之前怎么没觉着呢……

旧床褥不能再用了，又脏又臭的，阿妈要把它拿去院子里晾晒。

阿清把奶奶放在床边，奶奶两条细瘦的腿直踢腾。

阿妈去柜子里拿出一床冬天的厚被子来，铺在奶奶的床上。她没好声气地说：“这是最后一床被子了，你要再尿湿了，可就没东西垫了。听到没有？没东西垫你得睡席子了。”阿清瞠目，虽然海南没有寒冬，但毕竟是二月，山里边还是有温差的，夜里凉得很，奶奶一定不能睡席子。

阿妈把奶奶安置好，催阿清赶紧去睡觉。阿清问阿妈：“我听诺丽姐说过，有一种成人纸尿裤，能不能给奶奶买这个穿？这样就不会尿湿床褥了。”

阿妈瞪他一眼：“不花钱啊？”

阿清一时语塞，毕竟他至今还没给这个家里带来过半毛钱收入。

“行了，我知道了，明天会跟你阿爸商量的，你赶紧回去睡你的。”

自从诺丽去援鄂之后，阿清几乎不再打游戏了。白天他经常去找吉老师聊天，阿清说：“也不知怎么回事儿，我觉得我奶奶是故意找茬。”

“阿窦都不能动了，还能找什么茬？”

“就是因为不能动了，所以才折腾我，折腾阿妈。”阿清烦恼地说，“阿妈给她做饭吃，她不肯吃，那么大人了，还像小孩儿一样耍赖。她牙不行了，平时自己做饭吃的都是那种煮烂的菜，现在倒是嫌弃阿妈给她吃的是猪食，说把她的菜炒得太烂了，要吃阿妈碗里的菜。阿妈说她吃不了，嚼不烂怎么吃？她就说阿妈虐待她，阿妈都被气哭了。奶奶晚上还总是要阿妈起来给她翻身，说她睡不舒服，还尿床，让阿妈把自己的褥子拿给她睡。我奶奶这是怎么了，怎么越来越让人讨厌了……”

吉墨云久久没说话。就在阿清以为他会一直沉默下去时，听到他说：“阿窦在用她自己的方式跟你们告别。”

阿清不解：“什么意思？”

“生老病死，谁都逃不过。老人感觉自己日子不多了，就会像小孩儿一样作天作地，给子女找麻烦，为了让你们厌烦。等到她真的离开的那一天，好叫你们能不那么难过。”

阿清听后沉默了，人真是情感复杂的动物啊。想靠近，怕失去。要离开，又放不下。就是这样牵扯着，拧巴着，才成了一家人。

去医院之前，诺丽找住宿的酒店借了把剪刀，让队友先帮自己剪掉一头柔顺的长发。她担心清洗长发耽误时间干扰工作，在疫区还容易增加感染概率。队里另外几个姑娘看到她这样，也毫不犹豫地剪了头发。这次来援鄂的医疗队里好几个护士都是黎族和苗族的姑娘，平时最爱美，也最爱惜自己的长发，但在疫情面前，一切都轻如鸿毛。

她们住在离医院最近的酒店，大家精简了物品后背上双肩包跟着领队步行去医院。

路上，诺丽看到空空荡荡的街道，不由得感叹："这里曾经是武汉最繁华的地方啊……"

领队带她们来到红区前，看着每个人穿好防护服戴好口罩、手套，对她们再三交代："现在全国的医疗物资都在支援湖北，在我们来之前，国家还派遣院感专家专门到武汉来给医院改造传染病区，为了保障医护工作的顺利。我们要有信心打赢这场疫情阻击战，你们也一定要保护好自己，一旦防护用品损坏了，要立即告诉我。准备好了吗？"

队员们齐声说："准备好了。"

"走，上战场！"

队员们进入红区，病房区外站着一个护士，她手里拿着一支大号签字笔，见到她们就大声说："一个一个来，把名字告诉我，我写在你们的防护服外面，进去了就看不清脸，不方便认人，防护服上的名字可以帮你们确认人。"

队员们默契地一个接一个地让她签上名字，再推开那扇特殊的门进入病房。

门里面就是传染区，但这明显不是专业的传染科，门也不是感应门，要用手推，甚至风一吹就会吹开。

但是武汉的情况已经完全来不及开辟新的传染病区了，普通病房都被他们按照传染科病房来用。形势严峻，即使心里瘆得慌，诺丽也明白，没有后退的可能。

再看到武汉的医护人员，她更是心里难掩酸涩，他们的确太艰苦了。

诺丽心想，我们就应该来援助他们，做一个医务人员，从来没有什么英雄情怀，自己要承担的，就是责任。对国家、对人民的责任。对希波克拉底誓言的坚守，对病人怀有一颗赤子之心的坚持。

海羽书在米英家待得快要发霉了，在得知海疏雨被确诊感染后，她每天在焦虑中度过，晚上要依赖安眠药才能入睡。

海洋馆早已闭馆，米英在家里闲来无事研究起厨艺来，每天换着花样熬粥，煲汤，做酒酿圆子、桂花醪糟。

虞音给海羽书打电话："不要为家里担心，担心也冇得用，把自己照顾好保护好，就是对家里最大的支持。"

海羽书想找些事情做，不然她总会胡思乱想。于是她用网名"大鹏金翅鸟"在网络上开了视频剪辑授课直播，直播镜头不露脸，只对着电脑屏幕演习课程。陆陆续续有些老粉丝来捧场，今天她的直播室还来了位新粉丝——"一片云"。

"一片云"，这个名字是吉墨云在注册微博时临时取的网名，为了看有关武汉疫情的报道，他才注册了账号。今天他在课余时误打误撞点开了"大鹏金翅鸟"的直播，因为他想学一学视频剪辑制作，上课和录书之余，他想把自己过去拍过的海南岛风光的视频都剪辑一遍，做成个有意思的专辑送给海疏雨，让护士拿手机放给她看。

吉墨云把素材剪辑完的时候，在直播间询问主播"大鹏金翅鸟"，能否帮他指导一下后期。"大鹏金翅鸟"给他留了邮箱地址，让他发过来看一下。

吉墨云照做。

“大鹏金翅鸟”接收完视频文件打开来看，画面中出现了大量的热带雨林和黎族村寨风光，除了原音收录，配音是个非常温柔的男声。

海羽书看这支视频看得很认真，她觉得画面有种淳朴真实的美，虽然没有华丽的运镜转场，画面衔接也显粗糙笨拙，但正是这种单刀直入的第一视角感染了她。海羽书在邮箱里给“一片云”留言：“我觉得挺好，很简单，但很戳我。你镜头里的那些黎寨里生活着的普通人都很真实，这份不刻意的真挚反而是最能打动人的，我觉得细节处很动人，总是不经意间就点人笑穴刺人泪腺。我的建议是，可以按照你的思路继续完善它，让片子更丰满，或者用叙述的时间线来推进，但不要堆砌，还是保持这种第一视角的视觉冲击力最好。对了，你给这段视频起名字了吗？”

吉墨云回复邮件：“名字还没想好。”

海羽书回复：“名字可以取个简短些的，有意义的，有记忆点的。”

吉墨云想了想，给这支视频片头打上了三个字——《雅拉米》。

中国民乐里，有一样乐器不能被忽视，可悲可喜，它就是唢呐。高音嘹亮，低音共情。黎族人也有一个相似的乐器，它是鼻箫。吉墨云每天用休息的时间一边录书一边和海疏雨说话，他坚信自己的声音能够触动她。

可是虞音告诉他，海疏雨高烧时间太久了，人昏昏沉沉的，一天中清醒的时候很少。

吉墨云的心都要碎了。他在衣柜录音棚里放了许多糖浆，因为不停歇地用嗓子，一度嘶哑失声，到后来无论喝多少止咳糖浆都发不出声音来。他心里焦急，他要让海疏雨听到他的声音。可说不出话来了，还有什么声音能够刺激到她？

鼻箫。吉墨云仿佛抓到一棵救命稻草。

即使录音棚能隔绝大部分声音，这悲怆的箫声还是或多或少飘进了吉墨云的父亲的耳朵。

老父亲把头埋在枕头里，为儿子的伤心而难过。

二月十六日，重症监护室给海疏雨下了病危通知书。

虞音站在隔离室外，隔着玻璃看着里面的女儿。

窦应松哑声说：“昨天，我用气管镜给师父的气道里清理了凝血块，但是清理不干净，我看不到……”他说着，声音哽咽变调，“呼吸机的气进不到她的肺里，是阻塞性肺炎……”

他都不敢把海疏雨的胸片CT拿给虞音看。

那些断掉的支气管形成血栓，这些阻塞让她肺里面几乎没有气体交换，上ECMO也没有意义了……

虞音这一个来月头发白了一半，眼泪快流干了。

她喃喃着：“我知道了……”

窦应松觉得她像一片秋风里的树叶，仿佛随时会倒下去，忍不住关切：“您……”却再说不出半个字，只能看着她无声泪流。

虞音仍是梦呓般呢喃：“既选择了这个职业，死了，残了，都无怨无悔……可为什么是我的团团？我的团团这么好，这么善良的孩子，为什么要带走她？要是躺在那里的人是我就好了，要是我能跟她换一换就好了……”

因为持续的高烧、插管和用药，海疏雨已经完全没有了昔日的美丽模样。现在的她，面皮泛黄发黑，肿胀虚弱，嘴唇也是乌紫的。

虞音仔仔细细地擦着女儿的手指，因为浮肿，海疏雨的整个手指都涨大一圈。虞音边擦边流泪，这是她怀胎十月带到这个世界来的心肝宝贝，是她费尽心血抚育教养大的女儿……

她整个人浑浑噩噩，始终无法相信，女儿已经离开了她。

虞音痛苦地垂着头，穿着隔离服，她连亲吻女儿的脸颊额头都做不到，只能看着同事们把她的宝贝抬出病房，哭得肝肠寸断。

护士卓玲一边哭一边架着虞音的胳膊，不让她滑到地上去，病房走廊里充斥着压抑的低啜声。

担架经过身边时，虞音伸手去拽被单下海疏雨的手，被窦应松死死抱住。她只能压抑地号啕，拳头捶打在墙壁上。

海疏雨的父亲赶来时，虞音几乎哭得晕厥过去，他上前抱住妻子，老泪纵横，自己也像是被一下子抽走了所有力量，双手支撑着墙才勉强站住。

这时，医务科主任来到他面前，郑重地说："海主任，请您节哀。"

海疏雨的父亲有些恍惚，他认得来人，是于主任，他嗫嚅地动了动唇瓣："谢谢。"

虞音哭得泣不成声，胡乱地捶打着丈夫的胸膛。

只是那拳头的力量越来越小，人也像一株即将潦倒的蒿草，随时要栽倒下去。

海疏雨的父亲牢牢地攥紧妻子的手，两个人相拥痛哭。

"唉……"吉墨云的父亲坐在屋前，看着对面云腾雾绕的五指山，心底一片凄凉。

他无数次回头朝屋里看，又无数次地对山叹息。

儿子已经不吃不喝一整天了，眼看着像霜打的茄子一样蔫下去。

吉墨云的父亲忆起妻子去世时自己的痛苦，生离死别，肠穿肚烂的痛，除了自己消化，别人什么也帮不到。

他拄着拐杖去做饭。

饭好后，他再一瘸一拐送到儿子屋里去，看着儿子背对着自己蜷在床角的身体，他放下碗筷默默退出去。等下一餐时间到了，他再送新的进去。旧的还放在那里，一下都没碰过。吉墨云的父亲什么也没说，安静地收拾碗筷出来，把剩饭倒掉。

几天后，吉墨云胡子拉碴地走出房间，摇摇晃晃来到太阳底下。

吉墨云的父亲坐在屋前抽水烟，咕嗒咕嗒的气泡声在竹筒里翻腾。

吉墨云往父亲身边一坐，整个人也像一摊泥一样软在地上。他胳膊抱成一团，一双通红的眼睛呆呆地看着那杆烟枪。

吉墨云的父亲看了眼儿子被痛苦碾碎被现实撕裂的样子，什么也没说。

再一日，雨水沿着屋檐落在空地上，在地上形成两块泾渭分明的区域，一条直直的界线隔开两个地界，好像生死间不可逾越的那道沟壑。吉墨云披着一件宽宽大大的亚麻衫斜倚在门框上，目光定定地落在那道线上。

突然，他像是被触动了什么开关，拼命地去踩那道线，去踢开不停歇的雨帘。嘴里吼着嘶哑的、不连续的声音，像是哭，也像动物的悲鸣。

吉墨云的父亲慌忙出来看，看到一向脾气温和的儿子像个困兽一样用力地蹬腿跺地，目光凶悍，嘶鸣悲叫。邻居家有人探出头来看，吉墨云的父亲挥起手中的拐杖在半空舞了几下，邻居们又都缩了回去，只说吉家的阿墨是不是疯了，看着疯疯癫癫的，这样还能去教书吗？

吉墨云的父亲在旁一直看着，看到他力竭，看到他跌倒在地上，看到雨滴落在他脸上，分不出这瘦脱相的孩子脸上究竟是泪还是雨水。

吉墨云仰躺在雨地里，大口大口地喘气。他空洞的眼睛不肯闭上，任凭雨水滴下来。那些曾经属于生命里最美好的瞬间，当时不觉得珍奇，因为总觉得还会有很多时间，可回头时却发现，原来最灿烂的一刻已经过去了。他哭得浑身抽搐，成年之后第一次哭得这样忘乎所以。

直到他头顶出现一把伞。

吉墨云视线里添了阿爸的脸。他愁苦慈悲地看着自己，眼睛里是化不开的悲凉。

降雨之后山里冷了，他被阿爸推进浴室里，热水器发着微弱的杂音。等他出来后，看到阿爸坐在餐桌前等他，桌上有一碟花生米，还有一坛一坛的山兰酒。阿爸拄着拐杖去拿干毛巾要给他擦头，上一次给他擦头已经是二十多年前的事了，现在他早就高出阿爸半个头，哪里能让阿爸擦。吉墨云扯过毛巾搭在头上胡乱擦几下，阿爸把酒杯推到他面前：“喝掉。”

酒是烫的。

吉墨云蹙着眉，感受着烧心的辣往上冲，他的眼眶还未干，现在又呛咳起来。

阿爸给他续杯：“你不是喜欢苏东坡吗？我说不出你那些道理来，可我知道，你能挺过来。”

苏东坡？吉墨云的表情像哭又像笑，他知道阿爸想表达的意思，悲观的人虽生犹死，乐观的人永生不老。阿爸是想让他看开，伤口流出脓，结了痂，时间久了就不知道疼了。可现在……他摇头，跟阿爸碰杯，一饮而尽。

酒是好东西，能让人大醉一场，喝到不能自理，喝到语无伦次，喝到号啕大哭，喝到与阿爸称兄道弟。

连吉墨云的父亲这样嘴笨的人都能说出“人有悲欢离合，月有阴晴圆缺，此事古难全”。

吉墨云拍拍阿爸的头，醉得双眼迷惘：“苏东坡的词，阿爸你真有文化。”

吉墨云的父亲摇摇欲坠：“屁！有文化的是你阿妈，幸亏你像她，不像我。”

宿醉后醒来，有一瞬间的彷徨，不知自己身在何处。吉墨云醒了一会儿，推门出去，发现阿爸还坐在门前抽水烟。餐桌上放着一碗小米粥，上面反扣着一只搪瓷碗。

原来醉生梦死的是自己，阿爸并没有醉。

吉墨云的父亲见他起来了，喊他去洗脸刷牙，就像平常那样的语调：“学校能给你几天假，歇够了就回去上班。毕业班不好带，都是犟娃娃，你是老师，老师就得为学生着想。”那是他肩上的责任，阿爸点醒他，“吃吧。”

吉墨云洗把脸，给衬衣系扣子。他的衣衫又宽大了，风一吹空空荡荡，显得人瘦了不止一圈。他沉默地拿起碗筷，嚼蜡一样吞咽着。

他以为自己走不到学校，以为自己会无法集中精神给学生讲课，但他像一只上了发条的钟，浑浑噩噩地朝前走，还是坚持着把课上完了。晚上他回到家，阿爸又做好了饭等着他。

阿爸并不娇惯他，这个，他打小就知道。

父子俩就这样安安静静地吃着饭，直到有只鸟落在屋旁的木瓜树上，叽叽喳喳的声音传进屋里。

吉墨云忽然问：“阿爸，阿妈走的时候，你难过吗？”

“你说呢？”

“我都没见你哭过，以为你不在意阿妈，所以一点儿都不悲伤。”

吉墨云的父亲愣住了，怔怔地看着儿子。

每个人都会悲伤，可是很多人不会倾诉。

他的脊背已经佝偻，脸上的皱纹和斑点也显苍老，唯有那双眼睛，仍是冰雪般明亮。吉墨云的父亲看着自己唯一的儿子，也想透过他看到另一个人，“你阿妈弥留的时候跟我说，要想办法让你快乐，不要增加你的痛苦。”

吉墨云苦笑：“你怎么能装得那么像？”

“由不得自己，我认了命，反正怎么过，都是一辈子。”

吉墨云若有所思。

吉墨云的父亲又担忧地看向他：“我说的是我，可你不能这样。”

他说不好，又不知该怎么劝儿子。反正他真怕阿墨像他一样形影相吊。

以后他的阿墨要为谁唱情歌，为谁吹鼻箫呢？

四月八日，离汉高速通道开闸解封。

整整七十六天，武汉通汉车道上没有车，只有穿着制服的人在这里严防死守。这座位于国家地理位置中心的城市，就像被截断了血液流动的心脏，慢慢活了过来。至此，全国援鄂的医疗队相继撤离。

诺丽回到了故乡，阿清喜极而泣。

五月，武汉全面解封。漂泊在外的海羽书终于回到了家，她不能接受姐姐已去世的事实，与母亲虞音来到武汉大桥痛哭一场。

二人红肿着双眼回家去，虞音问海羽书："圆圆，你还走吗？"

海羽书摇头。

团团，圆圆。没有了海疏雨，他们这个家，永远失去了团圆。

"你这是可怜我和你爸吗？"

"我可怜武汉人民，可怜天下的父母，可怜我姐姐……"海羽书想起海疏雨曾经对她说过的话，"少年时，我们总梦想着离开父母的一天，而改天，却换成了父母离开我们。于是我们就只能梦想着，能否有一时片刻，重新变回寄居父母屋檐下的孩子，能抱抱他们，不害羞地告诉他们，我们爱他们，为了让自己安心而紧紧依偎在他们身边。"

这句话是海疏雨看马克·李维《偷影子的人》里最喜欢的一段。海疏雨无条件支持海羽书追寻自己的梦想，却也时刻敞开心扉欢迎她回家。

这个家里，海疏雨是与她最亲近的人，而今，她永远地失去了姐姐。

"妈妈。"海羽书紧紧拥着母亲，"对不起，我任性了很多年，请您原谅我的自私。"

虞音摸摸小女儿的头发："干吗说原谅呢？你又没做错什么。每个人都有理想，有这样那样的想法，人年轻的时候总想去追逐一下，不然老了追不动的时候会觉得后悔。我看开了，我和你爸爸那么用力地把你姐姐束缚在我们身边，结果我们还是失去了她。羽书，以后你按你喜欢的方式生活就好，妈妈不再阻拦你了，只要你快乐。”

海羽书哽咽着伏在虞音的肩头泣不成声：“妈妈，我爱您，也爱爸爸，我永远是你们的孩子……”

六月，吉墨云来到武汉，拜访海疏雨的父亲与虞音。

房间里的布局没有变化，与他上次来时见到的一样，只是上一次，他没机会进入海疏雨的房间。而今，虞音领着他走进去。海疏雨的房间有种淡淡的茉莉花香和消毒水混合的气味儿，浅蓝色的床单，被褥都叠得整整齐齐，桌上摆放着一张黑白照片。照片两侧挽着黑纱，上面是两排竖字：音容犹在，英灵永存。照片上的海疏雨笑得甜美灿烂，就像她往常那样在对着他笑。吉墨云心里痛得无以复加，他的牙齿咬着拳头，眼泪滚落下来。来之前做了无数次心理建设，一定不在她的父母面前哭泣，可终是没能忍住。吉墨云想要极力克制情绪，后脑头皮一阵发麻，用了很大的力气终于止住眼泪。

海疏雨的父亲把一炷香点燃，递到他手中：“给她上一炷香吧！”

虞音站在他们身后，默默地流泪。

吉墨云上完香，呆呆地站着。脑子里像千军万马奔袭，塞进来很多东西，都是他和她的过往。

虞音看着这一米八几的小伙子背影，看着他在屋中的斜阳里黯然伫立，她知道他在想什么，回忆如剑割喉，珍贵凌厉。

海疏雨的父亲拍拍吉墨云的肩膀：“团团没跟我说过你，她有什么都先跟她妈妈讲，你们的事，还是她妈妈告诉我的。小伙子，我很感激你，因为我整理遗物的时候，看到一个手账本，里面画了许多她在海南遇到的人和事，画得很好、很形象，还有后来，你来武汉看她，你们去博物馆，去逛江滩……我才知道你来武汉看过她。她妈妈说，那些都是你画的。年轻人，我看得出来，你很喜欢我女儿。团团这个孩子从小就乖巧懂事，没让我和她妈妈操过什么心，她是我们心里最珍贵的宝贝。我曾经的私心是想让她不要嫁到外地去，让她留在我们身边。现在想想，真是愚昧，谁会知道明天和意外哪个先来。孩子大了，是雏鸟也总有要飞走的一天，我们哪能拴着她一辈子。我感激你，因为在她有限的二十七年生命里，我们只给予过她亲情，而你给了她弥足珍贵的爱情，让她感受到不一样的欢喜，这是我们做父母办不到的。若没有你，我不能想象她走的时候会有多遗憾……小伙子，我谢谢你……”说着，海疏雨的父亲转过身去抹眼眶。

虞音从一间卧室里走出来，端着一个盒子走向吉墨云，当着他的面打开。

吉墨云看到，这盒子里放着一条围巾，那是他第一次来武汉时送给海疏雨的，是他亲手织、亲手染的。黎族人自己织一条腰带，送给心上人，算是礼。他当时就想，为心爱的姑娘织一条围巾送给她，也是心意。当时的海疏雨是多么开心啊……他想起她那天的笑脸，又忍不住鼻酸难受。

虞音轻轻叹息：“我能拿回来的，只有这个东西，是团团一直带在身上的，她很喜欢，也跟我说过，是你为她做的。”

“是，”吉墨云努力平复着呼吸，“是我送给她的。”他的手指轻轻触碰那条彩色晕染的围巾，摸到一根卷曲柔软的头发，他想起最后一次看见她时，她含羞带怯地给他看新烫的一头小羊毛卷发，女为悦己者容，她那么爱美，“这是……疏雨的头发……”他再也忍不住，攥紧这条围巾大哭起来。

吉墨云回到琼中的家后，恢复了日常的生活，白天上课，晚上录书。粉丝说，他的声音里多了很多精神层面的东西，每一种情绪的爆发都更饱满了，却在激情澎湃时又克制隐忍，让听者身临其境，感同身受。也有人说，主播一定是经历了什么，才更懂了生活，更懂得生命了。

我的名字对你有什么意义？
它会死去，
像大海拍击海堤，
发出的忧郁的汩汩涛声，
像密林中幽幽的夜声。

它会在纪念册的黄页上
留下暗淡的印痕，
就像用无人能懂的语言
在墓碑上刻下的花纹。

它有什么意义？
它早已被忘记，
在新的激烈的风浪里，
它不会给你的心灵，
带来纯洁、温柔的回忆。

但是在你孤独、悲伤的日子，
请你悄悄地念一念我的名字，
并且说：有人在思念我，
在世间我活在一个人的心里。

当他用细腻丰厚的情感诵读普希金《我的名字》时，眼泪忍不住滑下两腮，他知道，他是读给海疏雨听的，另一个世界的爱人一定能够听到。

海羽书把海疏雨在海南旅行时候留下的视频和照片都导进电脑里，虞音拷贝出一份来，交给吉墨云带回海南留作纪念。吉墨云把它们剪辑到《雅拉米》的影像里，他可以一遍一遍地看，回忆她的音容笑貌。

每次看，仍然忍不住泪流。

雅拉米，我的爱人，我再也不能看到你，再也不能听到你叫我的名字，就像从前每一个你呼唤我的时刻。我再也不能听到你的笑声，再也嗅不到你的气息，再也不能亲吻你的额头，再也不能为你吹奏鼻箫，再也不能牵着你的手散步，再也不能与你分享我的快乐与烦恼，再也不能，再也不能了……

雅拉米，海医生，我曾许诺要带你走遍我的家乡，带你去看你最爱的瀑布，我再也做不到了……

有人叩响了书房的门。

吉墨云抹干脸上的泪渍去开门，阿爸站在门口，手中拿着一本书："我今天想把你那个双肩包洗了，夹层里有本书掉了出来，是你的吧？"

阿爸把书放在门边的书柜上，退了出去。

吉墨云视线瞥过去，看到一本边角卷毛边的旧书，白色书皮十分陈旧。他觉得陌生，翻过来看，封面是纪伯伦的《先知》，民国三十八年（1949年），开明书店第三版，冰心先生翻译。

这不是他的书，为什么会出现在他的背包夹层里？

吉墨云翻开那本书，忽然明白过来，这应该是海疏雨的父母放进来的。他们为什么要送他一本这么珍贵的绝版书？

他翻开书页，泛黄的纸张将一些文字送到他的面前——

爱的历程不会是一帆风顺的。

当爱来召唤我们的时候，应顺从爱的呼唤。

爱会给人以光荣，也给人以痛苦，甚至给人以耻辱。

爱是一种磨炼，有时候会让人脱下伪装，露出自己的本来面目；有时候会让人卸下包袱，轻松面对；有时候会让人变得纯洁，丢掉肮脏的东西；有时候会让人变得坚韧；有时候会让人变得温柔……

这些都是爱要给你们做的事，使你知道自己心中的秘密，在这知识中你便成了“生命”心中的一屑。

假如你在你的疑惧中，只寻求爱的和平与逸乐，

那不如掩盖你的裸露，而躲过爱的筛打，

而走入那没有季候的世界，在那里你将欢笑，

却不是尽量地笑悦，你将哭泣，却没有流干眼泪。

爱除自身外无施与，除自身外不接受。

爱不占有，也不被占有。

因为爱在爱中满足了。

“因为爱在爱中满足了……”他反复咀嚼着这段话，忽然明白了海疏雨父母的用意。

爱不是自私，不是狭隘，不是片面，爱本身是广义的。

当清朗高旷的秋夜降临在海南绿肺的山区时，吉墨云坐在家里高高的露台上，望着对面刀刻斧凿的山峦和摇曳的莽莽碧林。

眼前的月亮又大又圆，明晃晃地悬在眼前，仿佛一抬脚就能走到里面去。

他对着圆月举起一杯山兰酒，抛洒在地，再次吹响了鼻箫。箫声嘹亮，哀婉缠绵，又荡气回肠……

雅拉米，我的爱人

雅拉米，我的祖国

雅拉米，这壮丽的河山

雅拉米，我故乡的土地

雅拉米，我的同胞人民……